W0247258

Kurt Tepperwein

Öffne dich und liebe

Kurt Tepperwein

Öffne dich und liebe

mvg Verlag

Bibliografische Information der Deutschen Nationalbibliothek
Die Deutsche Nationalbibliothek verzeichnet diese Publikation in der Deutschen Nationalbibliografie.
Detaillierte bibliografische Daten sind im Internet über http://dnb.d-nb.de abrufbar.

Redaktionelle Mitarbeit: Klaus Jürgen Becker

© 2008 bei mvgVerlag, FinanzBuch Verlag GmbH, München.
www.mvg-verlag.de

Alle Rechte, insbesondere das Recht der Vervielfältigung und Verbreitung sowie der Übersetzung, vorbehalten. Kein Teil des Werkes darf in irgendeiner Form (durch Fotokopie, Mikrofilm oder ein anderes Verfahren) ohne schriftliche Genehmigung des Verlages reproduziert oder unter Verwendung elektronischer Systeme gespeichert, verarbeitet, vervielfältigt oder verbreitet werden.

Umschlaggestaltung: Vierthaler & Braun Grafikdesign, München
Umschlagabbildung: Gettyimages, München (© gettyimages / Monika Nesslauer)
Redaktion: Dr. Gabriele Schweickhardt, Frankfurt am Main
Satz: Jürgen Echter, Landsberg am Lech
Druck: Holzhausen, Wien
Printed in Austria
ISBN 978-3-636-06370-0

INHALTSVERZEICHNIS

Beziehungen gestern und heute * Der Einmaligkeit der
Beziehung entsprechen – Chance einer neuen Generation
* Immer dasselbe Liebesmuster! * Der Einfluss von Mut-
ter/Vater auf Junge/Mädchen * Selbstbilder von Frauen
im Laufe der Jahre * Selbsttest: Persönlichkeitsprofil in
Bezug auf Partnerwahl * Liebe ist für das Leben so
notwendig wie Sauerstoff * Selbsttest: Wen lieben Sie am
meisten? * Ein Lächeln schenken

Profilneurose versus Liebe * Was bedeutet Selbstliebe
wirklich? * Die »Kunst des All-eins-Seins« * Beziehungsfähigkeit versus Abhängigkeit * Warum »funktioniert« der
andere nicht so, wie ich will? * Beispiele für unreife
Bedürfnisse in der Partnerschaft * Beispiele für reife
Bedürfnisse in der Partnerschaft * Geschichte: »Einen
solchen Dummkopf heirate ich nicht!« * Zwischenbilanz:
hilfreiche Punkte * Meditation: bedingungslose Liebe *
Das Hemd eines Glücklichen

läen * Das erste Kind und die Herausforderung für die junge Familie * Von der Geliebten zur Mutter, vom Liebhaber zum Vater * Die »Mutti-Rung« * Sexualität und Elternschaft * Die Entwicklungsschritte des Kindes und die Herausforderungen, die das mit sich bringt * Kindererziehung * Meditation für eine erfüllte Partnerschaft

Krisen * Sich vom Besitzdenken lösen * Treue-Testbogen * Wie Eifersucht Leiden schaffen kann * Ein weiteres Beispiel * Woher kommt eigentlich die Eifersucht? * Wie löse ich mich von der Eifersucht? * Therapie der Untreue * Ein Beispiel für eine eifersüchtige und für eine eifersuchtsfreie Geisteshaltung * Das Beziehungsspiel »Du…« * Miteinander reden * Der faire Streit * Meditation: Ihr persönliches Ritual für Streit und Krisen * Meditation: Im anderen einen freundlichen, liebevollen Lehrer sehen * Zwiegespräche * Erste Hilfe für die Liebe * Karma und Partnerschaft * Wenn die Liebe nicht zu retten ist *

Was ist Liebe? * Was ist Liebe nicht? * Welchen Boden braucht die Liebe? * Bedingte Liebe * Für uns ewig durch uns selbst Vorüberziehende gibt es keine Landschaft außer dem, was wir sind * Weit verbreitete Irrtümer über die Liebe * Liebe ich den anderen oder brauche ich ihn? * Können wir eine abhängige Beziehung in eine erlöste Beziehung umwandeln? * Liebe erleben, was heißt das eigentlich? * Liebe ist mehr als einfach nur ein schönes Gefühl * Verschiedene Arten der Liebe und Liebesstile * Lieben ist eine Kunst, die man lernen kann * Liebe aus höchster Sicht * Zwischenbilanz: Erkenntnisse auf dem Weg zur Wahren Liebe

Liebe hat keinen anderen Wunsch, als sich zu erfüllen!
(Khalil Gibran, 1883-1931)

VORWORT

Das Geheimnis einer erfüllten Liebe liegt darin, sich der Liebe zu öffnen. Viele Menschen haben Angst davor, wie eine Knospe, die sich nicht traut, ihre Verhärtung loszulassen. Sie wissen nichts von der Schönheit, die in ihnen liegt. Sie wissen nicht, dass auch sie eine Blüte in sich tragen. Dieses Wissen entsteht erst mit dem Tun. Und so möchte dieses Buch Ihnen Begleiter und Helfer dabei sein, sich zu öffnen. Es bietet Ihnen Unterstützung und Ermutigung an. Es verlockt Sie und ermuntert Sie, die Schönheit Ihrer inneren Blüte zu offenbaren. Zugleich zeigt es Ihnen, wie Sie Ihrem Partner helfen können, damit auch er sich öffnen und lieben kann.

Wir sollten es unserem Partner und uns selbst wert sein, uns zu öffnen, weil wir nur dann erblühen können. Das Leben ist einfach zu kurz und zu wertvoll, um es in einer verschlossenen Knospe, das heißt in einer unbefriedigenden Beziehung zu verbringen. Ob jung, ob alt: In jeder Lebensphase haben wir die Chance, uns dem Leben zu öffnen.

Ein Sprichwort sagt: » *Wenn die Jugend wüsste – wenn das Alter könnte…* « – zum Liebenlernen ist es nie zu früh und niemals zu spät. Beginnen wir also damit, uns unserer Liebe zu öffnen…

Viel Freude dabei wünscht Ihnen

Ihr

Kurt Tepperwein

EINE ERINNERUNG AN SICH SELBST

Wir alle sehnen uns nach ihr. Keiner kann sich ihr entziehen. Manchem macht sie sogar Angst. Mancher hat Angst, in der Liebe sich selbst zu verlieren. Dabei ist die Liebe der schnellste Weg, sich selbst zu finden.

Die Einheit und Glückseligkeit, die wir beim anderen zu finden hoffen, haben wir in Wirklichkeit nie verloren. Wir haben sie nur vergessen. Und so kann in einer glücklichen Liebesbeziehung der andere zum Tor werden auf dem Weg zu uns selbst, einem Weg, auf dem wir uns gegenseitig an uns selbst erinnern.

Das starke Gefühl, das uns in der Liebe oft bewegt, ist ihre Auswirkung, nicht aber die Liebe selbst, auch wenn wir es dafür halten. Die Liebe ist in Wirklichkeit ein Weg, auf den man sich miteinander macht, um letztlich bei sich selbst anzukommen.

Die Liebe selbst ist der Lohn der Liebe, denn ich werde selbst zur Liebe. Unabhängig davon, ob der andere sich für meine Liebe bedankt, ich bin also allein schon dadurch beschenkt, dass ich immer liebender werde. Aber dort ankommen kann man nur, wenn man sich auf den Weg macht. Gehen wir daher miteinander auf die Reise durch die verschiedenen Stationen der Liebe.

In seinem Buch »Sei wie ein Fluss, der still die Nacht durchströmt« (Diogenes 2006) erzählt Paulo Coelho eine Geschichte, die ihm ein Leser geschickt hat:

»Eine Rose träumte Tag und Nacht davon, dass Bienen ihr Gesellschaft leisteten, aber keine einzige ließ sich auf ihren Blütenblättern nieder. Die Blume aber träumte weiter: In ihren langen Nächten stellte sie sich einen Himmel voller Bienen vor, die zu ihr kamen und sie zärtlich küssten. So konnte sie es bis zum nächsten Tag aushalten, bis sie sich im Sonnenlicht wieder öffnete. Eines Nachts fragte der Mond, der von der Einsamkeit der Rose wusste: ›Bist du es nicht müde, immer weiter zu warten?‹ - ›Vielleicht. Aber ich muss weiterkämpfen.‹ - ›Warum?‹ - ›Weil ich verwelke, wenn ich mich nicht öffne.‹ In den Augenblicken, in denen die Einsamkeit alle Schönheit zu erdrücken scheint, ist die einzige Möglichkeit standzuhalten, weiter offen zu sein.«

Beginnen wir mit einer Bestandsaufnahme, um dann weiter zu untersuchen, wie wir uns der Liebe noch mehr öffnen können.

I.
EINE BESTANDSAUFNAHME

Wir sind nicht auf der Welt, um geliebt zu werden,
sondern um Liebende zu werden.
(Kurt Tepperwein)

Beziehungen gestern und heute

Vieles hat sich in den letzten Jahren verändert! Mann und Frau lebten noch nie zeitlich, körperlich und seelisch so intensiv zusammen wie heute. Sie lebten bisher in ganz verschiedenen Welten und die Begegnung war auf eine kurze Zeitspanne begrenzt. Noch vor hundert Jahren wurde eine Ehe zudem nach durchschnittlich 15 Jahren durch den Tod eines Partners beendet. Außerdem hatte der Arbeitstag damals zwölf Stunden, und die Hausarbeit, Kochen, Waschen, Holzhacken waren wesentlich aufwändiger als heute. Es blieb daher kaum Zeit füreinander. Man hatte auch nicht die Freiheit, die eigenen Wünsche miteinander auszuleben. Das ließen Erziehung und Gesellschaft gar nicht zu. Die Ehe war im Wesentlichen eine Lebensgemeinschaft, die beide versorgte: die Frau mit Sicherheit, den Mann mit Sexualität und beide mit Nahrung.

Liebe als Grundlage einer Ehe oder Lebensgemeinschaft ist in der Geschichte der Menschheit recht neu, zumal die Frau selten gleichberechtigt war. Auch eine Lebensgemeinschaft ohne Ehe war zu den meisten Zeiten undenkbar. Ja, es war nicht einmal allen Erwachsenen erlaubt, zu heiraten. Und natürlich war es noch zu keiner Zeit möglich und selbstverständlich, Sexualität und Zeugung voneinander zu trennen.

Alle diese Veränderungen geschahen erst in den letzten Jahrzehnten. Und wir hatten zu wenig Zeit, uns darauf einzustellen und zu lernen, damit umzugehen. Hinzu kommt, dass wir heute einer Partnerschaft gegenüber sehr viel anspruchsvoller sind als vor einigen Jahrzehnten und noch keine Gelegenheit gehabt haben, das Lieben zu lernen. Viele Menschen haben noch nicht einmal erkannt, dass es da etwas zu lernen gibt. Aber Liebe stellt sich nicht einfach ein, die Fähigkeit und Bereitschaft zur Liebe muss erlernt, zumindest geweckt werden.

In alten Hochkulturen galt das Lieben als Kunst. So schuf im alten Indien Vatsyayana das Kamasutra. In China kennt man seit Jahrtausenden das »Tao der Liebe«. Und auch bei den alten Griechen wurde die Liebe als eine der hohen Künste gepriesen. Die heutige Zeit der Postmoderne erfordert, dass wir uns der Kunst des Liebens wieder erinnern, mehr noch, dass wir über all das hinausgehen, was uns die alten Liebeskünste zu berichten haben. Denn: Die wahre Liebe, nach der wir in unserer heutigen reizüberfluteten, technisierten und computerisierten Zeit dürsten, ist nicht nur eine Liebe der Sinne – es ist die Liebe zu unserem wahren Wesen. Es ist die Liebe *von* unserem wahren Wesen, das durch uns wirkt. Unsere Kultur lernt entweder das Lieben – auf allen Ebenen – oder sie wird nicht mehr sein.

Die Liebe ist wie eine einsame Berghütte,
Du findest nur vor, was du selbst mitgebracht hast!
(Kurt Tepperwein)

Der Einmaligkeit der Beziehung entsprechen – Chance einer neuen Generation

Erst die heutige Generation wagt es, ihre Träume auch zu verwirklichen, wobei ein glücklicher Ausgang natürlich nicht garantiert werden kann. Aber der Versuch lohnt sich, selbst wenn ihr Verhalten von außen betrachtet oft recht chaotisch wirkt und ihre Vorgehensweise ungewöhnlich ist. Erst unsere Generation versucht, einen Weg zu finden, der der Einmaligkeit einer Beziehung wirklich entspricht. Aber es bleibt ein spannender Weg, zwei von Natur aus so grundverschiedene Menschen wie Mann und Frau zu einer Beziehung zu führen, die weniger Einschränkungen und Behinderungen in der beiderseitigen Entfaltung mit sich bringt als gegenseitige Hilfe und gemeinsame Freude.

Da wir heutzutage nicht mehr um unser Überleben kämpfen müssen und sich unser Wissen über das, was in einer Partnerschaft alles möglich ist, täglich erweitert, haben wir in unseren Beziehungen mehr Raum dafür, uns mit unseren Gefühlen auseinanderzusetzen. Dies bringt jedoch auch Konfliktpotenzial in Bewegung.

Größte Schwierigkeiten in einer Liebesbeziehung entstehen dadurch, dass wir dabei unseren dunkelsten Schatten begegnen. Unverarbeitete Familiensituationen, karmische Belastungen aus »vergangenen Leben«, ungeheilte Wunden aus der Vergangenheit zeigen sich. Wenn sie aber heilen sollen, müssen sie aufgedeckt und gereinigt werden. Hinzu kommt: Je festgefahrener die Partner in ihrer Persönlichkeit sind, desto schwieriger wird es, jedem einzeln gerecht zu werden. Es gibt nun einmal keine wirkliche Hingabe an einen anderen Menschen, ohne dass man gleichzeitig etwas von der Starre und Eigenbrötelei des Egos opfert und sich wirklich auf das wahre Selbst einlässt. Und so führt der Weg einer wahren Beziehung immer gleichzeitig in zwei Richtungen, zum anderen und zu sich selbst.

Tief im Innersten sehnen wir uns nach der Einheit, aus der wir gekommen sind und die wir in Wirklichkeit nie verloren haben, die wir gar nicht verlieren, sondern nur vergessen können. Diese Sehnsucht veranlasst uns, den anderen zu suchen. Dabei spüren wir zugleich, dass wir die Verbindung zum Ganzen, die wir suchen, nicht bei einem anderen Teil finden können.

Irgendwann erkenne ich: Wenn ich mit mir im Einklang bin und mich wirklich mag, mit mir einverstanden bin, dann kann ich auch mit meinem Partner glücklich sein.

Frage: »*Warum lernen wir immer wieder denselben Typ Partner kennen?*«
Antwort: »*Warum bekommen wir immer wieder die gleichen Jobs?*«

Immer dasselbe Liebesmuster!

Irgendwie »überlebt« man natürlich auch ohne das Wissen um die Gesetze der Liebe. Tagtäglich finden Menschen zueinander und bewältigen heikle Situationen. Doch viele finden bedauerlicherweise auch keinen Weg und die Beziehung zerbricht. Blicken Menschen auf eine Kette gescheiterter Partnerschaften zurück, fragen sie sich, was sie da wohl falsch gemacht haben könnten, weil das sehr häufig das gleiche war. Nachfolgend einige Stimmen von Klienten:

* »Ich will immer nur die, die mich nicht wollen.«
* »Ich gerate immer an solche, die sich nicht binden wollen.«
* »Ich habe immer Angst davor, einen Korb zu kriegen.«
* »Ich habe an jeder/ an jedem etwas auszusetzen.«
* »Ich bin anfangs immer sofort voller Begeisterung, ganz sicher, dass es diesmal der/ die Richtige ist. Und von da an geh es bergab, weil die Wirklichkeit nie meinen Träumen standhalten kann.«

Manche Menschen leiden immer wieder. Nach dem Motto: »Beim nächsten Mann/der nächsten Frau bleibt alles gleich.« Es gibt Männer, die sich immer wieder unglücklich in denselben Frauentyp verlieben. Immer wieder in solche, die dominant, kühl, verletzend oder notorisch untreu sind.

Bei manchen Menschen wird sogar die unerfüllte Liebe zum Ideal erhoben: Je schlechter sie vom Partner behandelt werden, um so heftiger glüht ihre Leidenschaft. Freunde schütteln den Kopf und fragen den Leidgeprüften spätestens nach seiner dritten tragischen Beziehung, warum er sich nicht

mal in einen herzensoffenen Menschen verliebt. Die lakoni-
sche Antwort: »Die interessieren mich leider überhaupt nicht!«
– Auf Deutsch: Das Muster passt nicht. Unbewusst sucht sich
nämlich jeder Mensch genau den Partner aus, der seinem
»Strickmuster« entspricht, fühlt sich von ihm magnetisch
angezogen, ohne zu wissen, warum.

Es gibt Frauen, die sich immer wieder in Männer verlieben,
die einfach nicht zu haben sind. Die verheiratet sind oder
schwul, die im Ausland leben oder prinzipiell als Single. Eine
Klientin sagte einmal: »Männer sind wie Toiletten, entweder
besetzt oder besch…«. Eine andere meinte bissig: »Man kann
so viele Männer an die Wand klatschen wie man will, es wird
doch kein Prinz daraus!« Immer wieder leiden sie darunter,
dass ihre Liebe keine Chance hat, zur glücklichen Verbindung
zu wachsen. Dennoch wiederholen sie bei jedem neuen Mann
das alte Schema.

Vielleicht hat man unbewusst zu viel Angst vor großer Nähe
und sucht sich deshalb intuitiv immer wieder Liebespartner,
die freiwillig auf Distanz bleiben? Vielleicht möchte man
eigentlich allein sein und hat nur die Vorstellung, man könne
das nicht ertragen? Vielleicht lebt man weiterhin ein früheres
Eltern-Kind-Beziehungsmuster aus und hat sich nur noch
nicht bewusst gemacht, dass man inzwischen erwachsen und
die alte Beziehungsform überholt ist? Für viele erscheint es
auch unbewusst als gute Lösung, wenn der Partner nicht
perfekt ist – dann hat man wenigstens einen Grund, sich nicht
voll einbringen zu müssen. Viele Menschen wollen die Dinge,
die sie am vollkommenen Lieben hindern wie Gier, Ablehnung, Angst, Frustration, Groll nicht anschauen – und suchen
sich deshalb lieber einen »Kompromiss« als Partner. Dies
erlaubt einem dann, die bisherigen unbewussten Glaubenssätze (z. B. Männer/Frauen/Beziehungen sind schlecht/anstren-
gend/frustrierend) aufrechtzuerhalten, sich zurückzuhalten
und insgeheim von dem Idealpartner zu träumen, der aber nie
kommt. Nur wenige sehen das *eigene* Muster. Dies hieße ja auch,

sich blitzschnell um die eigene Achse zu drehen und von hinten dabei zuzuschauen – wer kann das schon? Doch dieses Buch möchte auch aufrütteln. Es gibt Ihnen die Macht, aber auch die Verantwortung für Ihre Beziehung und das Beziehungsmuster, das Sie leben, zurück, indem es Ihnen hilft, sich anzuschauen, Mustern auf die Spur zu kommen, und Ihnen ein völlig neues Verständnis vom Sinn von Beziehungen schenkt.

Worin liegen die Fehler vieler?

- Sie haben solche Angst vor Ablehnung, dass sie sich nicht wirklich auf eine Beziehung einlassen, sondern nur ein bisschen.
- Sie gehen mit so hohen Idealen in die Beziehung hinein, dass keine Wirklichkeit dem standhalten kann.
- Sie haben beständig Angst, alles falsch zu machen, so dass sie dann wirklich immer wieder unnötige Belastungen schaffen.
- Sie wollen sich nicht wirklich binden oder kreieren es unbewusst so, dass sie einfach nicht dem oder der Richtigen begegnen.
- Die meisten sind in der Wahl ihres Partners absolut unreif; sie wissen nicht, worauf es ankommt.
- Viele denken: »Eigentlich ist mir der Partner egal, wenn er mich nur so behandelt, wie ich es gern hätte, weil ich dann nicht mit den Dingen konfrontiert werde, die ich nicht sehen möchte.«
- Eine oft unerfüllte Erwartung ist der Gedanke: »Der andere soll mich so annehmen und lieben, wie ich bin, und mich nicht dauernd ändern wollen.« – Genau dies sollte ich zuerst einmal selbst tun: mich so lieben, wie ich bin, mit allen scheinbaren Ecken und Kanten. Denn ich habe mein Sosein bewusst gewählt, um eine ganz bestimmte Erfahrung zu machen.

Hinzu kommt: Wir wissen weder, dass man das Führen einer glücklichen Beziehung üben kann und muss, noch, dass nicht jede Beziehung für die Ewigkeit gedacht ist. Wir wissen nicht, wie und woran man erkennt, wann sich eine Beziehung erfüllt hat, noch wie man sie liebevoll loslässt. Kein Wunder, dass unsere Partnerschaften unter diesen Voraussetzungen meist schwierig verlaufen und oft unglücklich enden.

Die meisten Probleme in einer Partnerschaft resultieren nicht aus Unverträglichkeit oder Unfähigkeit, sondern aus der Tatsache, dass die Liebenden die notwendigen Grundbedingungen nicht geschaffen, das Zusammenleben nicht gelernt haben. Sie glauben, sie bräuchten in Wirklichkeit nur den richtigen Partner zur rechten Zeit zu finden und dann kann fast nichts mehr schief gehen.

Das Märchen von der oder dem Richtigen verhindert unzählige gute und dauerhafte Beziehungen, denn es führt Sie in die Sackgasse, auf den glücklichen Zufall warten zu müssen, ohne selbst etwas beitragen zu können. Und so legen Sie vielleicht die Hände in den Schoß und hoffen, dass es bald geschieht, während das Glück darauf wartet, von Ihnen in die Hand genommen zu werden und eine echte Chance zu erhalten.

Wenn Sie es wirklich ernst meinen, müssen Sie sich zuerst einmal von Ihren Idealen befreien, damit Sie die Möglichkeit haben, der Wirklichkeit zu begegnen. Sie sollten aufhören, in irgendwelchen Idealvorstellungen nach Glück, Liebe und Erfüllung zu suchen.

Wir haben eine bestimmte Vorstellung von dem oder der Richtigen und gleichen bei jeder Begegnung den anderen mit ihr ab; wenn er damit nicht übereinstimmt, kann es ja nicht der oder die Richtige sein. Und so geben wir mancher Beziehung gar nicht erst eine Chance, weil wir einem Phantom nachlaufen. Treffen wir aber wirklich einmal jemanden, der unserem Bild entspricht, muss das noch lange nicht heißen, dass er auch tatsächlich der Richtige ist!

Ganz gleich, wen Sie gewählt haben, auch und gerade in
einer erfüllenden Partnerschaft werden Sie viel Aufmerksamkeit, Kraft, Hingabe, Geduld und Liebe einsetzen müssen,
bevor sie dauerhaft werden kann. Denn eine dauerhafte
Beziehung entsteht nicht durch eine wunderbare Verzaube-
rung, die alle Probleme und Aufgaben bewältigt. Manchmal
zerbricht eine Partnerschaft gerade an dem Glauben, dass alles
von selbst kommt, wenn nur erst mal der oder die Richtige da
ist, und man sich gar nicht mehr um die Liebe bemühen muss.

Viele haben ein so hohes Ideal, dass ihm ohnehin keiner
gerecht werden kann, und so ist die Enttäuschung vorprogrammiert. Ein bisschen erinnert mich das an den Witz von der
Tochter, die zu ihrem Vater sagte: »Für mich kommt nur ein
Mann in Frage, der groß, blond, blauäugig ist, der ritterlich,
verständnisvoll und gütig ist, der großzügig, nachgiebig und
erfolgreich ist, der genau weiß, was er will, aber tut, was ich
sage, und auf dem Standpunkt bleibe ich stehen.« - »Nein«,
sagte der Vater, »auf dem Standpunkt bleibst du sitzen!«

Doch Beziehungen zerbrechen nicht zufällig, sondern immer wieder an bestimmten, unbewältigten Aufgaben, die
weitgehend gelöst sein müssen, bevor man gemeinsam den
nächsten Schritt tun kann.

Da ist es nur natürlich, dass Sie sich irgendwann fragen, ob
sich so viel Mühe überhaupt lohnt. Sie lohnt sich auf jeden Fall,
denn es gibt keinen anderen Weg zur Erfüllung, keine bisher
nur noch nicht entdeckte Abkürzung. Sokrates antwortete einem Schüler auf die Frage, ob er heiraten solle: »Auf jeden Fall.
Entweder deine Partnerin lobt und ehrt dich, wo immer sie
kann, dann wirst du ein großer Kaiser. Oder sie kritisiert und
bemäkelt dich, dann wirst du ein großer Philosoph, entweder du
wirst glücklich oder du wirst weise, aber heirate auf jeden Fall!«

Eine der Hauptschwierigkeiten ist, dass wir sehr tief verwurzelte Idealvorstellungen haben, wie eine wirkliche Beziehung
auszusehen hat und welche Grundbedingungen gegeben sein
müssen, damit sie Bestand haben kann. Dabei ist die entschei-

dende Voraussetzung die Bereitschaft, die notwendigen Schritte zu tun, um eben diese Bedingungen zu schaffen.

Was Sie am meisten daran hindert, die in einer Partnerschaft verborgenen Potenziale zu erkennen, ist die Annahme, es gebe sie gar nicht. Die Liebe findet Sie nicht, wenn Sie ihr nicht ein gutes Stück entgegengehen und ihr beide Hände hinhalten. Die Liebe ist kein Ereignis, das einfach geschieht, sondern ein *Weg*, den Sie gehen müssen, wollen Sie ans Ziel kommen.

Ich weiß, man mag es schon nicht mehr hören, dass alles Arbeit erfordert, aber es ist nun einmal die Realität. Arbeit im Sinne von unablässigem Einsatz für ein erstrebenswertes Ziel. Nun kann man mit Arbeit zwar nicht alles im Leben erreichen. Sie werden dadurch keine blauen Augen bekommen, wenn Sie sie nicht schon haben. Sie können ohne die entsprechenden Voraussetzungen durch Arbeit kein Genie werden und durch Arbeit allein bekommen Sie auch keinen Nobelpreis oder werden berühmt. Aber wenn Sie in der Liebe eine dauerhafte und erfüllende Partnerschaft anstreben, dann ist durch ein ständiges Bemühen einiges zu erreichen. Mag Ihnen die Liebe in den Schoß fallen, halten können Sie sie nur durch Ihren beständigen Einsatz.

Was immer Sie im Leben erreicht haben, haben Sie erreicht, weil Sie sich dafür eingesetzt, weil Sie nicht aufgegeben haben, bevor Sie am Ziel waren, auch wenn der Weg schwierig wurde. Nur bei der Liebe geben sich viele Menschen einer illusionären Vorstellung hin. Sie finden alles, was Sie sich von Ihrer Beziehung erhoffen, indem Sie es in sich finden und es bedingungslos in Ihre Partnerschaft hineintragen. Das Ziel ist eine erfüllende, liebevolle Partnerschaft, in der man sich miteinander und aneinander erfreut und in der beide sich als wahre Liebende erleben können, in der beide die Freiheit haben, auf ihrem individuellen Weg zu wachsen und jeder dem anderen liebevoll dabei hilft. Und dafür lohnt es sich, etwas zu tun, beispielsweise auch das eigene Beziehungsmuster aufzudecken und die Identifikation mit ihm zu lösen.

Was immer hinter einem solchen Muster steckt: Wer es erkennt, kann sich davon befreien. Wer eigene beziehungsfeindliche Verhaltensweisen aufspürt, hat mit diesem Buch die Chance, sich auf die Suche nach dem eigentlichen Grund zu machen. Sobald dieser gelöst ist, sind weitaus erfülltere Beziehungen möglich.

Drei Dinge kennzeichnen jede (noch unerfüllte) Beziehung:

1. Etwas, das anziehend ist.
2. Etwas, das man lernt.
3. Etwas, wodurch es scheinbar nicht mehr weitergeht, woran gegebenenfalls die Beziehung sogar scheitert.

Beispiel: Ein Klient ist mit einer Partnerin zusammen, die beruflich die gleiche Ausrichtung hat wie er selbst. Er ist Seminarleiter, sie Seminarveranstalterin. Das ist für beide sehr *anziehend.* Beide haben jedoch völlig andere Formen, ihre Liebe auszudrücken. *Sie* kocht *ihm* ein gutes Essen, um ihm ihre Liebe zu zeigen, dabei bräuchte *er* viel dringender Massage und Berührung. er bringt *ihr* Pralinen mit, dabei wären ihr Blumen sehr viel lieber. So etwas kann man lernen.

Beide erleben Romantik völlig unterschiedlich: Er liebt die traute Zweisamkeit im eigenen Heim mit brennenden Kerzen und schöner Musik; sie erlebt Romantik in Verbindung mit Reisen und Abenteuer. Dieser Gegensatz erscheint so groß, dass es scheinbar nicht mehr weitergeht.

Übung: Gehen Sie einmal in Gedanken Ihre bisherigen Beziehungen (und gegebenenfalls die gegenwärtige) durch. Finden Sie einen gemeinsamen Nenner bezüglich der oben genannten drei Punkte. Wenn Sie möchten, können Sie sie allerdings auch für jede Ihrer (Ex-)Beziehungen notieren. Worauf möchte dieser Nenner Sie hinweisen?

Männer haben alles (Leben) außen.
Das heißt Männer erleben das Leben
sehr stark auf das Außen bezogen, Projekte, Erfolge usw.
Frauen haben alles (Leben) innen.
Das bedeutet, für das Weibliche ist das Innenleben ungeheuer wertvoll.
Das ist der wesentliche Unterschied.

Der Einfluss von Mutter/Vater auf Junge/ Mädchen

Die Eltern spielen in der Liebesbeziehung eine meist unbewusste, aber nicht unwesentliche Rolle, denn sie waren unsere
ersten Liebhaber, wenn wir den Begriff „Liebhaber" wörtlich
nehmen, wie sich schlicht und einfach in der Aussage zeigt: Sie
hatten uns lieb. Und so suchen wir in einer Beziehung
unbewusst die Geborgenheit und Sicherheit, aber eben auch
die bedingungslose Liebe, die uns im Idealfall die Eltern
gegeben haben. Auch das Gegenteil ist der Fall, dass man in
der Partnerschaft das sucht, was man von den Eltern nicht
bekommen hat. Auf jeden Fall prägen unsere Eltern das,
wonach wir bei einem Partner suchen.

Übung: Notieren Sie einmal, wie Sie Ihren Vater/Ihre Mutter
oder einen in Ihrer Kindheit wichtigen Erwachsenen sehen.
Und nun beschreiben Sie Ihren derzeitigen (bzw. einen früheren) Partner: Fällt Ihnen dabei etwas auf?

Mädchen/Junge erlebt Vater/Mutter als ersten Partner. Damit
machen sie ganz unterschiedliche Erfahrungen. Die Mutter ist
für den Jungen die erste Bezugsperson und er muss sich erst
von ihr abnabeln, um eines Tages einer anderen Frau als reifer
und selbstständiger Mann gegenüberzutreten. Für das Mäd-

chen ist die Mutter oftmals Konkurrentin in der Liebe zum
Vater. Sie muss aufhören, die Männer mit ihm zu vergleichen,
um als selbstständige Frau frei von Vorurteilen und präsent
angesichts ihres Partners zu sein.

Als Säugling sind wir sehr intuitiv. Von Geburt an spüren wir
das Leid und die emotionale Bedürftigkeit unserer Eltern. Wir
beginnen uns allmählich so zu verhalten, dass wir ihnen
gefallen und ihre Bedürfnisse erfüllen, damit sie weiterhin für
uns sorgen.

Später laufen unsere Beziehungen nach demselben Schema
ab. Wir haben eine Art telepathische Übereinkunft mit unseren Partnern: »Ich versuche so zu sein, wie du mich haben
willst, und das zu tun, was du von mir verlangst, wenn du für
mich da bist, mir das gibst, was ich brauche, und mich nicht
verlässt.«

Aber dieses System funktioniert nicht richtig. Andere Menschen sind nur selten dazu in der Lage, ständig unsere Bedürfnisse zu erfüllen. Deshalb sind wir frustriert und trachten
entweder danach, den anderen so zu ändern, dass er unseren
Erwartungen besser entspricht (was nie klappt!), oder wir
schrauben unsere Bedürfnisse zurück und geben uns mit weniger zufrieden, als wir in Wirklichkeit möchten. Darüber hinaus
tun wir fast immer Dinge, die wir gar nicht wollen, wenn wir
versuchen, die Erwartungen anderer zu erfüllen. Das endet
schließlich damit, dass wir sie bewusst oder unbewusst ablehnen.

Die meisten Menschen glauben, dass Opfer und Kompromisse für die Erhaltung einer Beziehung notwendig sind. Dies
entspringt einem Missverständnis der wahren Natur des Kosmos. Wir fürchten, dass nicht genug Liebe für uns da ist und
dass die Wahrheit immer weh tut. Wahrheit ist immer positiv,
wenn wir sie erkennen können. Unsere begrenzte Wahrnehmung und unsere Ängste sind schuld daran, dass sie uns
negativ erscheint. »Kompromiss« ist eigentlich ein Schimpf-
wort. Er bedeutet lediglich, dass die beiderseitige Erfüllung
noch nicht gefunden wurde!

Selbstbilder von Frauen im Laufe der Jahre

- Mit 3 Jahren: Sie schaut sich an und sieht eine Königin
- Mit 8 Jahren: Sie schaut sich an und sieht Aschenputtel
- Mit 15 Jahren: Sie schaut sich an und sieht eine Hässliche: »Mama, so kann ich nicht in die Schule gehen!«
- Mit 20 Jahren: Sie schaut sich an und findet:»Ich bin zu dick oder zu dünn und habe zu glatte Haare oder zu viele Locken«, stellt aber fest, sie habe keine Zeit, sich darum zu kümmern, und geht trotzdem aus.
- Mit 40 Jahren: Sie schaut sich an und findet:»Ich bin zu dick oder zu dünn und habe zu glatte Haare oder zu viele Locken«, sagt sich aber:»Zumindest bin ich sauber«, und geht trotzdem fort.
- Mit 50 Jahren: Sie schaut sich an und stellt fest:»Ich bin.« Und geht überall hin, wohin sie will.
- Mit 60 Jahren: Sie schaut sich an und denkt an alle Leute, die sich nicht mehr im Spiegel anschauen können. Sie geht aus und erobert die Welt.
- Mit 70 Jahren: Sie schaut sich an und sieht Weisheit, Lachen und viele Fähigkeiten. Sie geht aus und freut sich des Lebens.
- Mit 80 Jahren: Sie kümmert sich nicht mehr um den Spiegel. Sie setzt ihren knallroten Hut auf und hat Spaß am Leben.

Selbsttest: Persönlichkeitsprofil in Bezug auf Partnerwahl

Übung: Beantworten Sie die Fragen allein, ausführlich, detailliert und so ehrlich wie möglich:

- Wie sollte mein idealer Partner sein? (Aussehen, Charakter, Beruf, Hobbys, Interessen etc.)
- Wie sollte er auf keinen Fall sein?
- Was möchte ich am liebsten mit meinem Partner teilen? (Hobbys, Beruf, Wohnung etc.)
- Was möchte ich weiterhin allein tun?
- Warum will ich einen Partner?
- Wie sieht meine ideale Partnerschaft aus?
- Welche Probleme habe ich in meiner jetzigen Partnerschaft?
- Welche Probleme hatte ich in meinen vorherigen Beziehungen?
- Bin ich mit meiner derzeitigen Beziehung (Situation) zufrieden?
- Was fehlt mir?
- Was möchte ich ändern bzw. was sollte anders sein?

Liebe ist ein Geschenk, das verdirbt,
wenn man es behält.
(Unbekannt)

Liebe ist für das Leben so notwendig wie Sauerstoff

Der Partner ist uns eine notwendige Ergänzung, eine Hilfe. Das stärkste Motiv für die Liebe ist nicht die Hingabe, das Daseinwollen, das Opfer, der Egoismus der persönlichen Erfüllung, sondern das göttliche Naturgesetz der *Ganzheit.* Jeder Liebende kann davon erzählen: Zeiten der Liebe sind erfüllte Zeiten, Zeiten, in denen man *lebt.* Jeder wird es so erfahren, wo immer er auf einen anderen trifft, der ihm zur *Ergänzung* bestimmt ist. Hier ist eine Fügung am Werk, die man weder geplant noch beeinflusst hat, für die man nur dankbar sein kann.

Durch das Fehlen der Liebe, durch den Hohlraum der Sehnsucht, entstehen Depressionen. Sie werden durch das hauptsächlich abends auftretende Bewusstwerden der Einsamkeit verstärkt. Erst jetzt merken wir, dass wir einander notwendig sind. Erst in und durch die Liebe wird es uns möglich, geheime Wünsche und Sehnsüchte in Worte zu fassen und mit dem Partner auszuleben. Nur durch die Liebe zu einem Menschen sind wir imstande, uns als Person zu formen, indem wir beginnen, an die eigene Bedeutung überhaupt erst zu glauben. Man verliert sich in der Liebe nicht an den anderen, man gewinnt sich vielmehr darin. Wenn wir uns der Liebe öffnen und uns geborgen und sicher fühlen, können wir ins Leben treten und verstehen in Harmonie zu leben.

Biochemiker berichten, dass Stimmungen und Emotionen eng mit bestimmten chemischen Substanzen zusammenhängen. Erstaunlicherweise kann das, was wir zum Beispiel »Liebe« nennen, als Phenylethylamin oder PEA in unserem System nachgewiesen werden. Mäuse, denen PEA injiziert wurde, springen auf und geben Laute von sich; während Rhesusaffen ein »Kussverhalten« zeigen.

Selbsttest: Wen lieben Sie am meisten?

Beantworten Sie doch einmal die folgenden Fragen. Dabei sollten Sie nicht aus der Erinnerung antworten, sondern bewusst aus der Tiefe Ihrer Wahrnehmung im Hier und Jetzt:

- Was liebe ich am anderen so und warum?
- Was brauche ich noch vom anderen und warum?
- Wie äußert sich meine Liebe?
- Was würde sich ändern, wenn er mich nicht oder nicht mehr lieben würde?
- Lebe ich wirklich mein Leben? In welchem Bereich? Und wo nicht? Warum nicht?
- Welches Tier liebe ich besonders und warum?
- Was schätze ich an dem Tier besonders: seine Anhänglichkeit, seine Treue…?

Natürlich sollten Sie sich auch fragen, ob Ihnen das, was Sie an dem Tier so wunderbar finden, etwa selbst fehlt. Und warum? Jede Vorliebe für etwas ist ebenso wie jede Abneigung gegen etwas immer ein Hinweis auf ein Thema in uns, ein (unentdecktes) Potenzial oder ein ungelöstes Thema:

- Was lehne ich ab?
- Wogegen bin ich allergisch?
- Was macht mich ärgerlich, nervös, unruhig und warum?
- Wo verbiege ich mich noch und warum?
- Zwinge ich nicht auch meinen Partner, indem ich mich selbst verleugne, in eine Rolle, die er nicht will?

Übung: Machen Sie sich auch einmal bewusst, was Ihnen an Ihrem jetzigen Partner oder an früheren nicht gefällt, was Sie auf keinen Fall bei einem Partner haben wollen: Was können Sie überhaupt nicht vertragen? Genau da liegen Ihre Lektionen und Ihr größtes Wachstumspotenzial.

Ein Lächeln schenken

Ein Lächeln kostet nichts, aber es gibt viel.
Ein Lächeln macht reich, der es bekommt, ohne den, der es gibt,
ärmer zu machen.
Es dauert nur einen Augenblick, aber die Erinnerung bleibt für immer.
Niemand ist so reich, dass er ohne es auskommen könnte.
Und niemand ist so arm, dass er nicht durch ein Lächeln reicher
gemacht werden könnte.

Lächeln und Freundlichkeiten bringen Glück ins Haus, fördern den
guten Willen im Geschäft und sind ein Zeichen für Freundschaft.

Lächeln gibt dem Erschöpften Ruhe,
dem Mutlosen Hoffnung, dem Traurigen Sonnenschein
und es ist der Natur bestes Mittel gegen Ärger.
Lächeln kann man nicht kaufen,
lächeln kann man nicht erbetteln, leihen oder stehlen,
denn lächeln ist so lange wertlos, bis es wirklich gegeben wird.
Manche Leute sind zu müde, dir ein Lächeln zu geben –
dann schenk Ihnen deins,
denn niemand braucht ein Lächeln nötiger als jener,
der keins mehr zu geben hat!
(Unbekannt)

II.
SICH SELBST LIEBEN

Die Liebe ist die einzige Leidenschaft,
die mit einer Münze bezahlt wird,
die sie selber prägt.
(Stendhal, 1783-1842)

Profilneurose versus Liebe

Hinter dem Bedürfnis, sich lautstark zu profilieren (sog.
Profilneurose), stecken meistens Selbstunsicherheit und Min-
derwertigkeitsgefühle. Hinter vielen scheinbar großen Taten
und Leistungen der Weltgeschichte stehen Menschen, die von
ihrem inneren Kleinheitsgefühl zur äußeren Größe getrieben
wurden. Sie wollten durch ihr Tun der Welt etwas beweisen, oft
obwohl in Wirklichkeit niemand (mehr) da war, der solche
Beweise forderte oder auf sie wartete – ausgenommen der
Betreffende selbst. Ein Beispiel dafür war Alexander der
Große, dessen Größenanspruch sehr stark durch seine Vater-
beziehung geprägt wurde und der erst auf dem Sterbebett
erkannte, dass ihm in der Stunde des Todes all sein Ruhm und
Reichtum nichts nützte. Sein Leibarzt war nicht in der Lage,
sein Leben auch nur um eine Stunde zu verlängern, obwohl
Alexander ihm sein halbes Königreich dafür angeboten hatte.
   Der Profilneurotiker will immer nur sich etwas beweisen,
doch die Frage ist: Was? Wer auf seine vielen Pöstchen stolz ist,
sollte sich möglichst früh fragen, warum er das alles tut, damit
einmal die Enttäuschung nicht zu hart wird. Wer zu sich
ehrlich ist, wird als Antwort häufig finden: um anerkannt, um
geliebt zu werden.
   Besonders deutlich wird dieser Zusammenhang bei den
vielen Männern, die mit ihren beruflichen Erfolgen und ihrem
finanziellen Wohlstand prahlen, wenn sie eine Frau kennenlernen wollen. Das Extrembeispiel stellt der Geschäftsmann dar,
der sich in Bangkok ein »leichtes Mädchen« mit aufs Zimmer

nimmt und ihr die ganze Nacht von seinen beruflichen Erfolgen berichtet. Sicherlich sind Erfolg und Ansehen ein Anreiz für viele Frauen, die einen Versorger und »Wohltäter« suchen, doch wahre Liebe gewinnt man so nicht.

Zwar ist die Suche nach Liebe eine bekannte Motivation für Leistung. Doch dieser Versuch endet immer unbefriedigend, denn das Ziel ist über diesen Weg niemals zu erreichen. Liebe selbst ist zweckfrei, Liebe kann man sich nicht verdienen, man kann nur der Liebe dienen – und dies ist der einzige Weg, auch im Außen »wahre Liebe« zu erfahren. Der Mensch, der sich selbst gefunden hat, muss nicht mehr »angeben« und seine Orden auch nicht mehr auf der Brust tragen. Er ist.

Jeder Mensch sehnt sich – bewusst oder unbewusst – nach dieser bedingungslosen, reinen Liebe, die dem wahren Selbst des Menschen gilt und von keinen Äußerlichkeiten, von keinen Leistungen abhängig ist. Fragen Sie sich doch einmal:

- Warum geben wir uns nicht selbst diese bedingungslose, reine Liebe?
- Wie sähe denn Ihr Leben aus, wenn Sie sich so lieben würden?
- Was wäre anders?

Selbstliebe ist der Beginn einer lebenslangen Leidenschaft.
(Oscar Wilde, 1854-1900)

Was bedeutet Selbstliebe wirklich?

Oft suchen wir nur deshalb die Liebe in einer Partnerbeziehung, weil wir unfähig sind, uns selbst zu lieben. Wenn ich aber
nicht einmal mich selbst lieben kann, kann ich erst recht
keinen anderen lieben oder besser: Ich kann einen anderen
nur so weit lieben, wie ich mich selbst lieben kann. Der
Seminarleiter Ra Uru Hu drückt es in seinen Kursen lakonisch
wie folgt aus: »Man muss sich selbst lieben, um korrekt ›in der
Welt‹ zu sein.«

Wer sich selbst nicht mag, lässt auch nicht zu, dass jemand
anderes es tut. Wer sich selbst nicht gut tut, lässt auch keinen
anderen an sich ran. Wenn Sie sich selbst nicht lieben, können
Sie an die Liebe eines anderen einfach nicht glauben. Selbstliebe ist also die wichtigste Voraussetzung für Nächstenliebe.
Unsere wichtigste und unsere wahre Beziehung ist die zu uns
selbst! Alles andere ist nur ein Spiegel dafür. Aber wie kann ich
eine liebevolle Beziehung zu mir selbst aufbauen? Reicht es
aus, zu mir zu sagen: »Ich liebe mich?«

Zur Selbstliebe gehört es, meine Gefühle und Bedürfnisse
wahrzunehmen, sie anzuerkennen und sie soweit wie möglich
anzusprechen. Oft haben wir davor Angst, weil wir nicht
»bedürftig« erscheinen wollen. Doch sind es gerade die ver-
steckten Bedürfnisse, die uns den Anschein der Bedürftigkeit
geben. Wenn wir sie nicht offen zum Ausdruck bringen,
übermitteln wir sie indirekt oder telepathisch. Unsere Mitmenschen spüren das und wenden sich von uns ab, weil sie intuitiv
wissen, dass sie uns nicht helfen können, solange wir noch
nicht einmal unser Bedürfnis nach Hilfe akzeptieren!

Paradoxerweise werden wir in Wirklichkeit immer stärker, wenn wir unsere Gefühle und Bedürfnisse anerkennen und offen um Hilfe bitten. Wenn unser Partner (noch) damit überfordert ist, brauchen wir Hilfe von dritter Seite, etwa durch einen guten Berater oder Freund, der uns beisteht. Es ist unser männliches Inneres, das unser weibliches Inneres unterstützt. Je mehr wir zu uns selbst stehen, um so leichter fällt es unseren Mitmenschen, mit unseren Bedürfnisse umzugehen. Und wir erleben immer öfter, dass sie uns gern etwas geben. Wir fühlen uns immer mehr als ein »Ganzes«. Gefühle und Bedürfnisse zu unterdrücken (z. B. weil wir glauben, damit beim eigenen Partner nicht landen zu können) ist falsch verstandener Heroismus. Wir werden dafür weder eines Tages heilig gesprochen noch als Märtyrer verehrt. Wenn Gefühlen und Bedürfnissen in unserer Beziehung nicht Rechnung getragen wird, sollten wir uns dies zumindest eingestehen und einen Weg finden, damit umzugehen, bevor unser Körper das Ganze ausbaden muss, etwa indem er Krankheiten produziert.[1]

Um mit einem anderen in Kontakt zu kommen, brauche ich den Kontakt zu mir selbst. Je intensiver er ist, desto reicher kann die Beziehung zu einem anderen sein oder werden.

Wenn ich mich selbst nicht liebe und mir nicht vertraue, dann kann ich auch nicht erwarten, dass es mein Partner für mich tut. Doch in dem Maße, in dem ich mich selbst bedingungslos zu lieben lerne, erhalte ich automatisch die Liebe und Anerkennung von anderen, nach der ich mich sehne. Wenn ich auf mich und meine Wahrheit vertraue, ziehe ich andere Menschen an, die dasselbe Vertrauen haben. Meine Bereitschaft, mich tief auf meine eigenen Gefühle einzulassen, schafft die Bedingung für die Intimität mit anderen. Wenn ich mich in Gesellschaft mit mir selbst wohl fühle, weil ich meine Bedürfnisse und Gefühle kenne und wertschätze, kann ich mit jedem anderen Spaß haben, mit dem ich gerade zusammen bin.

Mit den eigenen Gefühlen und Bedürfnissen liebevoll umzugehen (statt sie zu verdrängen) ist ein wesentlicher Schritt
zur Selbstliebe, doch noch nicht die Selbstliebe selbst.

Übung: Fragen Sie sich einmal:

• Ist meine Selbstliebe bedingungslos oder ist sie an Bedin-
  gungen geknüpft?
• Was ist dieses Selbst, das wir lieben?
• Und wer ist das Selbst, das liebt?

Selbstliebe ist die Bereitschaft, die »Liebe zum Selbst« in die
Welt zu tragen. Dies bedeutet, unsere Beziehung zu uns selbst
in der physischen Welt durch das Zusammenwirken mit anderen Menschen aufzubauen und zu festigen unter Einbeziehung unserer Liebe zu uns selbst. Es ist daher wichtig, diesen
Schritt auf den Partner zu nicht aus einer Haltung von
Abhängigkeit heraus zu tun. Deshalb gehört zur Selbstliebe
auch die Kunst, mit sich selbst allein sein zu können.

Im Schweigen liebt man am glühendsten.
(Charles de Foucauld, 1858 -1916)

Die »Kunst des All-eins-Seins«

Viele Menschen haben Angst vor der Einsamkeit, dabei ist sie
nur falsch verstandenes All-eins-Sein. Sie fühlen sich ohne
Partner nicht lebensfähig, sind unfähig, allein glücklich zu sein,
und hoffen, dass ihre Einsamkeit und die damit verbundene
Missstimmung verschwindet, wenn sie mit einem anderen zusammen sind. Dieser Versuch ist etwa so Erfolg versprechend, als
erhofften zwei Nichtschwimmer, dem Ertrinken zu entkommen,
indem sie sich auf offenem Meer aneinander festhalten.

Ganz konkret: Zwei unglückliche Menschen werden nicht
dadurch glücklich, dass sie zusammen sind, zumal dann die
Angst dazukommt, den anderen wieder zu verlieren. Angst ist
keine Grundlage für wirkliche Liebe. Rudolf Dreikurs schreibt
in dem Zusammenhang: »Alles, was auf der Grundlage von
Angst getan wird, vermehrt Leid und Elend.«

Die meisten Kompromisse schließt man, wenn man sich
einsam fühlt. Und Letzteres liegt daran, dass man Mauern baut
statt Brücken – dies gilt sowohl für die Beziehung zu anderen
Menschen als auch für die Beziehung zur universellen Energie,
zur Natur, zum Tierreich usw.

Ein Klient berichtete, dass er nach einer Trennung verzweifelt
vor Einsamkeit eines Nachts – dem Delirium nahe – durch die
Felder irrte, als ihm eine Eiche auffiel und sein Bewusstsein der
Einsamkeit urplötzlich von ihm abfiel. Ihm schien, als sei diese
Eiche ein Lebewesen so wie er. Erschüttert kniete er vor ihr
nieder und umarmte sie. Er erkannte, dass er nicht einsam war,
weil ja diese Eiche vor ihm stand. In dem Moment erlebte er die
Allverbundenheit der Natur und sich selbst als Bestandteil von
ihr. Seine Mauer zur Außenwelt war zu einer Tür geworden.

Immer mehr Menschen gehen ganz bewusst in Exerzitien, um ihr All-eins-Sein zu erfahren. Allein, ohne Ablenkung begegnen sie sich selbst und damit zuerst einmal ihren unbekannten und oft verdrängten Seiten. Verschüttete Ängste kommen möglicherweise an die Oberfläche und ungelöste Konflikte, die auf sich aufmerksam machen. Indem die Konflikte durchlebt werden, ist Einheitserfahrung möglich, so wie bei unserem Klienten.

Manche Menschen tun sich hingegen zusammen, nicht um das Lieben zu lernen, sondern um sich gemeinsam von sich selbst abzulenken. Wenn sie aber zusammen sind, weil sie nicht allein sein können, ist die Grundlage nicht ein »Ja zum Miteinander«, sondern nur ein »Nein zum Alleinsein«. Alleinsein aber ist eine existenzielle Aufgabe, die jeder während eines Lebens bewältigen *muss*. Erst im »All-eins-Sein«-Können liegt das Geheimnis wahrer Größe und Stärke von Freiheit und Erfüllung.

Die Kunst des »Alleinseins« in einer Partnerschaft leben zu können bedeutet nicht, Einsiedler zu sein, und schon gar nicht Isolation oder gar Eigenbrötelei, sondern ein waches Mich-«auf mich selbst«-Konzentrieren. Anstatt mir von jemand *anderem* diese innere Verbindung zu erhoffen, erlebe ich sie dann als eine tiefe Verbundenheit mit »allem, was ist«, unabhängig davon, ob ich äußerlich gerade allein oder in Gesellschaft bin.

Der äußere Wechsel von Zusammen- und Alleinsein ist etwas ganz Natürliches, ein Weg, seinem inneren Rhythmus zu folgen. Eine Beziehung ist etwas sehr Bewegliches und unterliegt einem ständigen natürlichen Wechsel von Nähe und Distanz.

All-eins-Sein ist die Aufhebung der Illusion der Dualität. In diesem Bewusstsein bin ich dem anderen und dem Ganzen auf eine intensive und tiefe Art verbunden, die nicht aus dem Denken kommt, sondern alle Bereiche des Seins erfasst. Dann erst bin ich wirklich unabhängig und wahre Liebe wird möglich.

Sei fähig, allein zu sein.
Lass dir die Vorteile der Einsamkeit nicht entgehen,
sondern freue dich mit dem Allgegenwärtigen allein zu sein.
Das Leben ist eine reine Flamme
und wir leben durch eine unsichtbare Sonne im Herzen.
(Sir Thomas Browne, 1605-1682)

Beziehungsfähigkeit versus Abhängigkeit

Beziehungsfähige sind unabhängig, aber interaktiv. Sie verfügen über ein ausgebildeteres Vermögen, »Schläge elastisch abzufangen«. Sie können die normalen Unstimmigkeiten des Alltagslebens realistisch einschätzen, ohne sich durch Kleinigkeiten aus der Ruhe bringen zu lassen oder gelegentlich vorkommende Kränkungen zu dramatisieren. Außerdem respektieren beziehungsfähige Menschen das Bedürfnis ihres Partners, seine eigenen Zwecke zu verfolgen, hin und wieder allein zu sein und sich mit anderen Dingen zu beschäftigen und auch einmal nicht an die Beziehung, sondern an andere wichtige Belange zu denken, die den Partner vielleicht gar nicht direkt berühren – zum Beispiel die eigene Arbeit, die persönliche Entfaltung und Weiterentwicklung und die damit zusammenhängenden Bedürfnisse. Beziehungsfähige Menschen wollen also nicht immer im Zentrum, im Brennpunkt der Aufmerksamkeit stehen. Sie geraten keineswegs in Panik, wenn ihr Partner geistig auf andere Dinge konzentriert ist. Sie gönnen sich diese Freiheit selbst und denen, die sie lieben.

Dies ist der Grund, warum die Liebe zwischen zwei beziehungsfähigen Menschen wachsen kann. Und aus demselben Grund ist die romantische Liebe zwischen nicht beziehungsfähigen Menschen so oft zum Scheitern verurteilt: *Ängstliches Sichanklammern erstickt die Liebe*. Nachfolgend einige Ansichten und Haltungen einer Abhängigkeitsbeziehung:

- Ich kann ohne dich nicht leben.
- Ich tue alles für dich.
- Wir lieben nur uns, bis dass der Tod uns scheidet.
- Ich mache es nur, wenn du es willst/einverstanden bist.
- Wenn du mich wirklich liebst, dann...
- Ich kann das nur, wenn du mitmachst.
- Allein gehe ich da nicht hin.
- Das können wir doch nicht machen. Was sollen denn die Leute denken?
- Wenn du mich wirklich lieben würdest, wüsstest du, was ich will, wie ich es meine, was mir wirklich fehlt...
- Wenn du mich wirklich liebst, gehst du nicht mehr zu diesem grässlichen Fußball, Autorennen, Boxkampf, in diesen entsetzlichen James-Bond-Film, auf diese fürchterliche Modenschau....
- Entscheide du das, du weißt das doch besser.
- Sag mit, dass du immer bei mir bleibst.
- Sag mir, dass du nie eine andere/einen anderen lieben wirst.
- Versprich mir, dass du immer für mich sorgen wirst.

Erkennen Sie in dem Zusammenhang:

- Ein reifer Partner ist unabhängig von der Notwendigkeit, den anderen »befriedigen« zu müssen und davon, »Vergnügtheitspflichten« zu genügen.
- Wenn der andere nicht Ihren Illusionen gerecht werden kann, ist dies normal! Ärger auszudrücken verändert nichts, wohl aber wenn ich mitteile, wo ich stehe, was ich fühle, welche Bedürfnisse, Sehnsüchte etc. ich habe. Allein das gegenseitige Sich-Mitteilen macht uns einander spürbar. Der andere muss meine Bedürfnisse nicht erfüllen, ja, er sollte es auch nicht tun, falls es ihm kein Anliegen ist.
- Vermeiden Sie das Retter-/Helfersyndrom: Es ist weder mein Job, den anderen zu retten, noch seiner, mich zu retten, sondern der gemeinsame Job ist es, in der Wahrheit

zu sein. Der andere glaubt vielleicht unbewusst:»Wenn du mein Retter bist, kann ich von dir alles haben, was ich will.« Erst wenn ich aus meinem Rettersyndrom aussteige, kann auf einmal der andere seine Projektionen aufarbeiten, weil er dies nun muss. Es funktioniert nicht, wenn Ihr Partner nach dem Motto lebt:»Ich bin grad nicht glücklich, also mach du mal.«

- Wenn einer von beiden die Beziehung missbraucht, um seine»Trips« zu leben, ist dies ein Zeichen einer abhängigen Beziehung. Spielchen wie Vater-Mutter-Kind-Spielchen, Co-Abhängigkeitsspielchen bedeuten, beide sind entfernt von ihrem Selbst, das Selbst kann dem Selbst, Gott der Göttin nicht begegnen.
- Der andere ist nicht verantwortlich dafür, ob ich mich gut fühle! Manchmal ist man einfach nur enttäuscht, dass der andere nicht die Erfüllung der eigenen Projektion ist, dabei ist dies ein Segen, eine»Befreiung von einer Täuschung«. Jeder von beiden hat das Recht, von der gemeinsamen Beziehung frustriert oder ihretwegen verärgert zu sein. Solange beide bei der Wahrheit bleiben und bereit sind, die Ursache in sich selbst zu suchen, ist alles in Ordnung.

Fragen Sie sich doch einmal:

- Ruhe ich in mir selbst?
- Kann ich allein glücklich sein?
- Was fehlt?
- Wo bin ich schon bereit, meinen Partner selbstständig sein zu lassen, wo nicht?
- Wo bin ich schon unabhängig von den Erwartungen meines Partners an mich und wo habe ich noch Angst, ihnen nicht zu genügen?

Was wir suchen, können wir nur in uns selbst finden, die Einheit mit der»Einen Kraft«, dem *Einen* Selbst, das in uns und durch uns lebt. Bis wir dies entdeckt haben, können wir nur *scheinbar* im Zusammensein mit einem anderen Menschen das Ende der Getrenntheit erfahren. Früher oder später stoßen wir auf die vielleicht erschütternde Wahrheit, dass es letztlich nur *eine* Liebesbeziehung geben kann, die Verbindung zwischen dem äußeren Menschen und dem inneren Sein, der Einen Kraft, aus der wir alle geschaffen sind. Und so wird der Weg der wahren Liebe zu einem Weg der wachsenden Vertrautheit und Identifikation mit dem einen Selbst in uns und in unserem Partner.

Finde ich diesen Weg nicht, erfahre ich in der Partnerbeziehung immer deutlicher die Getrenntheit vom anderen, wird das Streben nach Einheit mit dem geliebten Menschen sehr bald zu einer anderen Form der Isolation und damit ein immer drängenderer Hinweis darauf, was wir in Wirklichkeit suchen: Die Einheit mit dem Selbst. Günstigstenfalls wird die Liebe zu einem Tor, zu einem Weg der Einweihung und zur gefühlten Erfahrung der kosmischen Einheit.

Wir erkennen, dass die Einheit mit dem Ganzen nicht unbedingt menschliche Beziehungen braucht. Aber gerade dadurch kann jede Beziehung eine großartige Bereicherung darstellen, in der wir die Einheit mit dem Ganzen bewusst erleben. Wie in einem Hologramm spiegelt sich das Ganze dann in jedem Teil, begegnen wir dem Selbst in jedem Menschen, in allem, was ist.

Es ist eine alte Geschichte, doch immer bleibt sie neu –
und wem sie just passieret,
dem bricht das Herz entzwei.
(Heinrich Heine, 1797-1856)

Warum »funktioniert« der andere nicht so, wie ich will?

Wenn Sie in Ihren Beziehungen glauben, beides zu erleben, sowohl Liebe als auch das Gegenteil, Angriff, emotionale Gewalt und so weiter – dann müssen Sie davon ausgehen, dass Sie möglicherweise das Festhalten am Ego und abhängiges Klammern mit Liebe verwechseln. Sie können nicht Ihren Partner in einem Moment bedingungslos lieben und im nächsten Augenblick angreifen. Wahre Liebe kennt kein Gegenteil. Wenn es zu Ihrer »Liebe« eines gibt, dann ist sie keine Liebe, sondern ein Egobedürfnis nach einem tieferen und vollkommeneren Selbstgefühl, das durch die andere Person zeitweilig erfüllt wird. Die Erfüllung einer Form, zum Beispiel »immer nett sein«, »immer der gleichen Meinung sein«, »alles mitmachen«, ist der Ersatz des Egos für eine erlöste Partnerschaft, und für eine kurze Zeit fühlt es sich fast wie Erlösung an. Aber dann kommt ein Punkt, wo das Verhalten Ihres Partners die Bedürfnisse Ihres Egos nicht mehr befriedigt. Jetzt tauchen Gefühle von Angst, Schmerz und Mangel wieder auf, die dem Egobewusstsein zu eigen sind – sie waren durch die »Liebesbeziehung« nur überdeckt.

Genau wie bei jeder anderen Art von Sucht sind wir high, solange die Droge verfügbar ist, aber in dem Moment, in dem sich der Partner gegenüber unseren Egobedürfnissen abweisend verhält, sind wir »auf Entzug«.

Wenn all die schmerzhaften Gefühle wiederkommen, dann empfinden wir sie vielleicht noch stärker als vorher, sehen

möglicherweise sogar den Partner als ihre Ursache an. Das
bedeutet, wir projizieren sie nach außen und greifen dann den
anderen mit all der Heftigkeit an, die Teil unseres verborgenen
und nun offenkundig gewordenen Schmerzes ist. Durch diesen Angriff wird nunmehr der Schmerz des anderen geweckt
und er wird einen Gegenangriff starten. An dieser Stelle hofft
das Ego unbewusst immer noch, dass seine Angriffe und
Manipulationsversuche Strafe genug sind, um den Partner zur
Verhaltensänderung zu bewegen. Dann könnte es ihn wieder
als Betäubungsmittel für seinen Schmerz benutzen.

Hinter einer solchen Abhängigkeitsbeziehung (man ist
abhängig davon, dass der andere dies und jenes tut) steckt die
Weigerung, verdrängten eigenen Schmerz anzuschauen und
zu durchleben.

Jede Sucht beginnt mit Schmerz und endet mit Schmerz.
Egal wovon wir abhängig sind – Alkohol, Essen, legale oder
illegale Drogen, Sex oder eine Person –, wir benutzen etwas
oder jemanden, um den eigenen Schmerz zu überdecken.
Deshalb gibt es nach dem Abklingen der ersten Euphorie so
viel Unglück, so viel Schmerz. Intime Beziehungen sind nicht
die Ursache für Schmerz und Unglück. Sie bringen nur das,
was schon in Ihnen ist, lediglich zum Vorschein. Jede Sucht tut
das. Jede erreicht einen Punkt, an dem die Betäubung nicht
mehr funktioniert, und dann fühlt man den Schmerz stärker
als je zuvor.

Einige Partnerschaftskonzepte oder Einstellungen zur Liebe, die ich in meiner Praxis bei Paaren registriert habe, möchte
ich Ihnen vorstellen:

• Der Mann zeigt keine Gefühle, die Frau duldet es stillschwei-
  gend, nörgelt jedoch stattdessen an ihm herum.
• Einer oder beide Partner können keinen Konflikt aushal-
  ten; es wird dadurch nichts ausgesprochen, was einen
  Konflikt auslösen, aber auch nichts, was wahre Intimität und
  Nähe schaffen könnte.

WARUM »FUNKTIONIERT« DER ANDERE NICHT SO, WIE ICH WILL?

- Man lässt sich gegenseitig in Ruhe und klammert jede Kritik aus.
- Beide Partner lassen sich nicht mit ihren »negativen Seiten« sehen, wenn es doch vorkommt, folgt ein Schwall von Entschuldigungen oder Rechtfertigungen.
- Einer oder beide verlangen, dass sie in allem, was sie tun, akzeptiert werden, jede Reaktion auf ihr Handeln wird als Nichtakzeptieren ausgelegt.
- Der Mann fühlt sich nur für die materielle Sicherheit und/ oder den Sex zuständig.
- Die Frau sorgt nur für Schönheit und/oder Sex.
- Beide haben feste Vorstellungen, wie jeder zu sein hat.
- Beide sehen sich nur in bestimmten Rollen: »Mein Mann ist ein Schlamper«, »meine Frau ist sehr empfindlich« und schreiben sich darin fest. (Man geht nicht davon aus, dass der andere lernen könnte, sich anders zu verhalten.)
- »Wir haben keine Probleme!« Alles, was in diese Richtung gehen könnte, wird unter den Teppich gekehrt. (Dahinter steckt Hilflosigkeit und die Weigerung, an Problemen gemeinsam zu wachsen.)
- Man tut alles, damit der andere nicht verletzt, gekränkt oder enttäuscht ist; der andere darf keine negativen Gefühle haben.
- Wenn du »negative« Gefühle in mir auslöst, ziehe ich mich zurück. Ich werde es dir schon austreiben.
- Wir sind nur lieb miteinander.
- Wir sind uns selbst genug, wir brauchen keine Freunde mehr.
- Ich gebe dir alles, was du brauchst, deshalb brauchst du keinen Freund, keine Freundin, keinen Kumpel, keine Therapeutin mehr im Außen.
- Ich bin eifersüchtig auf jede Stunde, die mein Partner mit seinem Guru, mit Meditation, Gebet, einem anderen Menschen verbringt, oder wenn er mal allein schlafen möchte, denn: All dies zeigt mir, dass er mich nicht mehr liebt.

Die Liebe ist so unproblematisch wie ein Fahrzeug.
Problematisch sind nur die Lenker, die Fahrgäste und die Straße.
(Franz Kafka, 1883-1924)

Beispiele für unreife Bedürfnisse in der Partnerschaft

Gefühle und Bedürfnisse sind nicht »schlecht«, sie sind wertvoll, weil sie das sind, was wir Menschen alle gemeinsam haben.
Wenn wir allerdings von unserem Partner ihre Erfüllung
erwarten und zudem noch glauben, dass das »nur so und nicht
anders« zu geschehen hätte, dann sind wir engstirnig und
gefährden die Beziehung. Nachfolgend einige Beispiele für
unreife Bedürfnisse, die nichts, aber auch gar nichts mit
Selbstliebe zu tun haben:

• Der Partner muss alle meine Bedürfnisse erfüllen und
  immer da sein, wenn ich ihn brauche, und nicht da sein,
  wenn ich ihn gerade nicht brauchen kann.
• Der Partner muss immer so sein, wie ich ihn haben will, und
  wenn er nicht so ist, habe ich ein Recht, enttäuscht, traurig,
  ärgerlich oder abweisend zu sein.
• Der Partner darf keine Bedürfnisse haben, die mir nicht
  angenehm sind oder die meine Bequemlichkeit stören.
• Er muss mögen, was ich mag.
• Der Partner muss meine Wünsche intuitiv spüren und
  wissen, was ich will, ohne dass ich das extra sagen muss, und
  wenn er es nicht merkt, mache ich ihm Vorwürfe und sage
  ihm: »Wenn du mich wirklich lieben würdest, dann wüsstest
  du, was ich will«.

- Der Partner muss mir an der Nasenspitze ansehen, wenn es mir schlecht geht, ich nicht in meiner Energie bin, ich etwas brauche, auch ohne dass ich es ihm sage.
- Er muss immer mein Bedürfnis nach Sicherheit stillen.
- Der Partner darf sich nicht verändern, schon gar nicht, wenn dadurch seine Bereitschaft beeinträchtigt wird, meine Bedürfnisse zu erfüllen und meine Anweisungen zu befolgen.
- Der Partner darf sich körperlich nicht verändern, weil er dann nicht mehr dem Bild gleicht, das ich mir von ihm gemacht habe und das ich anziehend fand, als wir uns kennenlernten. Wenn ich mich aber verändere, dann muss sich auch der Partner entsprechend verändern und sich meinen veränderten Bedürfnissen anpassen.
- Der Partner darf kein Interesse an anderen Dingen haben, die seine Aufmerksamkeit von mir ablenken, schon gar nicht an anderen Menschen und muss mir immer seine volle Aufmerksamkeit schenken. Er muss jedoch Verständnis dafür haben, dass ich mich auch für andere Dinge interessiere.
- Wenn der Partner meine Erwartungen nicht erfüllt, dann ist es mein Recht, ihn abzulehnen und zu hassen.
- Es ist mein Recht, den Partner zu kritisieren und mich über ihn lustig zu machen, wenn ich einen Fehler an ihm entdecke oder eine individuelle Besonderheit.
- Es ist auch mein Recht, mich ständig über ihn zu beklagen, und wenn er sich dann immer noch nicht anpasst, wozu brauche ich ihn dann noch?
- Wir müssen alles gemeinsam machen.
- Wir müssen uns für dieselben Freunde und Dinge interessieren.
- Wir müssen denselben Geschmack haben.
- Jeder muss immer für den anderen da sein.
- Der wichtigste Mensch in meinem Leben muss immer mein Partner sein.
- Nur wenn du tust, was ich will, bleibe ich dir zugewandt.

Liebe hat keinen anderen Wunsch,
als sich zu erfüllen.
(Khalil Gibran, 1883-1931)

Beispiele für reife Bedürfnisse in der Partnerschaft

1. Der reife Partner ist bereit, den anderen wirklich kennenzulernen und zu respektieren, so wie er ist, mit all seinen Stärken und Schwächen.
2. Der reife Partner wünscht sich durch die enge Verbindung zu seinem Geliebten, zu wachsen, die eigenen Stärken und Schwächen zu entdecken, neue Bereiche des eigenen Seins zu entwickeln und mit dem anderen glücklicher zu werden.
3. Der reife Mensch wünscht sich einen Partner, dem er vertrauen und dem er sich anvertrauen kann, dem er seine Gedanken und Gefühle mitteilen kann, aber auch seine Bedürfnisse und Sehnsüchte. Jemanden, bei dem er sich anlehnen kann und der sich beim ihm anlehnt, so weit dies möglich ist.
4. Der reife Mensch sucht eine Partnerschaft, in der beide die Möglichkeit haben, ihre Individualität voll zu entwickeln und liebevoll miteinander zu leben.
5. Der reife Partner nimmt das Wachstum und die Entwicklung des anderen so wichtig wie seine eigene. Er ist bereit und fähig, auf den anderen einzugehen und für ihn da zu sein, ohne die eigene Individualität zu verleugnen oder zu beeinträchtigen.
6. Der reife Partner ist bereit, Verantwortung zu übernehmen, sowohl für das eigene Schicksal als auch für seine Partnerschaft.

7. Der reife Partner weiß, dass keine Partnerschaft für die Ewigkeit gedacht ist und sie daher in der bestehenden Form eines Tages beendet sein wird, spätestens mit dem Tod. Aber er weiß, dass dadurch weder seine Verantwortung noch seine Liebe beeinträchtigt wird, sondern ist dankbar für jeden gemeinsamen Tag.

Geschichte: »Einen solchen Dummkopf heirate ich nicht!«

Schmachtend lag der Verehrer zu Füßen seiner Angebeteten: »Du musst mich heiraten, ohne dich kann ich nicht leben.« Sie betrachtete ihn lächelnd und meinte: »Nun, ich möchte vorher aber einige Bedingungen klären, ehe ich dir mein Wort gebe. Ich werde meinen Namen nicht aufgeben, sondern du musst meinen Namen annehmen.« - »Ja, das verstehe ich voll und ganz Liebling«, hauchte der Verliebte. »Außerdem kann ich in deiner engen Wohnung nicht leben. Wir brauchen auch unbedingt ein großes Haus, weil nämlich meine Mutter dann bei uns einziehen wird«, lautete die nächste Bedingung. Der junge Mann gab seine Zustimmung mit den Worten: »Du weißt, wie ich mich darauf freue.« - »Du weißt doch, dass ich meine Selbstständigkeit gewöhnt bin, und da ist es klar, dass ich abends ausgehen kann, wann ich möchte. Kontrolle muss ich mir von vornherein verbitten.« - »Selbstverständlich brauchst du deine Freiheit, ich werden deinen Wunsch gern akzeptieren«, sagte der junge Mann. »Außer meiner Freiheit brauche ich aber auch genügend Geld, um mir meine Wünsche erfüllen zu können...« Der junge Mann ließ sie nicht ausreden, er antwortete mit bebender Stimme: »Darum will ich mich ein Leben lang bemühen!« Und voller Erwartung fuhr er fort: »Und was sagst du jetzt?« Mit einem mitleidigen Lächeln antwortete die Angebetete: »Einen solchen Dummkopf heirate ich nicht!« [2]

Zwischenbilanz: hilfreiche Punkte

- Für die Liebe ist es wichtig, mein Selbst und mich, so wie ich bin, zu lieben, nicht das Bild, das andere von mir haben sollen, oder mein Image.
- Jede Vorstellung, wie ich zu sein habe, damit man mich mag, sollte ich loslassen.
- Indem ich mich selbst bedingungslos annehme, wie ich bin, und meine Vorstellung loslasse, wie ich sein sollte, kann ich diese Bedingungslosigkeit auch meinem Partner erlauben.
- Wenn ich mir selbst ein guter Partner, mein bester Freund bin, werde ich auch in meiner äußeren Beziehung Erfüllung finden.
- Von der erfüllten Liebe trennt die Vorstellung, dass ich »den richtigen« Partner brauche, der so und so sein muss, damit er zu mir passt und ich glücklich werden kann.
- Wann immer ich mit meinem Partner »anecke«, darf ich erkennen, dass er mir nur hilft, »runder« zu werden, und diese Chance sollte ich nutzen, anstatt mich darüber zu beschweren.
- Wann immer mein Partner mit mir nicht einverstanden ist, sollte ich prüfen, ob ich mit ihm einverstanden bin – und mit mir selbst, ob ich »das Eine« verstanden habe.
- Nicht zur Liebe gehört: lieben wollen, bewerten, einordnen, verstehen wollen, ideal sein wollen, Image, eine Rolle spielen.
- Wir brauchen nur zu sein, was wir sind, das heißt, unser wahres Selbst zu leben.

Meditieren ist immer noch besser als rumsitzen und nichts tun.
(buddhistische Weisheit)

Meditation: bedingungslose Liebe

Wenn ich einen Partner habe, dann kann ich mir vorstellen, dass der »ideale Partner« in der nachfolgenden Meditation mein eigener ist. Wenn ich aber glaube, dass es ein anderes Wesen gibt, das ich leichter bedingungslos lieben kann, kann ich auch mit ihm anfangen.

»Ich stelle mir vor, dass es einen Menschen gibt, den ich wirklich bedingungslos liebe, ohne jeden Vorbehalt, einfach so, wie er ist. Ich gehe ganz hinein in diese Vorstellung und spüre diese Liebe in mir. Ich erfülle mich ganz bewusst mit dieser Liebe. Wie möchte sich sie ausdrücken?

Ich öffne mein Herz wie eine Lotusblüte und lasse Liebe fließen. Ich stelle mir vor, dieser Mensch, den ich bedingungs- und vorbehaltlos liebe, ist jetzt hier. Er sitzt neben mir. Ich lasse jetzt diese Liebe geschehen. Ich erlaube, dass sie sich ausdrückt. Und ich erlebe, wie diese Liebe zu mir zurückkehrt, mich einhüllt und erfüllt.

Nun stelle ich mir vor, es würde mir gelingen, alle Menschen so zu lieben. Und nicht nur die Menschen, auch Tiere, Pflanzen, auch meinen Körper, meine Eigenarten, meine Vergangenheit, die Gegenwart und die Zukunft, den Augenblick und die Eine Kraft.

Ich erkenne in jedem und in allem die Eine Kraft und ich liebe in jedem und in allem Gott/Göttin/die Eine Kraft. Durch meine Liebe erhebe ich alles in seine höchste Form. Auch das Kind in mir, das Animalische, mein Denken, Glauben und Bewusstsein. Durch meine Liebe erhebe ich mich zu mir selbst!

Ich erlebe, wie etwas mit mir geschieht und mit meiner Beziehung zu meinem Partner, meinen Eltern, anderen Menschen. Ich gewinne eine neue Einstellung zu mir, meinem Partner und meiner Umgebung. Ich bin in der Lage, alles und jeden bedingungslos zu lieben und nichts und niemanden von der Einen Liebe auszuschließen. So liebe ich innerhalb der göttlichen Ordnung.«

Das Hemd eines Glücklichen

Ein mächtiger König war schwer erkrankt und keiner seiner Ärzte konnte ihm helfen. Da schickte er nach dem Weisesten seines Reiches. Der sagte ihm:»Mein König, es gibt nur noch einen Weg, dich zu heilen: Trage das Hemd eines Glücklichen«. Der König schickte sofort Reiter in alle Teile seines Reiches, damit sie ihm das Hemd eines Glücklichen brächten, koste es, was es wolle. Jeder Reiter fragte alle auf dem Weg:»Bist du glücklich?« Aber der eine antwortete:»Wie kann ich glücklich sein, ich weiß nicht, wie ich meine Schulden bezahlen soll?« Ein anderer antwortete:»Mein Kind ist gerade gestorben, wie kann ich da glücklich sein?« Und so hatte jeder einen Grund, unglücklich zu sein. So kehrten die Reiter in den Palast zurück ohne das Hemd eines Glücklichen. Aber ein Reiter traf im entferntesten Winkel des Reiches einen halbnackten Bauern auf dem Feld bei der Arbeit und fragte auch ihn:»Bist du glücklich?« Und der arme Mann antwortete:»Ja, wenn ich es mir recht überlege, ich bin wirklich glücklich!« Da war der Reiter sehr froh, seinen Auftrag doch noch ausführen zu können, und sagte zu dem armen Mann:»Gib mir dein Hemd für den König!« Aber der arme Mann antwortete:»Ich habe gar kein Hemd!«

Als der Reiter mit dieser Botschaft in den Palast zum König zurückkehrte, da verstand der König, was der Weise wirklich gemeint hatte. Dass es in seiner Macht stand, jeden Morgen das Hemd eines Glücklichen anzuziehen, und so wurde er in kurzer Zeit wieder gesund.

So ist es auch Ihre Wahl, jeden Tag das Hemd eines Glücklichen zu tragen, denn es gibt keine Umstände, die unglücklich machen könnten. Machen Sie Ihr Glück also nicht mehr von einem Partner abhängig, der da ist oder nicht, sondern: Treffen Sie bewusst Ihre Wahl und Sie finden das Glück in sich selbst, indem Sie alles loslassen, was Sie unglücklich macht, und das Glückliche in sich selbst finden.

III.
VOM PARTNERTRAUM
BIS ZUM TRAUMPARTNER

Die Liebe ist eine Kunst,
wie die Musik.
(Pierre Louys, 1870-1925)

Den idealen Partner ermeditieren

Glauben Sie daran, dass die Liebe auf Sie wartet, und sorgen
Sie dafür, dass sie Sie finden kann. Seien Sie »verfügbar«.
Erkennen Sie innere Hindernisse und lösen Sie sie auf.
Strahlen Sie aus: »Ich bin bereit!«, »Ich warte auf dich!« - »Ich
bin offen für die Liebe!« Seien Sie bereit dafür, dass »es« in
jedem Augenblick geschehen kann. Fangen Sie schon einmal
an zu lieben. Entwickeln Sie so Ihre Liebesfähigkeit. Suchen
Sie nicht nach dem richtigen Partner, sondern seien Sie selbst
ein idealer Partner, dann können Sie den richtigen gar nicht
mehr verfehlen. Der ideale Partner ist keine Person, sondern
ein Bewusstseinszustand, den Sie allerdings sehr wohl mit
einem »idealen Partner« teilen können.

Die nachfolgende Übung können wir, ebenso wie die Meditation »bedingungslose Liebe«, auf zweierlei Weise durchfüh-
ren. Wenn ich gerade Single bin, stelle ich mir meinen
Idealpartner vor, ohne ihn zu kennen. Lebe ich aber gerade in
einer festen Beziehung, dann stelle ich mir meinen gegenwärtigen Partner in seiner idealen Form vor. Damit ist nicht
gemeint, dass ich ihm »Vorstellungen« überstülpe, sondern
dass ich mein Unterbewusstsein bitte, mir seine ideale Form zu
zeigen, so wie er von seinem wahren Wesen her gemeint ist.
Hierbei ist es wichtig, sich von jeder Vorstellung zu befreien.
(In meinen Büchern über Intuition erfahren Sie mehr darüber, wie Sie Vorstellung und Wahrheit voneinander unterscheiden können.) Denn in der wahren Liebe versuche ich meinen
Partner nicht nach meinen Vorstellungen zu formen, sondern
ihm zu sich selbst zu helfen, das heißt das Gute in ihm

anzusprechen, das dort bereits angelegt ist und das seinem wahren Wesen entspricht:

Ich stelle mir meinen Partner vor:

- Wie sieht er aus?
- Welche Körperhaltung hat er?
- Wie begrüßt er mich? (flüchtig – erwartungsvoll –auf mich hoffend – fragend?)
- Hat er ein Anliegen, Sorgen, ist er müde, was braucht er jetzt?
- Welche Kleidung trägt er?
- Wie schaut er mich an?
- Lächelt er, gibt er mir die Hand, bietet er mir den Mund zum Küssen?
- Will er mir etwas erzählen, ist er erregt – bedrückt – erfreut?
- Ich fühle mich in meinen Partner hinein, wie sein Verhältnis zu seinen Eltern war, zu seinen Geschwistern, wie ihn die Erziehung geformt hat, welche Wünsche und Bedürfnisse in ihm wach sind und welche Gefühle er hat.
- Welche Fähigkeiten und Anlagen besitzt er?
- Welche Kräfte entfalten sich durch ihn und welche verdrängt er?
- Wie kann ich ihm zu seiner Selbstverwirklichung verhelfen, in seine Freiheit, der zu sein, der er ist?
- Ich stelle mir meinen Partner vor, wie er mit Kindern oder Schutzbefohlenen umgeht, wie er ein Kind auf den Arm nimmt, es wickelt, liebkost, mit einem Kind glücklich ist, mit ihm auf dem Boden liegt und mit ihm herumtollt, wie er die Fragen von Kindern beantwortet, auf die freche Antwort von Teenagern reagiert.
- Ich stelle mir meinen Partner in der Welt seines Berufes vor, im Umgang mit seinen Kollegen, bei den Haushaltspflichten.
- Welche Vorstellungen hat er vom Leben?
- Welche Ängste, Hoffnungen, Sehnsüchte?
- Welche Werte sind für ihn bedeutend?

- Wo und wie findet er den Sinn des Lebens?
- In welchen geistigen Auseinandersetzungen steht er?
- Wie steht er zum Glauben, woran glaubt er, wie betet er?
- Wie glaubt, hofft, liebt er?
- Ich sehe meinen idealen Partner vor meinem geistigen Auge und ehre ihn dafür, dass er ist, wie er ist.

Gerade bei unserer ständigen Beanspruchung, die dazu verleitet, an der Oberfläche der Dinge und der Begegnungen zu bleiben, hilft es sehr, sich hin und wieder Zeit zu nehmen, um den idealen Partner zu »ermeditieren«. Man sollte damit nicht erst nach jahrelanger Ehe beginnen, sondern so früh wie möglich. Immer wieder sind wir ja neu und immer wieder kann aus solchem Meditieren neues Verstehen, tiefere Liebe, neue Kraft erwachsen.

Vielleicht kennen Sie die Vexierbilder? So wie Sie bei dem nachfolgenden Bild entweder eine alte Hexe oder ein schönes Mädchen sehen können, so bestimmen Sie auch mit Ihrer Aufmerksamkeit, ob Sie in dem Menschen, der zu Ihnen gehört, eine »Ilsebill« bzw. einen »Isegrim« oder eine Venus bzw. einen Adonis wahrnehmen. Natürlich muss die Venus bzw. der Adonis potenziell angelegt sein, aber wenn das so ist, können Sie ihn hervorrufen – auch dies gehört zur Liebeskunst.

Nicht die Vollkommenen,
sondern die Unvollkommenen brauchen unsere Liebe.
(Oscar Wilde, 1854-1900)

Die Suche nach dem idealen Partner

Ein Mann suchte sein ganzes Leben lang nach der idealen Partnerin. Er wurde reich und berühmt, aber er blieb allein. Als er alt war, fragte ihn ein Reporter, ob seine Suche keinen Erfolg gehabt habe, und er antwortete: »Doch, ich habe sie gefunden. Als ich dreißig war, bin ich ihr begegnet. Aber leider suchte auch sie nach dem idealen Partner!«

So wie diesem Mann geht es vielen von uns. Viele sind auf der Suche nach dem »idealen Partner«. Nur wenige glauben, ihn gefunden zu haben. Was aber würde es mir nutzen, wenn ich jetzt meinem »idealen Partner« begegnete, solange ich kein »idealer Partner« bin. Ich muss zunächst mir ein idealer Partner sein. Möchten Sie mit sich verheiratet sein? (»Das Ekel gönne ich dem!«)

Die Suche nach dem Ideal in der Partnerschaft fängt nicht wie vermutet bei der »Genialität« unseres Partners an, sondern bei der Vervollkommnung unserer selbst. Die Liebe ist kein Zufallsprodukt! Sie ist das, was wir daraus machen. Liebe ist die höchste Kraft im Universum. Nur wer liebt, kann diese Kraft bewegen. Wenn Sie also derjenige sind, der die geheimen Wünsche der anderen erfüllt, dann sind Sie für die anderen liebenswert und wichtig. Verbunden mit der richtigen Strategie können Sie so den Partner nicht nur erobern, sondern auch halten und mit sich gemeinsam zur wahren Liebe führen.

Meiner »wahren großen Liebe« kann ich erst begegnen, wenn ich die wahre, große Liebe in mir gefunden habe. Dann brauche ich sie im Außen zwar gar nicht mehr, aber erst dadurch mache ich sie möglich, ziehe ich sie an (Resonanzgesetz).

Würde ich ihr früher begegnen, wäre die Begegnung sinnlos und schmerzvoll, weil ich dem anderen ja gar kein idealer Partner sein könnte.

Stets ist der Partner, mit dem ich derzeit zusammen bin, genau der richtige, weil er uns genau mit den Lektionen konfrontiert, die wir noch zu lernen haben, um wirklich ein idealer Partner zu sein. Der Sinn einer Partnerschaft mit einem »nicht idealen« Menschen ist der, dass mich der andere mit meinem Mangel konfrontiert, mir zeigt, wo *ich* noch nicht ganz »heil« bin, nicht »ich selbst« bin. Die Auseinandersetzung mit dem anderen, bei dem ich bleibe, weil ich ihn liebe, soll mich letztlich zu »mir selbst« führen, mir helfen, ganz »ich selbst« zu sein.

So ist der Partner, den ich derzeit habe, der momentan ideale Partner für mich und ich für ihn, denn er ist so viel oder so wenig ideal wie ich selbst. Aber gemeinsam sind wir auf dem Weg zu uns selbst, ob wir es wissen und wollen oder nicht.

Wie sagt man so schön: »Ohne Reibung kein Wachstum!« Eine »reibungslose Partnerschaft« ist daher auch nur sinnvoll, so weit eine gemeinsame Aufgabe dies erfordert oder Lektionen auf dem Weg zur vollkommenen, alles durchdringenden bedingungslosen Liebe bereits gelernt sind. Bis dahin konfrontieren wir uns gegenseitig immer wieder mit unserem Sosein, bis jeder ganz »er selbst« geworden ist. Nur dann sind wir jeweils auch dauerhaft ein idealer Partner. Dann brauche ich nichts mehr und bekomme alles und lebe in der Fülle der vollkommenen Liebe.

Nicht durch Gleichgültigkeit, sondern durch das Bemühen, in der unvollkommenen Partnerschaft, in der ich gerade lebe, vollkommen zu lieben und mich mit vollem Engagement einzubringen, schaffe ich die Voraussetzung, damit sich diese Beziehung wandeln kann.

Das große Glück finde ich also nicht dadurch, dass ich meinen Partner nach meinen Vorstellungen umforme oder mich den Unannehmlichkeiten meiner Partnerschaft entziehe. Ich finde sie dadurch, dass ich meine eigenen Fähigkeiten optimiere, Liebe in mir selbst zu entdecken, sie im Außen zu empfinden und zu verschenken. Was würde es mir nützen, wäre ich schön, hätte Erfolg, Geld und Macht, würde geliebt und bewundert? Solange ich selbst nicht liebe, bleibt meine Seele leer.

Das Ziel einer idealen Partnerschaft ist daher nicht das liebevoll turtelnde Paar, bei dem einer ohne den anderen nicht leben kann, sondern zwei Menschen, die miteinander und aneinander »heil« geworden sind und einander daher nicht mehr „brauchen", weil jeder alle Aspekte des anderen in sich aufgenommen hat. Dann kann man sich sagen: »Durch dich habe ich gelernt, jeden Tag als ein neues Geschenk zu sehen.« Sollte jemand keinen Partner haben, ist es seine Aufgabe, zu lernen, sich selbst ein idealer Partner zu sein.

In der »Kunst, vollkommen zu lieben« liegt der ganze Sinn des Lebens. Wenn Sie aufhören zu lieben, stirbt Ihr Wesen, auch wenn der Körper weiterlebt. Wenn Sie sterben, ohne geliebt zu haben, haben Sie nie gelebt. Wenn Sie aber unaufhörlich lieben, wird Ihre innere Unsterblichkeit für Sie bereits zu Lebzeiten spürbar; diese Bewusstheit wird Sie nach dem Ableben des physischen Körpers ins Jenseits begleiten. Was dies bedeutet, kann mit Worten kaum beschrieben werden – man kann es nur erleben.

Wenn Mann und Frau auch auf gleichem Kissen schlafen,
haben sie doch unterschiedliche Träume.
(aus der Mongolei)

Unterschiede in der Liebeswerbung zwischen Mann und Frau

Wenn wir die menschliche Geschichte anschauen, erkennen wir, dass nur zwei Dinge die Menschen wirklich bewegen: Geld und Sex.

Viele Untaten, aber auch Erfindungen der Menschheit resultieren aus dem Bedürfnis, den Frauen zu imponieren, sie zu erobern und zu behalten. Ohne diesen Zwang säßen wir wohl alle noch auf den Bäumen oder lebten in Höhlen. Wir hätten uns vieles erspart, aber das Leben wäre uns schnell langweilig.

Dichter und Musiker haben uns ein romantisches, aber falsches Bild von der Liebe vermittelt, das mit der Wirklichkeit des Lebens nicht übereinstimmt. Im Film endet eine Liebe fast immer mit dem Happyend, aber die Realität sieht anders aus: Da endet die große Liebe in der Mühle des Alltags, die täglich neu durch das Wasser der Liebe angetrieben werden möchte.

Auch von der eigentlichen Sexualität haben die meisten keine Ahnung (deshalb haben wir dem Thema ein eigenes Kapitel gewidmet). Männer, die mehrmals hintereinander können, halten sich für großartige Liebhaber, obwohl sie nur ausdauernde Turnübungen machen.

Das größte Problem aber ist, dass sich das, was sich Frauen und was sich Männer von der Liebe wünschen, genetisch bedingt voneinander unterscheidet. Und weil Männer nun mal nicht perfekt sind, geht die Frau Kompromisse ein, ist darüber unglücklich und macht ihrem Mann dafür ein Leben lang insgeheim oder offen Vorwürfe.

Männer sind dabei unrealistischer als Frauen: Wenn es um Frauen geht, schaltet sich die männliche Intelligenz automatisch ab. Und da Männer dann besser sehen können als denken, suchen sie sich die attraktivste Frau, als ob das ein brauchbarer Maßstab für eine glückliche Partnerschaft wäre. Fast nie stimmen ihre Ansprüche mit ihren Möglichkeiten überein. Nur wenige suchen eine Frau, die man nicht nur lieben, sondern mit der man auch leben kann.

Zudem sind unverhältnismäßig viele Männer mit ihrem Äußeren recht zufrieden, obwohl viele dazu keinen Grund haben. Umgekehrt sind die meisten Frauen mit ihrem Äußeren *nicht* zufrieden, obwohl viele auch dazu keinen Grund haben.

Hat ein Mann eine begehrenswerte Frau gefunden, fängt er an um sie zu werben, nicht wissend, dass sie bereits nach wenigen Sekunden ihre Entscheidung getroffen hat, ob sie ihm eine Chance gibt oder nicht. Sein ganzes Bemühen ist eigentlich vergeblich. Selbst wenn sie das Spiel vielleicht eine Weile mitspielt, um seine Bemühungen zu genießen, auch wenn er keine Chance hat. Aber kaum etwas kann ihre getroffene Entscheidung verändern.

Männer, auch die intelligentesten, wollen um ihrer selbst geliebt werden, werben aber mit ihrem Geldbeutel, ihrem Beruf oder ihrer Anerkennung. Viele Frauen suchen einen Versorger und sind deshalb von Anfang an gezwungen, zu lügen. Und so ist eine Frau eigentlich unentwegt auf der Suche nach dem Besten, auch wenn sie inzwischen mit dem Drittbesten zusammen ist.

Frauen erobern, indem sie sich erobern *lassen.* Die Annäherung geht meist von der Frau aus und meist verstärkt sie auch eine Situation, indem sie ihn berührt, sich ihm ganz zuwendet. Wenn sie liebt, dann ununterbrochen. Ein Mann hat zwischendurch »zu tun«. Bei ihren Eroberungsversuchen kann eine Frau auch kaum etwas falsch machen: Sie verlässt sich auf ihren Instinkt und auf die Blindheit und Eitelkeit der Männer.

Und unter normalen Umständen bekommt eine Frau auch den Mann, den sie sich ausgesucht hat. In der Regel hat der Mann, in den sich eine Frau verliebt hat, keine Chance zu entfliehen. Ihr größtes Geheimnis liegt oft darin, ihm das zu geben, was er woanders nicht bekommt.

Sexualität kann ein Grund sein, dass der Mann auf sie anspricht, denn ein Großteil der Männer ist genital gesteuert. Doch um einen Mann zu halten, ist Sexualität nicht das Mittel, denn sie bekommt er auch woanders. Die Frau bindet den Mann an sich, indem sie sich ihm öffnet, indem sie ihn »zulässt«, indem sie ihm den Raum gibt, sich auszudrücken, indem sie ihn annimmt. Wenn der Mann mit seiner Persönlichkeit identifiziert ist, festigt sie die Bande, indem sie ihm sagt, dass sie ihn wunderbar findet, dass sie an ihn glaubt. Und da er das insgeheim ohnehin von sich denkt, ist er sicher, dass er von ihr »wirklich erkannt« wurde, selbst wenn das sonst keiner merkt. Und damit hängt er an ihr, denn das Gefühl gibt ihm sonst keiner – höchstens eine andere Frau.

Ein Mann braucht eine Frau, wie er ein Auto braucht, ein Dach über dem Kopf und seine regelmäßigen Mahlzeiten. Und so behandelt er sie auch nach einiger Zeit oft wie etwas Alltägliches. Die Liebe kennen sie nur aus dem Fernsehen und aus Illustrierten. Auch ein Mann bekommt, was er will, vorausgesetzt, dass er es sich leisten kann. Ist er alt und hässlich, dann wird es teuer, aber er kann es haben. Und jeder bezahlt dabei mit dem, was er hat: der eine mit Geld, der andere mit Jugend und Schönheit. Kein Wunder, dass die Liebe da auf der Strecke bleibt. So sind nicht nur die Klischees. Die meisten Menschen leben und lieben so auch noch heute, selbst wenn es kaum einer zugibt.

In Wirklichkeit aber sind Menschen wie Musikinstrumente: Es kommt darauf an, wer sie berührt. Und es gibt ein unfehlbares Rezept für die Liebe: Entfache die Liebe in deinem Herzen und entfache damit das Herz des anderen, und sei dabei echt, ehrlich und authentisch. Üben Sie sich darin, ein Virtuose in der Kunst des Liebens zu sein und auf dem Körper und der Seele Ihres Partners zu spielen wie auf einer kostbaren Stradivari. Dann und erst dann werden Sie die Verzückungen der Liebe im eigenen Leben erfahren.

Die Kunst des Flirtens

Den Partner fürs Leben kann man ganz zufällig treffen. Besser aber ist, man bereitet sich darauf vor. Machen Sie sich anziehend genug, um Interesse zu wecken. Lassen Sie den anderen bei sich mehr finden, als er erwartet hat, das bedeutet zum Beispiel: Prahlen Sie nicht unnötig, sondern überzeugen Sie durch Ihre anfangs verborgenen Qualitäten, die sich im Laufe der Zeit mehr und mehr ausdrücken. Und strahlen Sie Sicherheit aus, denn das schätzt der andere immer.

Flirten ist eine besondere Form der Kommunikation und sollte eigentlich in der Schule gelehrt werden. Das Grundrezept ist einfach: anschauen, lächeln, draufzugehen und ansprechen. Alles andere sind nur Variationen. Für Frauen ist die Reihenfolge: hingucken, weggucken und wieder, lächelnd, hingucken. Das ist schon alles. Alles Weitere kann sie dann schon ihm überlassen.

Sie fühlt sich durch einen Partner angezogen, der höflich, freundlich ist, rücksichtsvoll und fürsorglich. Wenn er dann noch verantwortungsbereit ist und auf sie eingeht, ist das praktisch der Beginn einer Beziehung. Für ihn sind gewisse Schlüsselreize wichtig, die sie auch in der Regel geschickt einzusetzen weiß. Viele Menschen machen den Fehler, beim Flirten zu stark ihr Ich in den Vordergrund zu stellen, statt auf den anderen einzugehen. Auch wenn das Grundrezept einfach ist, ist das Flirten eine hohe Kunst, die mit fortwährender Übung wächst. Menschen, die intuitiv sind oder meditieren, sind hier im Vorteil, weil sie instinktiv leichter den Zugang zum anderen finden.

Die meisten Beziehungen, die so beginnen, enden allerdings innerhalb der ersten drei Monate, sobald man sich näher kennt und feststellt, dass die geschätzten Eigenschaften nicht oder nicht immer vorhanden sind, insbesondere dann, wenn ich dem anderen ein falsches Bild von mir vermittelt habe.

Deshalb ist es wichtig, beim Flirten authentisch zu sein und nichts vorzutäuschen, was man nicht ist.

Beispiel: Wenn man nicht gern tanzt, dann sollte man sich nicht als Salsaprofi vorstellen, nur weil die Flirtpartnerin Salsa liebt – denn sonst ist sie später enttäuscht, dass man nicht jedes Wochenende mit ihr auf die Salsapartys geht. Man sollte mit den Pfunden wuchern, die man hat, sich aber nicht verstellen.

Und ganz wichtig sind die Submodalitäten, das bedeutet: Bringen Sie möglichst schnell in Erfahrung, worauf der andere »steht«, was in ihm ein Gefühl von Geliebtwerden und auch von freudiger Erregung auslöst. Den Zugang zum »Hormoncocktail« des anderen sollten Sie ehestmöglich kennenlernen und auch im Laufe der späteren Festigung der Beziehung fortlaufend pflegen, also erkennen, was die positiven Hormone im anderen ankurbelt und auf diese Zutaten zu achten. Dies können besondere »Liebesworte«, ein ganz spezieller Duft, eine nette Geste oder ähnliches sein.

Auf diese Dinge ist also zu achten, wenn wir zu Flirtvirtuosen werden möchten.

Die Worte sind nur die Mauern
dahinter in immer blauern
Bergen schimmert ihr Sinn.
(Rainer Maria Rilke, 1875-1926)

Wo Flirtversuche sich lohnen

Wohin sollte ich gehen, wenn ich jemanden kennenlernen möchte? Nun, vor allem in mich! Entscheidend für den Erfolg ist nicht, wohin Sie gehen, sondern vielmehr,»als wer« Sie da hingehen. Gehen Sie dahin, wo andere Gelegenheit haben, mit Ihnen wiederholt in Kontakt zu kommen, also in den Sportverein, den Tanzclub, die Kegelbar, aber nur, wo Sie sich selbst auch wohlfühlen. In der Disco oder im Nachtcafé finden Sie höchstens ein Abenteuer. Den Partner fürs Leben suchen Sie besser woanders, etwa im Freundeskreis, in Seminaren, beim Hobby. Wenn Sie selbstständig sind, können Sie sich im Branchenbuch umschauen, welcher Kollege/welche Kollegin in Ihrer Nähe wohnt, und dort anrufen, um sich auszutauschen. Schon so manche Partnerschaft ist so begründet worden.

Machen Sie sich auch einmal Ihren Wunschtyp bewusst. Suchen Sie die zierliche und scheinbar hilflose Kindfrau, die Selbstbewusste oder die weiche Mütterliche, die Zurückhaltende, die aktive Sportliche, die Partnerin zum Pferdestehlen oder das Hausmütterchen?

Frauen sind bei der Partnerwahl viel realistischer als Männer. Oder ist Ihnen schon einmal eine Frau begegnet, die bereit war, einen mittellosen Mann mit drei Kindern zu heiraten und alle vier in Zukunft finanziell zu versorgen, nur weil sie gern mit ihm ins Bett wollte? So etwas kann zwar ansatzweise vorkommen, aber sobald es ernst wird, macht die Frau an dieser Stelle eher den Rückzieher.

Erfahrene Flirter haben ein Auge dafür, welche Frau/ welcher Mann für den Flirt offen ist. Sie spüren es bereits im Vorfeld. Auch treffen sie instinktiv die richtige Wahl, indem sie das »Flirtpotenzial« im anderen sehen. Sie wissen, dass aufdringliche Schönheit nicht unbedingt einen guten Flirt ergibt, und wählen stets gut und bewusst.

Wie der Bildhauer im Marmorblock wittern sie, welche Schönheit und welcher Unterhaltungswert im anderen steckt – oder auch nicht. Frei von Begehren oder Ablehnung lassen sie den Flirt durch sich geschehen. Sie wissen, wann sie etwas zu sagen und wann sie zu schweigen haben. Sie beherrschen das Spiel der Energien perfekt und locken aus dem anderen ein Potenzial hervor, von dem der stets geträumt hat, dass es irgendjemand entdecken würde.

Eines Tages erreichen wir unser Ziel – und weisen mit Stolz darauf hin,
was für lange Reisen wir dazu gemacht haben.
Wir kamen aber dadurch so weit,
dass wir an jeder Stelle wähnten, zu Hause zu sein.
(Friedrich Nietzsche, 1844-1900)

Die Stadien der Liebeswerbung

Der äußere Kontakt führt irgendwann zur Sexualität und die wiederum zur Intimität und zwar heutzutage meistens in dieser Reihenfolge. Intimität ist die Voraussetzung für das Verschmelzen zweier Menschen. Auf der Ebene der Körper sind sie Mann und Frau, aber im Inneren sind sie dann mehr als beides, sie sind eins. Es gibt emotionale, intellektuelle und körperliche Intimität. Es gibt eine spielerische und eine schöpferische Intimität. Es gibt Intimität in der Arbeit, in Krisen oder im Streit. Oder Intimität im Engagement. Und natürlich gibt es auch Angst vor Intimität, die Angst davor, den anderen wirklich nah an sich heranzulassen. Manche spielen »schwer zu kriegen« und wundern sich dann, wenn sie gar keinen Partner abbekommen. Üblicherweise verläuft die Liebeswerbung in folgenden Stadien:

* **Stadium 1 – die Wahl:** Sie suchen oder finden einen Partner, der Sie anzieht und der Sie offensichtlich ebenfalls mag.
* **Stadium 2 – die Verführung:** Die schwierige Zeit der ersten Verabredungen, in der es darum geht, Übereinstimmungen zu finden, die Initiative zu ergreifen oder darauf einzugehen.
* **Stadium 3 – die Entscheidung:** Oft zieht sich der eine gerade dann zurück, wenn der andere sich für ihn entschieden hat, wenn er bereit ist, sich ihm zuzuwenden. Diese Phase muss überstanden werden, damit es weitergeht.

- **Stadium 4 – die Beziehung:** Nun kommt es zu einer festen Beziehung, zu gemeinsamen Aussichten und Absichten, zu einer mehr oder weniger festen Bindung. Man verabredet sich nicht mehr, man ist zusammen und passt sich an. Dies ist oft der Anfang vieler Schwierigkeiten. Man findet einen gemeinsamen Rhythmus, eine gemeinsame Basis, um irgendwann zu merken, dass es nicht der *eigene* Rhythmus, die eigene Basis ist. Nun sucht man nach Wegen für eine Gemeinsamkeit.

- **Stadium 5 – die »Phase der Verhandlung«:** Meist setzt sich einer durch und damit endet die Liebe, bevor sie eine Chance hatte, zu beginnen. Ist diese Phase überstanden und hat man einen Weg miteinander gefunden, kann es zur nächsten Phase kommen.

- **Stadium 6 – Heirat/feste Bindung:** Wenn sich die beiden am Ziel glauben, geht es eigentlich erst richtig los. Denn nun stellt sich die Frage, wollen sie nur heiraten oder wollen sie auch verheiratet sein. Er heiratet vielleicht, weil sie seine Fantasie derzeit am meisten beflügelt und er sie ganz für sich haben möchte, sie, weil die Zeit drängt und kein Besserer in Sicht ist?

Nicht alle Paare durchlaufen die Stadien der Liebeswerbung in dieser Reihenfolge. Manche bleiben sehr lange auf einer Stufe stehen oder gehen wieder einen Schritt zurück, die Beziehung gerät ins Stocken oder es kommt zur Trennung, vielleicht aber auch zu einem Ultimatum: »Entweder wir heiraten oder es ist aus!«

Vielleicht will *er* gar nicht »Schluss machen«, wenn er sich vor einer Bindung drückt, sondern hat nur Angst vor den Konsequenzen. Vielleicht hat *sie* nur einen Fehler entdeckt, den sie so nicht akzeptieren kann, wenn sie meckert, der Rest gefällt ihr aber recht gut. Wie gesagt, die Stadien sind unterschiedlich lang. Die einen ziehen nach einer Woche zusammen, die anderen bleiben über Jahrzehnte in getrennten Wohnungen.

> *Die ganze Natur ist Sprache, die Blume,*
> *ein Wort, ein Ausdruck, ein Seufzer ihrer vollen Brust.*
> (Bettina von Arnim, 1785-1859)

Codierte Kommunikation
in der Liebeswerbung

Beispiel: Der Film hat ihnen beiden gefallen und hinterher beim Tanzen fanden sie einige Gemeinsamkeiten. Als er sie dann nach Hause brachte, sagte sie auf der Treppe:»Möchtest du noch einen Augenblick hereinkommen?« Die Situation ist typisch, aber was bedeutet sie? Heißt das,

• ich möchte nicht, das du schon gehst?
• ich möchte gleich mit dir schlafen?
• ich will mal sehen, ob du so bist wie andere Männer?
• oder meint sie: Ich habe mich etwas unglücklich verhalten, gib mir noch eine Chance, den Abend, die Situation zu retten.

Warum geben wir dem anderen ein Rätsel auf, anstatt ihm klar zu sagen, was wir wollen? Stattdessen verstecken wir uns hinter mehrdeutigem Verhalten. Warum?

Sie will *ihn* nicht verschrecken, aber auch nicht zu schnell mit Bindung konfrontieren. Vielleicht scheut sie auch einen »Full-time-Freund« und fühlt sich dadurch in ihrer Freiheit eingeschränkt, von den Anforderungen einer Ehe ganz zu schweigen. Oder sie wartet noch auf den Richtigen. Diese Illusion hat schon manche gute Partnerschaft verhindert. Oft lassen wir die Kommunikation auch deshalb unverbindlich fließen, weil dies den Raum dafür offen lässt, spielerisch herauszufinden, was man miteinander erleben will. Man macht nicht den ersten Schritt, lässt aber etwas geschehen. In dem Fall ist es sinnvoll, dass der Kontakt unverbindlich und geheimnisvoll beginnt und sich irgendwann im Verbindlichen zeigen kann.

Um bei unserem Beispiel zu bleiben: *Er* hat die Möglichkeit, einfach bei sich selbst zu spüren, ob er »noch einen Augenblick hereinkommen« möchte. Falls seine Antwort ja ist, wird der weitere Verlauf des Abends schon zeigen, wie es weitergeht. Dann ist es wichtig für *ihn,* frei von Berechnung zu sein. Angekommen in ihrer Wohnung kann er dann hinspüren, ob die Stimmung dafür gegeben ist, zu sagen, was er sich von dem Zusammensein mit ihr erhofft oder wünscht – oder ob er weiter die Regie ihr überlassen soll.

Manchmal begegnet man sich und ist von Anfang an auf wunderbare Weise miteinander vertraut. Man mag die gleichen Dinge und ist in einer Gleichschwingung, einer unmittelbaren Vertrautheit wie ein Wiedererkennen. Man hat das Gefühl, füreinander geschaffen zu sein, und bildet ein harmonisches Ganzes. Man erzählt dem anderen Dinge, die man noch nie jemanden erzählt hat, ist völlig aufrichtig. Und aus dem »ich und du« wird unversehens ein »wir«. So ideal das ist, verfliegt der Zauber meist nach einiger Zeit und die Wirklichkeit der unterschiedlichen Identität wird einem schmerzhaft bewusst. So einfach es anfangs war, so schwierig wird es jetzt.

Sie wird ihm nicht unverblümt sagen, dass ihre biologische Uhr unerbittlich mahnt, den Wunsch nach einem Kind bald zu verwirklichen, sondern sie wird ihm sagen, dass es sie reizt, sich mit ihm auf eine tiefe Beziehung einzulassen. Sie sagt die Wahrheit, ohne ihn gleich abzuschrecken.

Ein Code kann helfen, Schwierigkeiten zu vermeiden, vor allem, wenn man selbst noch nicht genau weiß, was man eigentlich will. Dabei sind nonverbale Signale eine besonders wirksame Form der codierten Kommunikation. Oft versteht er etwas anderes, als sie meint. Zum Beispiel, wenn sie sagt: »Komm doch am Sonntag mit zum Essen zu meinen Eltern«,

kann es sein, dass er versteht: »Ich möchte dich heiraten.«
Umgekehrt genauso: Er fragt sie: »Was meinst du, wie ich
meinem Chef antworten soll?« Und sie denkt: »Er kann noch
nicht einmal für sich sorgen, wie dann erst für mich?«

Ein Mann will eine Frau gar nicht unbedingt verstehen,
meist genügt es ihm schon, wenn er sie »begreifen« darf. Doch
bei den meisten Paaren fehlt es an Kommunikation. Man sollte
mit zunehmender Vertrautheit einen Weg finden, wirklich
über alles sprechen zu können und dabei keinen Code mehr
zu brauchen. Manchmal hilft es auch, den einen oder anderen
Code beizubehalten, aber sehr genau definiert zu haben, was
er bedeutet.

Wo es Ihnen möglich ist, äußern Sie klar und deutlich Ihre
Wünsche und Erwartungen. Machen Sie keine pauschalen
Vorwürfe. Versuchen Sie nicht, Streit um jeden Preis zu
vermeiden. Drücken Sie sich nicht allgemein aus, sondern
konkret. Vor allem aber, hören Sie zu, wenn der andere etwas
sagt. So kommen wir leichter zu einem Verständnis füreinander. Es ist wichtig, mit diesen Dingen bewusst umzugehen, um
möglichst früh einen Weg zu finden, miteinander zu reden
und im Falle des Falles sinnvoll und konstruktiv mit Krisen
umzugehen.

Intimität braucht Zeit und Vertrauen. Der richtige Zeitpunkt ist wichtig. Da ist die Versuchung groß, dem anderen
vorschnell die Pistole auf die Brust zu setzen. Tun Sie es nicht,
das Ergebnis könnte Sie enttäuschen, dabei kann noch alles
werden.

Heimliche Tests auf Nähebereitschaft

Die heimlichen Tests sind Umwege zum selben Ziel – der gewünschten Information. Die erste Variante bilden die »Intimitätsproben«:

* Probieren Sie eine körperliche Geste, eine Berührung oder eine Umarmung und achten Sie auf seine/ihre Reaktion.
* Offenbaren Sie dem Partner etwas über sich selbst und warten Sie ab, ob er ein Gleiches tut.
* Stellen Sie ihn in der Öffentlichkeit als Ihren Freund (oder sie als Ihre Freundin) vor und beobachten Sie genau, wie er, wie sie reagiert.

Die »Selbstverständlichkeitstests« sind eine riskantere Variante:

* Machen Sie eine scherzhafte Bemerkung über Ihre gemeinsame Zukunft und finden Sie heraus, ob das Thema Ihren Partner beunruhigt.
* Verzichten Sie absichtlich darauf, anzurufen oder eine Verabredung zu treffen, und warten Sie ab, ob Ihr Partner die Initiative ergreift.
* Machen Sie sich selbst ein bisschen schlecht und hören Sie genau hin, ob Ihr Partner Ihnen sagt, wie wundervoll Sie sind.
* Machen Sie eine ganz eindeutige Anspielung – auf eine Verabredung, auf Sex, auf das Zusammenziehen und achten Sie darauf, ob Ihr Partner darauf eingeht.

»Belastungsproben« bilden die nächste Risikostufe:

* Bringen Sie Ihren Partner dazu, etwas um Ihretwillen aufzugeben. Bitten Sie um seine, um ihre Aufmerksamkeit,

wenn Sie wissen, dass er, dass sie arbeiten muss. Sie wollen herausfinden, ob Sie an erster Stelle stehen.

• Arrangieren oder nutzen Sie eine räumliche Trennung, um zu sehen, wie Ihr Partner Ihre Abwesenheit aufnimmt.

• Stellen Sie fest, wie weit die Liebe Ihres Partners geht, indem Sie sich unleidlich, missgelaunt, taktlos oder schlimmer benehmen. Sie probieren aus, ob Sie sich von Ihrer schlechtesten Seite zeigen können und trotzdem geliebt werden.

Diese »Tests« sind psychologisch hilfreich. Wenn Sie jedoch intuitiv geschult sind und über eine innere Wahrnehmung verfügen, können Sie sie sich natürlich sparen, weil Sie aus dem Inneren heraus wissen, wie Sie zueinander stehen. Das Gleiche gilt auch, wenn Sie bereit sind, sich von der Liebe führen zu lassen: In dem Fall wird sie Ihnen ohnehin den Weg weisen und Ihnen in jeder Situation sagen, was zu tun ist.

Während ich mich an deinen Grenzen stoße,
werden meine sichtbar.
(Kurt Tepperwein)

Angst vor Ablehnung bei der Liebeswerbung

Um jemanden zu wählen oder selbst gewählt zu werden, begegnen Sie sich zunächst als Angebot. Sie müssen sich »vermarkten«; das hört sich unschön an, aber natürlich und unvermeidlich. Sie brauchen also eine attraktive Verpackung, körperlich und geistig.

Angst vor Ablehnung können Sie da nicht brauchen, denn sie macht es Ihnen unmöglich, unbefangen auf jemanden zuzugehen, der Sie fasziniert, um mit ihm oder ihr bekannt zu werden.

Erst einmal ist es hilfreich zu erkennen: Bei der Liebeswerbung ist eine mögliche Ablehnung nicht zu vermeiden. An sich ist sie auch nicht weiter schlimm. Sie sagt ja nur, dass jemand, für den Sie sich interessieren, sich nicht für Sie interessiert, z. B. eine Frau es ablehnt, sich von Ihnen zu einem Drink einladen zu lassen bzw. ein Mann sich Ihre Telefonnummer geben lässt und dann nicht anruft. Das Ganze kann Ihnen natürlich auch umgekehrt passieren, wenn etwa Sie selbst spüren, dass der/die andere nicht Ihr Typ ist.

Unter der Angst vor Ablehnung leiden nicht nur Schüchterne. Es ist immer eine Frage des Selbstwertgefühls. Wichtig ist, *wie* Sie mit der Ablehnung umgehen.

Gegebenenfalls müssen Sie Ihren Weg finden, damit umzugehen, ohne den anderen schlecht zu machen und ohne den Selbstwert zu verlieren. Natürlich können Sie sich ins Bett flüchten, in Alkohol oder Drogen, in den Kühlschrank, ins Fernsehen oder in eine andere Liebesromanze. Doch wirklich helfen wird Ihnen nur, zu lernen, sich selbst zu lieben, trotz äußerer Ablehnung. Wenn Sie sich selbst lieben, macht Ihnen eine Ablehnung nichts, aber auch gar nichts mehr aus.

Um herauszufinden, wie sehr die Angst vor Ablehnung Ihre Fähigkeit zur Begegnung einschränkt, sollten Sie sich einmal folgende Fragen beantworten:

• Kann ich spontan auf einen anderen zugehen und ihn ansprechen?
• Brauche ich Alkohol oder etwas anderes, um meine Hemmungen zu verlieren?
• Bleibe ich lieber in meinem Bekanntenkreis, um neue Bekanntschaften zu vermeiden?
• Bin ich offen, einen neuen Sport auszuprobieren oder eine andere Umgebung kennenzulernen?
• Befällt mich schon bei dem Gedanken an eine neue Liebesbeziehung lähmende Angst?
• Traue ich mir nur unter idealen Umständen einen neuen Kontakt zu, wenn ich gerade braungebrannt aus dem Urlaub zurück bin oder abgenommen habe?
• Beschränken sich die meisten Liebesaffären auf meine Fantasie und will ich dadurch eine eventuelle Enttäuschung in der Realität vermeiden?

Sie sollten sich gleich *jetzt* Ihrer Angst stellen. Wie wollen Sie Ihre Angst vor Ablehnung überwinden, wenn Sie ständig Kontakte vermeiden? Nehmen Sie es nicht persönlich, wenn der andere nicht kann oder nicht will.

Vielleicht möchte der Betreffende ja nur in dem Augenblick nicht oder ist selbst zu schüchtern, um gleich ja sagen zu können. In vielen Fällen ist ein Nein nicht das Ende, sondern der Anfang des Kontaktes. Eine Beziehung braucht Zeit, um zu werden und die richtige Ebene zu finden: Wozu sagt der andere nein und was will er wirklich? Beispiel: Vielleicht will der andere keine Liebesaffäre mit Ihnen, aber eine unterstützende Freundschaft?

Sehr hilfreich ist es, bewusst Körbe einzukalkulieren. Sprechen Sie andere an und kalkulieren Sie bereits im Vorfeld gedanklich ein, dass Sie einen Korb bekommen könnten. Sie werden überrascht sein, wie oft Sie dabei eine Zusage erhalten und dass Sie nicht einmal dort abgelehnt werden, wo Sie es mit Sicherheit erwarten.

Ein Klient prahlte damit, dass er, wenn er es sich wünschte, an jedem Abend eine Frau ins Bett bekommen könne. Nach seinem Erfolgsgeheimnis gefragt, sagte er: »Ich frage alle Frauen, die ich auf der Straße oder in einem Lokal sehe und die mir einigermaßen gefallen, ob sie mit mir ins Bett gehen wollen. Von 100 Frauen, die ich frage, bekomme ich 98 Körbe, aber unter den beiden, die ja sagen, wähle ich dann die bessere aus!«

Sie müssen ja nicht gleich mit jedem willigen Flirt ins Bett gehen, aber Sie sollten Ihre Angst vor Ablehnung überwinden. Diese Qualität brauchen Sie auch in einer festen Beziehung, denn auch dort wird Ihr Partner nicht alles gut finden, was Sie denken, sagen oder tun.

Bei Angst vor Ablehnung sollten Sie sich außerdem fragen, wo *Sie* jemand anderen ablehnen. Indem Sie liebevoller und behutsamer mit Menschen umgehen, die Ihnen *nicht* liegen, entwickeln Sie automatisch eine liebevollere Haltung gegenüber anderen, die *Sie* ablehnen – und natürlich auch gegenüber sich selbst.

Die Liebe ist ein höflicher Gast:
Sie meldet sich durch Herzklopfen an.
(Unbekannt)

Wie gehen wir mit dem Verliebtsein um?

Wir fühlen uns zu einem anderen hingezogen, wenn er uns gleicht, weil wir dadurch eine Bestätigung unseres Soseins finden. Aber auch Gegensätze ziehen sich an, *wenn sie sich ergänzen.* Wir brauchen und ziehen an, was uns vollkommen macht. Die grundlegenden Ähnlichkeiten einer Beziehung bilden das *Fundament,* die einander ergänzenden Unterschiede die *Faszination!*

Verliebtsein ist »hormonelles Irresein«. So kennt es extreme Stimmungsschwankungen und Eifersucht und erscheint für Außenstehende mitunter recht egoistisch, weil es einfach auf der Erwiderung der Gefühle besteht.

Der Verliebte sagt: »Ich liebe den anderen so sehr, dass ich verletzt, traurig oder wütend werde, wenn er jemand anderen liebt.« Der Verliebte will den Geliebten besitzen, ganz für sich allein haben, ist abhängig. Solange aber in der Liebe eine Abhängigkeit in irgendeiner Form besteht, ist die Beziehung noch gestört, fehlt in Wirklichkeit Liebe, vor allem Liebe zu sich selbst.

Einseitige Verliebtheit kann für den Geliebten bedrängend, fordernd, ja sogar erstickend sein und ist wohl eher der Wunsch, geliebt zu werden, als wahre Liebe. Sie braucht und verlangt ständige Liebesbeweise.

Verliebtheit kann sich daher auch gegen den anderen richten. Wir sind enttäuscht von ihm, weil er uns nicht liebt, wollen uns vielleicht sogar dafür »rächen«. Aber einem Menschen, den wir wirklich lieben, dürfen wir doch nie Schaden zufügen wollen. Wenn ich den anderen wirklich liebe, dann freue ich mich darüber, dass er liebt – auch wenn seine Liebe nicht mir gilt. Das ist natürlich ein sehr hoher Anspruch, aber wenn ich ihn mir als Wegweiser nehme, dann erkenne ich, dass ich im Laufe der Zeit immer stärker über die egoistische, haben wollende Liebe hinauswachse. Ich selbst bin dann der Beschenkte, weil ich nicht mehr leide, auch wenn mein Partner jemand anderen lieben sollte.

In der Liebe empfinde ich den Herzenswunsch, der andere möge glücklich sein, und bin bereit, alles dafür zu tun, ihm Zeit zu geben, wenn er Zeit braucht, Aufmerksamkeit, wenn er Aufmerksamkeit braucht und Freiheit, wenn er Freiheit braucht.

In der Liebe erwarte ich nicht unbedingte Erwiderung der Gefühle, sondern handle aus einer zärtlichen Zuneigung, aus Achtung und Respekt, ja aus Bewunderung heraus. Ich kann neben ihm noch andere Menschen lieben und gestehe ihm das gleiche Recht zu. In der Liebe bin ich emotional nicht von den Reaktionen des anderen abhängig, denn ich liebe ihn unabhängig davon, ob meine Gefühle erwidert werden – weil ich ihn liebe.

Übung: Beantworten Sie – am besten schriftlich – die folgende Frage: Wie reagieren Sie, wenn Sie verliebt sind?

Die meisten Probleme in einer Beziehung
beruhen auf der Verwechselung von Verliebtheit mit Liebe.
(Kurt Tepperwein)

Der andere macht mich verliebt, lieben aber muss ich schon selbst

Die bekannte Therapeutin Virginia Satir sagte einmal: »Verliebt sein passiert in Sekunden. Der Rausch kann Tage, Wochen, manchmal Monate anhalten. Den ganzen Rest des Lebens geht es darum, die Ernüchterung aufzuarbeiten.«

Für das Menschsein sind Verliebtheit und Liebe unverzichtbar, aber sie haben wenig miteinander zu tun. Die Forscherin Helen Fischer schreibt dazu[3]: »In Wirklichkeit sind Liebe und Verliebtheit in der großen Familie der Gefühle nur weitläufig miteinander verwandt. Sie beruhen auf jeweils anderen biologischen Vorgängen und erfüllen unterschiedliche Funktionen im Zusammenleben. Beide ›Programme‹ haben sich als sehr nützlich für das Überleben der menschlichen Spezies gezeigt – doch sie zu verwechseln war und ist die Ursache zahlloser Herzensdramen und falscher Entscheidungen.«

Das Verliebtsein nimmt mit der Zeit ab, die Liebe aber nimmt idealerweise weiter zu. Es ist wichtig und herrlich, verliebt zu sein, aber wir sollten darüber das Ziel nicht aus den Augen verlieren, zur Liebe zu finden. Verliebtsein ist nur eine Hilfe auf dem Weg, kein Dauerzustand. Auf diesem Weg finden wir häufig zunächst statt des erwarteten Glücks Konflikte, die wir oft genug nicht zu lösen gelernt haben.

Der Grund dafür ist, dass beide Partner nicht wissen, dass eine Liebesbeziehung uns nicht als fertiges Produkt in den Schoß fällt, sobald wir nur dem oder der Richtigen begegnen. Hören Sie auf, auf den oder die Richtige zu warten. Den

»Herrn Richtig« gibt es nicht, nur einen »Herrn Vielleicht«. Nur wenn beide bereit sind, ständig zu lernen, kann Liebe geschehen, kann sich eine Partnerschaft entwickeln, in der sich beide überschreiten. Und bei einer Enttäuschung hat es keinen Sinn, dem anderen die Schuld zu geben. Es gibt keine Schuld, nur ein Ergebnis.

Der neueste wissenschaftliche Beweis für den Unterschied zwischen dem Verliebtheitsrausch und dem ergreifenden Gefühl, das Liebe genannt wird, kommt aus der Gehirn- und Hormonforschung. Wie und wo arbeitet das Gehirn, wenn der Rausch der Verliebtheit abgeklungen ist – und sich vertraute Liebe entwickelt?

Helen Fischer hierzu[4] : »Bei vertraut Liebenden sind auch Bereiche im Gehirn aktiv, die bei frisch Verliebten brachliegen – der anteriore cinguläre Kortex [Teil der Hirnrinde, der zum Stirnlappen gehört] und der insulare Kortex [seitlich tief in der Hinrinde liegende Region]. Beides sind noch relativ unerforschte Regionen auf der Landkarte des Gehirns. Wissenschaftler vermuten jedoch, dass sie dafür zuständig sind, das ›Chaos der Emotionen‹ zu verarbeiten. Zum Beispiel Gefühle mit Erinnerungen in Einklang zu bringen, die eigenen Emotionen bewusst zu machen und die Gefühle anderer Menschen einzuschätzen.«

Liebe und Verliebtheit haben also nicht dieselbe Heimat im Gehirn. Aber nicht nur diese »regionalen«, sondern auch die damit verbundenen neurochemischen Unterschiede machen deutlich, dass diese Gefühlszustände nicht identisch sind. Sie unterscheiden sich in ihrer jeweiligen Chemie wie ein Aufputschmittel von einem Entspannungsdrink.

»Schon die ersten Ergebnisse zeigten, wo im Gehirn der Zustand der Verliebtheit ›zu Hause‹ ist. Besonders aktiv werden bei Männern ebenso wie Frauen zwei bestimmte Hirnareale: der sogenannte Caudate Nucleus, ein c-förmiger und reich mit Rezeptoren für das Hormon Dopamin ausgestatteter Teil in der Mitte des Gehirns. Und die VTA-Region, ein Sektor im

Hirnstamm, dem ältesten Teil des Gehirns. Er gilt Forschern als ›Dopamin-Fabrik‹ – als Produzent jenes Botenstoffs also, der als Verliebtheitsdroge bezeichnet wird. Der Botenstoff mag sogar die Erklärung dafür liefern, dass verliebte Männer und Frauen abhängig von ihrer romantischen Beziehung sind, sich begierig danach sehnen, mit ihrem Liebhaber vereint zu sein«, meint Forscherin Helen Fisher, »die Symptome der Verliebtheit lassen sich mit der Abhängigkeit von Drogen vergleichen, die ebenfalls in Verbindung mit erhöhten Dopamin-Werten steht. Die Serotonin-Werte pendeln sich bei Verliebten nachweislich auf niedrigem Level ein. Normalerweise ist ein niedriger Serotonin-Wert im Blut ein Anzeichen für Angstzustände. Und – wie italienische Wissenschaftler von der Universität in Pisa feststellten – auch ein Hinweis auf eine beginnende Zwangsneurose.« [5]

Kein Wunder also, dass Verliebte bei allem Liebesglück gleichzeitig unter enormen Verlustängsten leiden und gefühlsmäßig schon abstürzen, bloß weil der Anruf des Geliebten auf sich warten lässt. Der absinkende Serotoninspiegel könnte auch der Grund sein, warum Verliebte unaufhörlich, fast zwanghaft, an den Partner denken, sich das Zusammensein mit ihm oder ihr ausmalen, immer und immer wieder. Antonio Damasio von der Universität Iowa geht sogar so weit, Verliebtheit als einen »kurzfristigen Hirnschaden« zu bezeichnen.

Verliebtheit ist ein Ausnahmezustand, der gleichzeitig glücklich und unglücklich macht, Energie schafft und auf der anderen Seite raubt. Doch er erfüllt eine wichtige Aufgabe: Er ist die von der Natur eingerichtete Initialzündung, die unsere Fortpflanzung garantieren soll. Ohne ihn würden Mann und Frau viel schwerer zueinanderfinden und die uns ebenfalls eingepflanzte Scheu vor Nähe mit fremden Individuen überwinden können. Statt der wunderbaren Figur würde der Verliebte vielleicht nur eine Ähnlichkeit mit einem seiner (ungeliebten) Elternteile bemerken und sich wieder dem Alltagsgeschehen zuwenden.

»Was passiert im Kopf, wenn zwei sich verlieben? Zunächst werden sie aufeinander aufmerksam, entscheiden blitzschnell: Mag ich oder mag ich nicht. Dieser Vorgang ist hochkomplex, dauert aber nur wenige Sekunden. Reize wie Aussehen, Geruch, Stimme oder Körpersprache werden analysiert, bevor es zu einer Entscheidung kommt.

Gibt das innere System seine Zustimmung, kommt man ins Gespräch, lacht miteinander, stellt Gemeinsamkeiten fest, ist sich sympathisch. Im besten Fall ›funkt‹ es. Das setzt im Körper eine Hormonlawine in Gang: Adrenalin, Serotonin, Dopamin, Endorphine. Sie machen euphorisch, lindern sogar Schmerzen. Das Leben erscheint rosig und leicht, man fühlt sich energiegeladen. Essen und schlafen? Nicht so wichtig. Der Rausch ist wichtig, damit sich Menschen öffnen und eine dauerhafte Beziehung aufbauen können. Erst später wird die Partnerschaft durch emotionale Bindung gefestigt.

Neben den Verursachern des ersten Liebestaumels sind natürlich auch die Sexualhormone in Aufruhr, bei Männern vor allem das Testosteron, bei Frauen das Östrogen. Kommt es zu einer engen Bindung, spielt auch Oxytocin eine Rolle, eine Substanz im Gehirn, die das Gefühl von tiefer Zuneigung vermittelt«. [6]

Verliebtsein ist also ein magisches biochemisches Geschehen. Sie erscheint uns als viel schöner als alles, was das Leben sonst zu bieten hat, passiert aber leider viel zu selten. Allzu oft aber sind wir verliebt in eine Fantasie, in unsere Vorstellung vom anderen, anstatt in den anderen. Wir schaffen uns eine Projektion. Das Erkennen der Wirklichkeit kann eine freudige Überraschung sein, ist aber meist eine Enttäuschung.

Der bekannte Schriftsteller Henry Miller sagte einmal: »Liebe ist eine so schöne Sache, dass man sie nicht den Verliebten allein überlassen darf.« Viele Menschen schaffen den Schritt vom Verliebtsein zur Liebe nicht. Sie sind verliebt in das Verliebtsein und haben so keine Chance, je zur Liebe zu finden. Dabei gibt es auf die Dauer nichts Erfüllenderes, als wirklich zu lieben. Doch um dorthin zu gelangen, sind innere Reifungsprozesse notwendig, die allerdings durch Therapie oder mithilfe von Übungs-CDs gelernt werden können. [7] Zudem müssen wir erst einmal durch die Phase der Ambivalenz, um die wir uns im nächsten Kapitel kümmern wollen.

Der liebt nicht,
der die Fehler des Geliebten nicht für Tugenden hält.
(Johann Wolfgang von Goethe, 1749-1832)

Die Phase der Ambivalenz

Nach dem Flirten und der ersten Verliebtheit ist es ganz natürlich, dass eine Phase der Unsicherheit beginnt. Gerade beginnen Sie sich einem Partner ganz zuzuwenden, da sieht es so aus, als kühle seine Liebe etwas ab. Sie sind traurig, wütend und verändern Ihr Verhalten. Sie drängen, werden übertrieben anhänglich oder ebenfalls ablehnend, tun alles, was die Situation verschlimmert. Sie sind klug genug, das zu merken, können es aber anscheinend nicht ändern. Sie spüren, dass sich der andere emotional distanziert hat, machen nun das Gleiche und errichten so eine Barriere. Vielleicht geht es Ihrem Partner nur zu schnell, vielleicht hat er Angst vor der »Falle« (dem, was er dafür hält), der Verantwortung, der Endgültigkeit seiner Entscheidung.

Diese Unsicherheit kann zu ernsten Gesundheitsproblemen führen, ergab eine Umfrage in Italien: 29 Prozent der Befragten litten unter Schlafstörungen, Asthma oder Angstzuständen. Jeder Fünfte klagte über Krankheiten, die durch Ambivalenz ausgelöst wurden.

Die Unsicherheit erfasst Männer wie Frauen und ist ganz natürlich, denn daraus wächst die Entscheidung zur Übernahme der Verantwortung. Erst wenn Sie diesen Schritt getan haben, sind Sie wirklich füreinander bereit.

Tipp: Sobald Sie mit Ihrem neu kennengelernten Partner besonders kritisch werden, machen Sie sich bewusst, dass das mit dieser Phase zu tun hat und nicht mit ihm. Auch wenn Sie oder er scheinbar das Interesse verliert, hängt das mit dieser Angst vor einer eventuell bevorstehenden Entscheidung zusammen. Helfen Sie dem anderen dabei und belasten Sie ihn nicht noch zusätzlich. Drängen Sie nicht zu früh auf eine Klärung, bestehen Sie nicht auf einer Entscheidung, bevor es so weit ist. Begleiten Sie den anderen, aber lassen Sie ihm genug Freiraum.

Wenn Sie ihn zu gezielt auf das Thema Ambivalenzphase ansprechen, wird er wahrscheinlich leugnen. Sie sollten jetzt wirklich klug sein, denn: Eine möglicherweise wunderbare, erfüllende Partnerschaft steht auf dem Spiel.

Das Schwierige, aber Klügste, was Sie jetzt tun können, ist, dem Partner ganz zugewandt zu bleiben, aber sich ebenfalls zurückzuhalten. Folgen Sie nicht Ihrem Impuls, die Unsicherheit sofort bereinigen zu wollen. Schaffen Sie Raum für eine Transformation. Nehmen Sie den Stillstand nicht persönlich. Sich zurückzuhalten bedeutet auch, in der eigenen Mitte zu sein, die Situation zu akzeptieren, wie sie ist, keine endlosen Diskussionen zu führen. Seien Sie gesprächsbereit, offen. Führen Sie sich vor Augen, dass Sie auch ohne den anderen leben können. Aber zeigen Sie auch (frei von Wehleidigkeit), dass Sie das bedauern würden.

Es kann sein, dass sich Ihre Beziehung dadurch in Luft auflöst, aber nur dann, wenn ohnehin bereits die Luft raus ist. Machen Sie sich bewusst, dass Ihr Partner gerade eine Krise durchmacht, *die ihn betrifft*. Begleiten Sie ihn liebevoll mit Ihren Gedanken, aber drängen Sie sich nicht auf. Dann kann Ihr Partner sich ausbrodeln, die Dinge sortieren und, sobald er wieder klar sieht, sich Ihnen erneut öffnen. Achten Sie hierbei auch auf die kleinen Zeichen, die er Ihnen gibt – ohne sie gleich überzubewerten. Haben Sie auch Verständnis dafür, wenn er mal sehr nah und offen und mal sehr verschlossen ist. Beziehen Sie dies nicht auf sich, sondern erkennen Sie, dass etwas im anderen sich ernsthaft mit Ihrer Beziehung auseinandersetzt und um Klarheit ringt – was aber seine Zeit braucht. So wie es Zeit braucht, ein Essen zu verdauen, so muss auch eine Verliebtheit verdaut werden.

Sind die Weichen erst einmal gestellt, beginnt man sich auf die Liebe tiefer einzulassen. Und dann? Dann findet eine Ernüchterung statt, die flüchtig eingegangene Liebeleien auseinanderbringt oder zu einer dauerhafteren Form der Beziehung aufruft.

Der einzige Mensch, der sich vernünftig verhält, ist mein Schneider.
Jedes Mal, wenn er mich sieht, nimmt er neu Maß!
(William Shakespeare, 1564-1616)

Die Masken fallen

Nach der Entscheidung füreinander wird es meistens erst
einmal schön. Da scheint die anfängliche Euphorie über ein
»Mäuerchen« gesprungen zu sein. Sie fangen an, sich als Paar
zu verstehen, geben mehr von sich preis und die Gespräche
werden persönlicher und unverschlüsselt. Sie lernen Familie
und Freunde des anderen kennen und es beginnt eine Traum-
zeit. Doch bald pocht die Wirklichkeit an die Tür. Die Unterschiede treten unübersehbar hervor und zwingen Sie, damit
umzugehen. Es hat sich etwas Wichtiges entwickelt, aber es ist
noch nichts Endgültiges. Manche bleiben lange in dieser
schönen Phase, für andere ist sie sehr kurz. Fest steht: Dort
kann man nicht bleiben.

Wenn man in dieser Zeit die Masken ablegt, um sich näher
zu kommen, ist die Enttäuschung oft so groß wie die Liebe.
Vielleicht sollten wir uns die Masken nicht vom Gesicht reißen,
sondern sie behutsam abnehmen. Doch wenn wir einander
wirklich tief kennen und lieben wollen, müssen wir irgendwann einmal zulassen, dass der andere unser wahres Gesicht
sieht. Unterschiedliche Wertvorstellungen und Prioritäten
werden jetzt sichtbar. Und sie stellen vielleicht unterschiedliche Arten im Umgang miteinander fest. Manche äußern nie
etwas Negatives und andere sprechen besonders über Unstimmiges. Jede Reibung zeigt nicht nur auf, was noch nicht
stimmt, sondern auch die Nähe, die Sie erreicht haben, wie
sehr Sie einander ertragen können. Aber sie zerstört auch jede
Illusion und führt zur Ent-Täuschung.

Man glaubt, dass die »Liebe« vorbei und die Luft raus ist. Der Sex ist nicht mehr so aufregend. Der Nebel lichtet sich. Dieses schleichende Erwachen kennt jeder und auch den damit verbundenen Impuls, mit jemand anderem von vorn zu beginnen.

Doch was wie das Ende der Liebe aussieht, ist nur das Ende des Dopaminrausches und kann in Wirklichkeit der Anfang von Zuneigung und Verbundenheit sein. Sind die Partner bereit, mit Geduld und auch Neugierde weiterzumachen, wird chemisch gesehen ein neues hormonelles Programm aktiv.

»Neben dem Lustmacher Testosteron entfalten jetzt die sogenannten Kuschelhormone Oxytocin und Vasopressin ihre Wirkung. Oxytocin, manchmal auch Glückshormon genannt, ist immer dort im Spiel, wo Gefühle von Bindung und Liebe auftauchen. Zum Beispiel unmittelbar nach der Geburt eines Babys, wenn die Mutter ihr Neugeborenes zum ersten Mal in die Arme nimmt. Oder wenn sie es stillt. Aber auch wenn Mann und Frau nach dem Orgasmus erfüllt nebeneinanderliegen. Auch das Neurohormon Vasopressin ist am Entstehen von Bindung beteiligt.

Zum Hormoncocktail der Liebe gehören neben Oxytocin und Vasopressin auch Endorphine: Diese vom Körper produzierten opiumähnlichen Substanzen verschaffen Wohlbefinden, dämpfen Ängste und erzeugen eine leichte Euphorie. Die Liebenden werden nach ihren täglichen Endorphinschüben fast süchtig, vermissen sich schmerzlich, sobald sie voneinander getrennt werden.

Wenn ... die Verliebtheitsaufregung geschwunden ist und die Champagnerkorken seltener knallen, kann stattdessen also ein neuer Hormoncocktail für (sexuelle) Zufriedenheit sorgen und den Wunsch nach Nähe wach halten. Bleiben sie trotz kleiner und größerer Krisen zusammen, wächst das Gefühl von Zusammengehörigkeit und Solidarität. Ein Zustand, in dem im Gegensatz zur Verliebtheit kein Verfallsdatum einprogrammiert ist.« [8]

Werden Sie sich in der Phase des »Maskenfallens« darüber klar, welche Erwartungen Sie an den anderen haben und wie er darüber denkt. Zum Beispiel wie Sie mit einem Geburtstag umgehen, wie Sie Weihnachten oder Silvester verbringen wollen usw.

Sagen Sie nicht, das hat Zeit bis zur Ehe. Dann haben Sie andere Dinge zu klären. Sie erwartet vielleicht, dass *er* endlich aufhört zu rauchen. *Er* erwartet, dass *sie* einige Pfunde abnimmt. Oder der andere hat ein Kind und erwartet von Ihnen einen besonderen Umgang damit. Hier brauchen Sie unendlich viel Geduld und Humor. Was wollen Sie: Auf einer Reihe von scheinbar unverzichtbaren Erwartungen beharren oder miteinander leben? Hilfreich zur Klärung sind Zwiegespräche (siehe Seite 236ff.) und Zeit, in der man zusammen ist, ohne irgendetwas Besonderes zu besprechen. Eine Beziehung wird nicht fester, wenn man mehr miteinander unternimmt, sondern wenn man unverplante Zeit miteinander verbringt, wenn man einfach nur zusammen sein will.

Standing naked: liebevoller Umgang mit dem Thema Attraktion

Viele Menschen sind in der Wahl ihrer Beziehungen sehr unreif. Sie fühlen sich am meistem von denjenigen angezogen, die ihre eigenen Illusionen (Glaubenssätze) aufrechterhalten, und wundern sich, wenn die Illusion zusammenbricht (die Masken fallen). Dabei ist dies der natürliche Verlauf einer Beziehung.

Im Laufe der Beziehung merkt man, dass der andere die Attraktionsmuster, die man auf ihn projiziert, nicht erfüllt, und versucht dann in der Regel an ihm herumzuschrauben. Man beschuldigt ihn vielleicht insgeheim, dass er sich beim Flirten anders gegeben hat, als er ist. Projektionen basieren auf Ängsten und Anhaftungen, die wir nicht realisiert haben. Dies gilt auch für Fixierungen auf ein ganz bestimmtes Aussehen und ganz bestimmte »attraktive« Eigenschaften, wie sie beispielsweise die Illustrierten propagieren.

Schönheit ist wirklich eine Gabe und sollte gepflegt werden. In Therapiegruppen erfahren wir jedoch immer wieder, dass gerade die besonders Schönen häufig auch besonders verklemmt und schwierig sind.

Kaum ein Mensch sieht, dass viele Attraktive ihre Attraktion zur Einschüchterung missbrauchen. Sie glänzen überzeugend, um damit andere Themen zu überspielen.

Beim Gegenüber, der die Attraktion begehrt, ist sie oftmals gekoppelt mit einer verdeckten, nicht bewussten Angst. Wer auf Attraktion fixiert ist, will, dass der Attraktive für ihn eine Funktion erfüllt, damit er sich seiner Angst oder Ohnmacht nicht stellen muss.

Beispiel: Eine attraktive Frau soll das Selbstwertgefühl ihres Partners heben. Sie ist nicht partnerschaftsfähiger als die unattraktive, aber man kann sich mit der attraktiven besser zeigen. Zu lernen ist in dem Fall, den eigenen Selbstwert zu halten und sich von der öffentlichen Meinung und von Normen abzukoppeln, es geht schließlich um das *eigene* Glück.

Hinter der zwanghaften Suche nach einem besonders attraktiven Partner kann auch der unbewusste Wunsch stecken, die Attraktivität nachzuahmen, mit der seit Urzeiten die Menschen Gott/Göttin belegt haben. Haben wir jedoch die spirituelle Schönheit von Gott/Göttin beispielsweise in Meditation, Gebet oder im Tantra erfahren, dann können wir sie in *jeder* Beziehung erleben, dann ist es *unsere* Attraktion. Je mehr wir sie lieben und hervorholen, umso glücklicher werden wir, umso freier ist unsere Liebe, weil es unsere Fähigkeit ist, in der Liebe Gott/Göttin Wirklichkeit werden zu lassen und sie nicht vom anderen abhängt. Lieben ist die Sache einer Fähigkeit, nicht die einer Bezugsperson.

Erkennen wir: Attraktion ist sehr wohl ein Naturgesetz, das sicherstellen soll, dass die besten Gene weitervererbt werden. Es ist auch wunderbar, attraktiv zu sein. Doch wenn die Liebe zur Attraktion stärker ist als die Liebe zum Partner selbst, leben wir in einer Fixierung und können nicht näher zum wahren Wesen des anderen vordringen. Auch wenn wir tierische Körper haben, so tragen wir in uns auch die Bewusstheit, um über die genetischen Fixierungen hinauszugehen. Im Idealfall tun Sie etwas für Ihre Attraktivität und Ihr Partner auch – aber kleben nicht daran.

Übung: Gibt es irgendeinen Bereich, in dem ich auf eine ganz bestimmte Attraktion fixiert bin?

1. Ergänzen Sie den folgenden Satz: »Wenn mein Partner/ meine Partnerin…, dann finde ich das total attraktiv, dann empfinde ich dies als erregend!«
2. Fragen Sie sich einmal, welches eigene Thema dahinterstecken könnte, ohne sich dafür abzukanzeln.
3. Machen Sie sich Ängste bewusst, die mit Ihrer Fixierung zusammenhängen. Sie entdecken sie am ehesten, wenn Sie

einmal probeweise davon ausgehen, dass der andere die begehrte Eigenschaft nicht hat, also hässlich, unattraktiv... ist.

4. Decken Sie die verborgenen Überzeugungen und Glaubenssätze auf, die hinter so einer Fixierung stecken. Beispielsweise: »Frauen, die einen erotischen Gang haben, werden mich sexuell glücklich machen!«, »Männer, die gut gekleidet sind, werden dafür sorgen, dass ich mich wertvoll fühle!«,...

5. Jede Fixierung auf eine Attraktion zeigt: Etwas in Ihnen wird nicht geehrt. Kommen Sie dem auf die Spur. Erkennen Sie, dass Sie genau das, was Sie beim anderen begehren, offenbar selbst besitzen, und spüren Sie dem nach. Dadurch findet Ihre Fixierung auf Attraktion Befreiung und Sie können auch lieben, wenn die Attraktion einmal nicht so sehr da ist.

Es sind die eigenen Augen, die Schönheit oder Hässlichkeit sehen. Wenn ich weiß, dass ich es bin, der den anderen »schön sieht«, weiß ich, dass es meine Macht ist, ich vermeide Co-Abhängigkeit, es sind meine »guten Augen«. Indem ich meine Einzigartigkeit – mit allem Licht und Schatten – liebe und die meines Partners, pflege ich gleichzeitig meine eigene Attraktivität. Ich gehe liebevoll mit dem Thema Attraktion um. Der Kolumnist Siegfried Brockert bringt es auf den Punkt, wenn er sagt: »Der Mensch, der liebt, ist attraktiv.«

Liebe ist kein Solo.
Liebe ist ein Duett.
Schwindet sie bei einem,
verstummt das Lied.
(Adalbert von Chamisso, 1781-1838)

Serielle Monogamie

Schon vor einigen Jahren sorgte Professor Helen Fisher für
helle Aufregung mit ihrer These, Menschen seien, ähnlich wie
viele Vogelarten, Füchse und andere Lebewesen, für »serielle
Monogamie« geschaffen: »Wir Menschen stecken in einem
Dilemma: Wir sind für zwei widerstrebende Dinge geschaffen:
uns zu binden – und uns immer wieder neu zu verlieben.« [9]
Die natürliche Dauer der »Mann-Frau-Verbindung« liege
bei ca. vier Jahren. Ziemlich exakt die Frist, in der das
gemeinsame Kind nicht nur abgestillt, sondern auch aus »dem
Gröbsten heraus« ist. Als Helen Fisher die aktuellen Schei-
dungsdaten von 58 Nationen untersuchte, stellte sie fest, dass
der Scheidungsgipfel weltweit tatsächlich bei vier Jahren liegt.
Bindung dient der gemeinsamen Aufzucht der Nachkom-
men und damit der Fortpflanzung. Aber auch Partnerwechsel
ist, evolutionstechnisch gesehen, günstig: Er unterstützt die
Erzeugung von Kindern mit unterschiedlichen Partnern – und
damit genetische Vielfalt.
Doch ein Zwang zur Trennung ergibt sich daraus für
niemanden. Mit zunehmender Reife sind wir immer weniger
Sklaven unserer Biochemie. Wir lernen aus unseren Erfahrungen, den guten ebenso wie den schlechten. Die Einsicht, dass
Liebe etwas anderes ist als Verliebtheit, kann vor falschen
Entscheidungen bewahren und helfen, Toleranz zu entwickeln
– für den Partner und für sich selbst.

Das Bewusstsein kann unerwünschte hormonelle Dispositionen lenken und seinen höheren Maßstab durchsetzen, allerdings sollten wir dabei nicht blind sein für das Stimmige und weder Bedürfnisse noch Gefühle verdrängen.

Es hat keinen Zweck, sich zeigende und schwer vereinbare Unterschiede zu ignorieren, in der Hoffnung, dass es sich mit der Zeit schon gibt. Das tut es nie. Sie können den toten Punkt nur überwinden, indem Sie den unangenehmen Teil des anderen in Ihr Sosein integrieren, nicht nur in das Verhalten, sondern in das Miteinandersein, und sich dafür entscheiden, auch über die Dauer von vier Jahren hinaus miteinander zu sein – oder auch nicht.

Sollte es aber auf »serielle Monogamie« hinauslaufen, brauchen Sie sich an dieser Stelle nicht als Versager vorzukommen, nur weil unsere Gesellschaft »ewige Treue« als Ideal propagiert – Sie haben sich nur »natürlich« verhalten. Der Psychologe Dr. Matthias Jung betont in verschiedenen seiner Werke: »Eine Beziehung zu leben heißt immer auch, ihr Ende zu bedenken: Der Gedanke an eine mögliche Trennung macht uns konstruktiver, gibt uns die Freiheit wieder.« Solange Sie mit Ihrem Partner zusammen sind, sollten Sie allerdings vorbehaltlos und total lieben.

Eine gute Möglichkeit ist es, sich für vier Jahre aneinander zu binden. Dies ist natürlich kein Zwang, sondern nur eine Option, aus der jeder – notfalls – heraus können sollte. Aber die Idee, nach Möglichkeit vier Jahre lang durchzuhalten, ist insbesondere für den »puer eternus« und die »puella eterna«, den ewigen Junggesellen, die ewige Junggesellin, eine Möglichkeit, einmal ein begrenztes Risiko durchzustehen. Den Gedanken an eine eventuelle vierjährige Bindung können Sie zum Anlass nehmen, um mit Ihrem Partner genau zu untersuchen, ob Sie überhaupt dauerhaft zusammenpassen, Zwiegespräche zu führen, statt einfach nur die Zeit abzuleben. Auch wenn Sie es vielleicht nicht hören mögen: Eine Bindung – ob ausgesprochen oder nicht – ist ein Vertrag und je genauer die

Vertragsbedingungen angeschaut werden, um so größer die Chancen auf Zufriedenheit für beide Seiten.

Bevor Sie sich zum übernächsten Schritt, der Festlegung auf einen Partner für mehr als vier Jahre, entschließen, sollten Sie prüfen, ob Sie mit diesem Menschen über die »natürliche Paarungszeit« hinauszugehen bereit sind, ob Sie über die Bereitschaft und Potenziale verfügen, diese längere Dauer für beide erfüllt zu gestalten. Und Sie sollten sich darüber im Klaren sein, wie Sie damit umgehen, wenn Sie – trotz fester Partnerschaft – irgendwann einmal der Reiz packt, sich in jemand anderen zu verlieben. Bevor wir uns aber näher mit dem Thema Dauerhaftigkeit auseinandersetzen, sollten wir – spätestens jetzt – dafür sorgen, dass das »funktioniert«, was die körperliche Intimität ausmacht, Küssen und Sex.

IV.
KÜSSEN UND SEX

Sprachen muss man lernen. Sportarten auch.
Aber beim Küssen denken alle, dass man es einfach so kann.
Warum eigentlich?
(Kurt Tepperwein)

Küssen ist intimer als Sex

Niemand käme auf die Idee, bei einem Analphabeten lesen
und schreiben lernen zu wollen, aber in der Liebe verhalten
wir uns so und sind dann oft enttäuscht. Diese Enttäuschung
bestimmt häufig ein Leben lang unsere Einstellung zur Sexualität. Wir sollten Küssen und Sexualität lernen, möglichst bei
Menschen, die wissen, wie man das macht. Idealerweise be-
sucht man eine Liebesschule oder einen Tantrakurs – selbst
dann, wenn man glaubt, schon »erfahren« zu sein. Viele
Partner drücken sich vor diesem Thema, insbesondere diejeni-
gen, die über ein schwaches sexuelles Selbstbild verfügen, und
versuchen, sexuelle Defizite mit anderen Qualitäten auszuglei-
chen – mit fatalen Folgen (Fremdgehen, Krankheit usw.).

Beginnen wir mit dem Küssen: Küssen bietet – körperlich
gesehen – nur Vorteile. Das Herz schlägt schneller, der Blutdruck steigt auf hundertachtzig, neunundzwanzig Muskeln
werden bewegt, Adrenalin, Insulin und das Glückshormon
Serotonin werden in Mengen ausgeschüttet. Fünf Minuten
Küssen sind wie fünf Minuten Joggen. Bei so viel innerer
Aufregung ist es eigentlich ein Wunder, dass es Menschen gibt,
denen man das beim Küssen nicht anmerkt – die wirken, als
ließen sie das alles nur über sich ergehen.

65 Prozent der Deutschen würden gern mehr küssen, ergab
eine Umfrage des Meinungsforschungsinstituts Gewis. Für
viele Menschen ist Küssen intimer als der wildeste Sex. Eine
Online-Umfrage für Maxi auf der Basis von 1017 befragten
Frauen und Männern zwischen 20 und 49 Jahren durch das

Markt- und Trendforschungsinstitut EARS and YES in Hamburg erbrachte folgende Ergebnisse:

• Wie wichtig sind Ihnen die Küsse Ihres Partners?

Unverzichtbar: 55 % (Männer 63 %)
Ziemlich wichtig: 38 % (Männer 32 %)
Nicht wichtig: 7 % (Männer 5 %)

• Was ist Ihrer Meinung nach der erotischste Kuss?

1. Der erste Kuss: 42 % (Männer 41 %)
2. Der Kuss beim Sex: 36 % (Männer 39 %)
3. Der Kuss, der nie gegeben wurde:15 % (Männer 13 %)
4. Der Kuss des Betrugs (Seitensprung): 5 % (Männer 4 %)
5. Der letzte Kuss: 2 % (Männer 3 %)

• Wie küssen deutsche Männer/Frauen?

1. Sehr gut: 16 % (Männer 19 %)
2. Gut: 60 % (Männer 63 %)
3. Geht so: 22 % (Männer 16 %)
4. Schlecht: 2 % (Männer 2 %)

Küssen kann man lernen. Auch wenn gute Küsser in der Überzahl sind, gibt es nur relativ wenige »sehr gute«. Und nur 7 Prozent der deutschen Frauen und 20 Prozent der Männer glauben von sich, dass sie sehr gute Küsser sind. Die nachfolgende Anleitung ist natürlich nur als Anregung gedacht und soll Sie inspirieren; das Küssen selbst lernen Sie am besten in der Praxis:

• Auch ein Kuss braucht ein Vorspiel. Er beginnt mit den Augen. Offene, einladende Blicke sagen: Bist du bereit? Willst du mich? Und: Wie lange dauert es bloß noch, bis ich dich berühren kann? *Tipp:* Schauen Sie Ihrem Partner in die Augen, mit weichem Blick, unaufdringlich und liebevoll, streicheln Sie ihn mit den Augen. Je länger, desto mehr Spannung wird aufgebaut. Ruhig die erste Berührung etwas hinauszögern. Der Kuss wird dann noch intensiver. Der letzte Blick vor dem Kuss geht bei den meisten Menschen automatisch auf den Mund.

- Kurz bevor es losgeht, Lippen leicht öffnen. Ein sehr erotisches Signal! Achten Sie darauf, dass Ihre Lippen weich und entspannt sind. Wenn Sie den Kopf in freudiger Erwartung seiner Lippen nach rechts neigen, gehören Sie übrigens zur Zweidrittelmehrheit der »Rechtsküsser«. Diese Vorliebe wird schon im Mutterleib angelegt (Embryos bewegen den Kopf fast ausschließlich nach rechts).

- Je mehr Körperkontakt, desto intensiver. Die Arme umfassen den Oberkörper. Stärker: Auch die Beine sind ineinander verschlungen. Langsamkeit ist Trumpf – erst jetzt berühren sich die Lippen. Augen schließen, genießen.

- Beim Küssen selber ist Behutsamkeit geboten: Erst sanft küssen, knabbern, nach und nach den Druck verstärken.

- Probieren Sie einmal, ob Sie die Augen beim Küssen lieber offen oder geschlossen haben oder sie zeitweise öffnen möchten. Für viele ist es schön und aufregend, den Partner in diesem intimen Moment anzusehen. 89 Prozent der Frauen schließen allerdings die Augen beim Küssen, um sich mehr auf ihr Gefühl zu konzentrieren. Vielen Männern geht es ähnlich.

- Machen Sie immer wieder Pausen beim Küssen. Immer wieder neu anzufangen ist besser, als sich atemlos zu küssen. Die Länge sagt nichts über die Intensität des Kusses aus. Und: Pausen steigern das Verlangen. Außerdem: Viele andere Körperstellen möchten auch geküsst werden.

- Sagen Sie Ihrem Partner, wie viel Spaß Ihnen das Küssen macht, wie wichtig es für Sie ist, dass man sich beim Küssen näher sein kann als beim Sex. Knutschpausen beim Sex steigern die Leidenschaft. Vielleicht weiß er das nur noch nicht. Und vielleicht weiß er auch nicht, dass leidenschaftliche Küsse, die nicht in Sex enden, trotzdem die Liebe heiß halten.

• Was für den Sex gilt, gilt auch für das Küssen: Abwechslung tut gut. Knutschen Sie – wie früher – mal wieder im Kino, auf der Wiese, im Auto. Auch wenn Sie sich schon lange kennen, sollten Sie jeden Kuss neu erkunden.

Aber woher weiß man, wann ein Kuss zu Ende ist? Und wie beendet man ihn, ohne dass der andere das Gefühl hat, im Regen stehen gelassen zu werden? Meist herrscht Einigkeit darüber. Man merkt einfach, wie lange es einem selbst und dem Partner Spaß macht. Einen Kuss zu beenden, obwohl der andere mehr möchte, braucht Feingefühl. Aber zwischen einem intensiven Zungenkuss und gar nichts gibt es noch viele Möglichkeiten. Küssen Sie noch mal sanft auf die Lippen, streicheln Sie mit den Lippen, dann ist es ein langsamer Ausstieg und nicht die Holzhammermethode, bei der Sie einfach den Kopf wegdrehen.

Meist ist jedoch der Kuss Auftakt für mehr. Ein Problem für viele Frauen ist, dass viele Männer das Küssen nur als Vorspiel betrachten und während des Sex damit aufhören. Jeder zehnte Mann gibt sogar zu, dass er beim Liebesakt selbst keine Lust aufs Küssen hat. Für Frauen dagegen gehört es unbedingt dazu. Fast die Hälfte von ihnen würde eher auf den Beischlaf als auf das Küssen verzichten.

Der Kuss ist ein Lippenbekenntnis zur Liebe.
(Martin Beheim-Schwarzbach, 1900-1981)

Berührung ist notwendig
auch für seelisches Berührtwerden

Die Haut ist das erste Kommunikationsmedium, mit dessen
Hilfe Signale der Verbundenheit empfangen werden. Schon
Aristoteles sagte: »Am Anfang war die Berührung!« Wenn ein
Neugeborenes nicht angefasst, liebkost und gestreichelt wird,
erleidet es schwerste seelische Störungen. Hautkontakt ist die
Quelle des körperlichen und seelischen Wohlbehagens. Das
Anschmiegen an die Haut, das Geborgenheitsgefühl bei der
Mutter ist überlebensnotwendig.

In unserer Gesellschaft sind Körperkontakte nur als intimes
Mittel erlaubt. Sie werden sogar oft als Verletzung der körperlichen Unversehrtheit empfunden, obwohl wir uns nach Berührung sehnen.

Kleine Kinder erleben ihren Tastsinn noch ganz bewusst. Sie
lassen voller Wonne den Schlamm durch die Finger hindurch-
quellen, spielen mit den nackten Fußzehen im Teppich oder
tauchen ihr Gesicht in den Grießbrei. Je älter das Kind aber
wird, desto mehr sagt man: »Das tut man nicht«.

Kehren Sie zur Unschuld der Sinne zurück. Begreifen Sie
Ihre Umwelt! Teilen Sie sich durch Berührungen mit! Eine
Berührung zur rechten Zeit, am rechten Ort kann einen
Erregten beruhigen, einen Wütenden besänftigen, einen Un-
glücklichen trösten und einen Verkrampften entspannen. Die
folgenden Übungen haben sich als sinnenfördernd erwiesen:

- Streichen Sie einmal ein Kleidungsstück, das Ihr Partner trägt, glatt oder zupfen Sie ihm liebevoll an seiner Kleidung herum.
- Kitzeln Sie sich gegenseitig oder balgen Sie herum!
- Lassen Sie Ihrer beider Fingerspitzen einander berühren und achten Sie dabei darauf, welche am empfindlichsten sind.
- Wenn Sie eine angenehme Erinnerung an Streicheleinheiten von Ihrer Mutter haben, versetzen Sie sich doch noch einmal in Ihre Kindheit. Stellen Sie sich vor, die eigenen streichelnden Hände oder die streichelnden Hände Ihres Partners gehörten Ihrer Mutter. Sie streicheln Sie, berühren Sie ganz behutsam, hüllen Sie in Wärme ein. Lassen Sie sich viel Zeit dabei.

Mesmerische Streichungen: Entscheiden Sie, wer von Ihnen beiden Geber und wer Nehmer ist. Der Nehmer legt sich flach auf eine Matte und entspannt sich. Der Geber setzt oder hockt sich entspannt neben ihn. Nun reibt der Geber seine Hände aneinander und begibt sich in den Fluss der Liebe. Vom Kopf zu den Füssen streichen. Natürlich können Sie diese Streichungen auch in einer Gruppe gegenseitig vornehmen, wenn alle damit einverstanden sind. Zu den zärtlichen Berührungen kann dann gehören:

- durch das Haar streicheln
- Berührung der Fingerspitzen/Nasenspitzen
- Fußsohlenmassage
- Hände reichen, Handflächen aufeinanderlegen
- Jemanden auf den Schoß nehmen
- Jemanden umfassen, den Arm um die Schulter legen
- Lippen berühren Augenlider
- streichelnd berühren sich die Füße
- Umarmung
- zärtlich Hautstellen streicheln

Menschen, die nie Zärtlichkeit erfahren haben, tun sich mit dem Streicheln oftmals schwerer als andere. Sie greifen dann zum Beispiel unbeholfen nach dem Penis des Partners, wie man nach einer Gurke greift, und wundern sich darüber, dass er sich zurückzieht, oder sie grapschen nach den Brüsten der Partnerin und sind erstaunt, dass sie nicht vor Wonne jubelt. Wenn Ihr Partner fehlende Zärtlichkeit anspricht, dann fahren Sie ihn nicht an mit »ich bin doch zärtlich«, sonst kann es sein, dass er verstummt und sein Liebesglück klammheimlich bei einer anderen sucht. Seien Sie stattdessen dem anderen dankbar für seinen Mut, loben Sie ihn für seine Offenheit und fragen Sie ihn genau, was er sich wünscht. Besuchen Sie mit ihm einen Kurs in der »Kunst der achtsamen Berührung« und seien Sie auch bereit, einmal Unzulänglichkeiten zuzugeben. Im Anerkennen der eigenen Unbeholfenheit entsteht Entspannung und Verbundenheit und die Chance auf eine vertiefte Intimität. Das kommt deutlich besser an, als wenn Sie dem anderen über den Mund fahren und seine Bedürfnisbekundungen niederbügeln.

Natürlich können Sie auch die anderen Sinne in Ihre »Sinnlichkeit« einbeziehen:

- Sehen Sie das Besondere im Alltäglichen, indem Sie vertraute Dinge so betrachten, als würden Sie sie zum ersten Mal wahrnehmen
- Schmecken Sie bewusst. Ein Säugling nimmt zuallererst den Geruch und die Atmosphäre der Mutter wahr. Er nimmt den Duft in sich auf, schmeckt die Küsse und spürt ihre Liebe. Ein Baby ist ein Sinneswesen
- Sinnliches Hören: Lauschen Sie Tonfall, Stimmung, hören Sie dabei jeden Ton einzeln und stets im Hier und Jetzt
- Lassen Sie Ihre Stimme lächeln und sprechen Sie sinnlich
- Hören Sie Gefühle

- Nehmen Sie Ihr Umfeld mit allen Sinnen wahr – sensitiv sein heißt, offen sein für alles, was um mich herum geschieht

> *Jede Verachtung von Sexualität*
> *ist Sünde gegen das heilige Leben.*
> (Friedrich Nietzsche, 1844-1900)

Eros und Glaube sind in Wahrheit Geschwister

Leider wird heutzutage der Eros auf den Sex reduziert, statt dass man in ihm ein Potenzial sieht, »das Göttliche« im Liebesakt hervorzurufen. Dabei liegen Eros und Gott gar nicht so weit auseinander. Manfred Greisinger schreibt zu diesem Thema in seinem Buch »EROS of work & life«:

»Eros war mal ein Gott. Heute muss er als Vorwort für diverse zwielichtige Center herhalten, in denen viel passiert, nur nicht das, was ihm zur Ehre gereichen würde. Eros ist zu einem unüberschaubaren halbseidenen Produktsortiment pervertiert worden und erscheint als Angestellter der Konsumgüterindustrie: Konsumierbar. Bezahlbar. Therapierbar. Ein Milliardenmarkt. Doch Gott Eros wendet sich von achtfachen Super-Orgasmen und G-Punkt-Artistik in seinem Namen angewidert ab. Der wohlverstandene Eros will nichts verschlingen, sondern etwas hervorbringen, nicht konsumieren, sondern produzieren. Das Rotlicht ist nicht sein Milieu. Doch halt; wer weiß, vielleicht ist er, der Tückische, Fintenreiche, Unberechenbare, sogar dort anzutreffen. Die Chance, ihn zu finden, ist dort ebenso groß wie im Kaffeehaus, im Supermarkt oder im Wartezimmer der Zahnärztin. Eros ist dort, wo wir ihn wahrnehmen wollen! Er ist selbst dort anzutreffen, wo ihn wohl die wenigsten vermuten...« [10] – Eros ist überall, denn aus ihm heraus ist diese Welt entstanden, zumindest unsere Menschheit. Eros ist, so Greisinger, eine tragende Kraft für alle Lebensbereiche.

Immer noch verwechseln viele Menschen Eros und Sex miteinander und haben aus religiösen Gründen Vorbehalte gegen den Eros und dies, obwohl die Gründe dafür immer mehr wegfallen: Gab sich früher das organisierte Christentum extrem prüde, erfährt die »Liebe zum Eros« mittlerweile eine Renaissance. So bekennt Christoph Quarch öffentlich in einer nachfolgend gekürzt wiedergegebenen Rede die Bedeutung der Liebe, und dazu gehört für das Christentum auch der Eros [11] :

»Die Liebe ist Mitte und Herz des christlichen Glaubens. Sie ist das Gravitationszentrum der Verkündigung Jesu – und sie ist der Angelpunkt aller christlichen Dogmatik, Ethik und Liturgie – zumindest sollte sie es sein. …

These 1: Mitte und Herz des christlichen Glaubens ist die Liebe: In keinem anderen Zusammenhang findet man im Evangelium so eindeutige, so klare und entschlossene Worte wie da, wo es um die Liebe geht: Nicht nur, wo Gott ›Liebe‹ genannt wird (1. Jh 4,16), auch dort, wo Jesus das Liebesgebot formuliert und klarstellt, in ihm seien ›das Gesetz und die Propheten‹ zusammengefasst (Mt 22,34 bis 40) – und dort, wo er seinen Jüngern als Vermächtnis das eine und einzige neue Gesetz hinterlässt: ›Liebt einander, so wie auch ich euch geliebt habe, damit auch ihr einander liebt (Jh 13, 34).‹ Nimmt man dann noch das Wort des Paulus hinzu, wonach die Liebe größer ist als aller Glaube, alle Erkenntnis und alle Hoffnung (1. Kor 13), dann ist klar: Herz und Mitte des Evangeliums ist die Liebe. Und das gilt nicht nur im Blick auf die Verkündigung Jesu – es gilt vor allem auch hinsichtlich seines Wirkens, seiner Person und seiner Gestalt, die vom Autor des Johannesevangeliums geradezu als Inkarnation der Liebe gefeiert wird: ›So sehr hat Gott die Welt geliebt, dass er seinen eingeborenen Sohn gab‹. (Jh 3, 16). Jesus Christus – das ist die Manifestation der Liebe, die Gott ist, in menschlicher, leiblicher und zeitlicher Gestalt.

These 2: Das Konzept Liebe ist in der christlichen Theologie und Spiritualität unterbestimmt. Wir sagen ›Gott ist die Liebe‹ – aber

wissen wir auch immer, was damit gemeint ist? Wenn wir die
Liebe, die Gott ist, verstehen wollen, müssen wir Maß nehmen
an der Gestalt Jesu, in der sie sich manifestiert. Dabei wird
eines deutlich: Liebe steht quer zur Moral. So wie Jesus in all
seinem Tun setzt sie sich über die Gebote und Regeln von
Religion und Gesellschaft hinweg. Sie kommt unmittelbar aus
dem Herzen und folgt seinen Impulsen: in der Hinwendung zu
›Sünder‹ und Prostituierten, zu Kindern und Kranken. Liebe
ist keine moralische Qualität, sie ist keine Sache des Willens,
für oder gegen die man sich entscheiden könnte. Entscheiden
kann man sich allenfalls dafür, der Liebe im Herzen Raum zu
geben, sie in sich Raum greifen zu lassen – Liebe ist eine
Seinsqualität. Entweder Sie sind in der Liebe oder Sie sind es
nicht. Die Liebe wird zum Problem, wenn sie hinter das
Vorzeichen der Moral gestellt wird. Das ist in der Geschichte
der Christenheit leider allzu oft geschehen. Zu nahe lag es, das
Doppelgebot der Liebe als moralischen Imperativ statt als
spirituelle Wegweisung zu deuten. Dies hat zur Folge, dass das
Konzept Liebe in der christlichen Theologie oft unterbestimmt geblieben ist: merkwürdig fleisch- und kraftlos, abgeho-
ben und anfällig für ideologischen Missbrauch. Indiz dafür ist
der Umstand, dass in der kirchlichen Sprache wenig von Liebe,
aber viel von Barmherzigkeit, sozialem Engagement und Solidarität gesprochen wird – alles wichtige und kostbare Dinge,
aber alles Verhaltensweisen, die allzu oft von der Seinsqualität
der Liebe abgespalten sind. Liebe ist größer und umfassender.
Jürgen Fliege und Bert Hellinger haben uns an Aspekte der
Liebe erinnert, die weit über ihre moralische Verkürzung
hinausreichen. Sie haben damit die ungeheure, das gesamte
Leben tragende Energie der Liebe ins Bewusstsein gerufen.
Zum einen ist da die körperliche, sexuelle und erotische
Dimension der Liebe. Liebe vibriert in jeder Körperzelle,
Liebe ist leidenschaftlich, Liebe ist umfassende Lebensbeja-
hung, die sich zuletzt darin ausdrückt, im Geschlechtlichen
neues Leben zu zeugen. selbst wenn sexuelle Leidenschaft und

körperliches Vibrieren in gewachsenen Liebesbeziehungen abflauen, bleibt die Liebe doch immer die Liebe von leiblichen und geschlechtlichen Wesen. Das ist der eine Aspekt. Daneben steht das, was ich die kosmische Dimension der Liebe nennen möchte. Auf sie macht Bert Hellinger aufmerksam, wenn er uns darauf verweist, dass Liebe das systemisch-energetische Prinzip ist, das dem Leben (das sich immer in Systemen organisiert) Gestalt und Dauer verleiht. Liebe ist so gesehen nicht eine Laune des Menschen, sondern eine Grundenergie des Seins und Werdens: die Kraft, die die Welt im Innersten zusammenhält – die Kraft, an die sich zurückzubinden (*re-ligio*) bedeutet, mit dem Leben und der Welt in Einklang zu sein und eine stimmiges Leben zu führen. Die sexuelle und die kosmische Dimension sind in demjenigen Aspekt der Liebe zusammengehalten, der durch die Moralisierung im Christentum zu dessen Schaden ausgeblendet wurde: dem Erotischen.

These 3: Die christliche Spiritualität leidet unter einem Verlust des Erotischen: Was ist hier mit ›dem Erotischen‹ gemeint? Gemeint ist das alte griechische Verständnis des Eros, das auf klassische Weise von dem Philosophen Platon (428-348 v. Chr.) auf den Begriff gebracht wurde: Eros, so die Essenz seiner Liebesphilosophie, ist ein ›Mittler zwischen Mensch und Gott‹. Eros ist Leben, das zu sich selbst kommen will: Leben, das die Vereinzelung seiner Existenz in Raum und Zeit überwinden und sich in das Einssein in Gott einschwingen will, worin alles in Harmonie verbunden ist. Deswegen ergreift Eros die Seele des Menschen voller Sehnsucht und Leidenschaft. Er treibt uns um, um uns über uns hinauszutragen, zu *transzendieren*: Um uns in der Begegnung mit dem oder der Geliebten an unseren Ursprung aus Gott zu erinnern, damit wir uns in der leidenschaftlichen Hingabe zugleich hingeben an Gott und von seinem Geist durchdrungen werden. Eros öffnet, Eros bricht aus, Eros überschreitet Grenzen. Eros ist das Gegenteil von Ego. Wo sich das Ego an das Geliebte klammert und es in seinen Besitz zu bringen begehrt, da bleibt der begehrende

Mensch ganz bei sich – verhaftet in seinem egoistischen Wollen und unfähig, sich vom Eros über sich hinaustragen zu lassen. Wir würden Eros missverstehen, wenn wir ihn mit dieser Form der Begierde identifizierten. Zwar ist das Begehren immer eine Komponente des Eros, sofern es ihn unwiderstehlich hinzieht zur oder zum Geliebten. Aber der Eros ist kein Besitzenwollen des Geliebten, sondern ein sich ganz von ihm In-Dienst-nehmen-Lassen. ... Einige griechischsprachige und im Platonismus verwurzelte Autoren wussten noch um die klassische Bedeutung des Eros und lehrten, die christlich verstandene Liebe sei sehr wohl erotisch. So vertrat der Kirchenvater Origenes (185-254) die These, der Satz ›Gott ist Liebe‹ müsse interpretiert werden als ›Gott ist Eros‹, während Gregor von Nyssa (330-395) die Liebe zu Gott als erotische Leidenschaft beschrieb. Und der für die christliche Mystik prägende Dionysios Areopagita scheute sich nicht, ›Erotische Lieder‹ zur Verherrlichung Gottes vorzutragen. ...

These 4: Das Christentum im 21. Jahrhundert braucht eine umfassende Spiritualität der Liebe, die das Erotische integriert: Die Ausblendung des Erotischen aus dem christlichen Konzept der Liebe hat deren moralische Engführung befördert. Sie hat dazu geführt, dass ... die kreative, erotische Seite in der Liebe keinen Platz in der christlichen *praxis pietatis* finden durfte. Und dies zu deren Schaden. Denn eine christliche Frömmigkeit, die lediglich die Menschen auf die Werke der Liebe verpflichtet, ihnen aber keine Spiritualität anbietet, die sie in ihrer Sehnsucht nach dem Sein in der Liebe Gottes bekräftigt und auf dem Weg dorthin begleitet, reduziert den Menschen auf eine moralische Person und nimmt ihm Herz, Gefühl und Leib. Was Not tut, ist eine umfassende Spiritualität der Liebe, die das Erotische integriert. Eine solche Spiritualität der Liebe muss nicht neu erfunden werden. Aller Erosfeindlichkeit des theologischen Mainstreams zum Trotz ist sie im Christentum vereinzelt aufgeblüht – und zwar in Gestalt einer leidenschaftlichen Liebesmystik: von Wilhelm von Saint-Thierry bis zu Frère

Roger, von Mechthild von Magdeburg bis zu Dorothee Sölle. Aus dieser Tradition der Liebesmystik kann man lernen, dass eine erotische Spiritualität zwei Flügel hat: die *Mystik des Dienstes* und die *Mystik der Stille*, wie der amerikanische Theologe Paul Knitter sie benannt hat. Die *Mystik des Dienstes* erfüllt den Menschen mit der Liebe, die Gott ist, in der leidenschaftlichen Hinwendung zum Nächsten. In der hingebungsvollen Zuwendung zum Menschen öffnet sie das Herz und trägt die Seele hinaus in eine neue Seinsqualität. Die *Mystik der Stille* wendet den Menschen nach innen. Sie weist ihm einen Weg, die Fixierung auf das eigene Ich abzustreifen und das Herz frei und empfänglich für den Zuspruch und Anspruch Gottes zu machen. Mystik des Dienstes und Mystik der Stille öffnen das Herz für den Eros: lassen es zu, dass wir uns in Gott und Welt verlieben – und unsere Liebe als Lobpreis Gottes verstehen. *Das gilt auch für die körperliche und geschlechtliche Liebe.* Integriert in eine umfassende Liebesmystik haftet der Sexualität nichts Unmoralisches an. Im Gegenteil: Sie wird ernst genommen als ein Geschenk Gottes, vermöge dessen wir unserer Liebe zu ihm, zu den Menschen und zum Leben Ausdruck verleihen können. Und wenn dieser Ausdruck auch unvollkommen sein mag, so ist doch auch in ihm die Sehnsucht Gottes nach sich selbst wirksam – diese Sehnsucht, der wir den Namen Eros gaben. Eine umfassende Liebesmystik würdigt den Menschen in allen Aspekten seines Lebens – in den körperlichen, in den emotionalen, in den Geistigen. Und sie sucht auf allen Ebenen nach angemessenen Ausdrucksformen für ihr Verliebtsein in Gott. …

These 5: Eine evangelische Kirche der Freiheit wird ihren Namen nur dann verdienen, wenn sie im Herzen eine Kirche der Liebe ist.« Mit dieser These steht Quarch nicht allein da. So schreibt der Theologe Franz Schmatz [12]: »Heilvolles und erfülltes Leben ist nur möglich, wenn die lebensfordernden erotischen Kräfte umfassend zur Entfaltung kommen dürfen. Wo immer Eros und Glaube verschwistert bleiben dürfen, wird das Leben

interessant, einladend, aufregend und lebenswert. So gehört es
zur größten Absurdität, die innere Einheit von Eros und
Glauben zu zerstören und in einem unheilvollen Dualismus
die Kraft des Eros dem Bösen und die Kraft des Glaubens dem
Guten zuzuordnen. Wer den heilvollen Eros dämonisiert, läuft
Gefahr, nicht nur dem Menschen zu schaden, sondern auch
Gott eine seiner schönsten Gaben abzusprechen. Wer ur-
sprünglich glauben will, möge die Kräfte des Eros in sich
entdecken und zulassen, sie gestalterisch wahrnehmen und
von ihnen durchwirkt dem Schöpfer für diese unverzichtbare
kreative Kraft danken. Eros ist, wie Glaube und Liebe, Geschenk Gottes, Baustein für Leben.«

Inzwischen erfährt der Eros sogar »päpstlichen Segen«,
wobei natürlich der Heilige Vater Benedikt XVI. unter Eros
ebenfalls etwas anderes versteht als Sex (offenbar meint er
damit das schöpferische, kreative Prinzip der Liebe, das aber
auch durchaus in der körperlichen Liebe erlebt werden kann).
Manfred Greisinger kommentiert die erste Enzyklika Bene-
dikts XVI. mit folgenden Worten [13]:

»Ausgerechnet der vermeintlich strenge Papst Benedikt
XVI. ... bricht in seiner ersten Enzyklika ›Deus caritas est‹
(Gott ist Liebe) eine Lanze für den Eros. Der Papst verwendet
für die Liebe den alten griechisch-heidnischen Begriff. Die
kühne Wortwahl des Pontifex maximus wird sogar von seinen
schärfsten Kritikern bewundert. Kühn für gelernte Katholiken
ist die Zustimmung des Papstes zur körperlichen Liebe in
moralischer Form; die unverblümte ausdrückliche Ablehnung
der ›Leibfeindlichkeit‹, wie sie in der Kirche jahrhundertelang
praktiziert wurde. Der Papst zitiert sogar Friedrich Nietzsche,
der meinte, das Christentum habe dem Eros Gift zu trinken
gegeben; der sei zwar nicht daran gestorben, aber zum Laster
entartet. Damit drückte der deutsche Philosoph ein weit
verbreitetes Empfinden aus: Vergällt uns die Kirche mit ihren
Geboten und Verboten nicht das Schönste im Leben? Natürlich gibt es von Benedikt scharfe Kritik am zum ›Sex‹ degra-

dierten Eros, der zur bloßen Ware geworden sei, was wohl bei jedem ›Freund der Erotik‹ auf ebensolche Ablehnung stößt. ›Demgegenüber hat der christliche Glaube immer den Menschen als das zweieinige Wesen angesehen, in dem Geist und Materie ineinander greifen und beide gerade einen neuen Adel erfahren‹, so die Enzyklika weiter – und wörtlich: ›Reinigungen und Reifungen sind nötig, die auch über die Straße des Verzichts führen. Das ist nicht Absage an den Eros, nicht seine Vergiftung, sondern seine Heilung zu seiner wirklichen Größe hin … Ja, Eros will uns zum Göttlichen hinreißen, uns über uns selbst hinausführen‹, so der Papst, der die Gleichung Liebe = Ekstase verwendet: Ekstase als ständiger Weg aus dem in sich verschlossenen Ich zur Freigabe des Ich und so zur Selbstfindung, ja zur Findung Gottes. Das Programm Jesu sei das *sehende Herz*. Dieses Herz sieht, wo Liebe nottut, und handelt danach.

Der Liebe zwischen Mann und Frau, die nicht aus Denken und Wollen kommt, sondern den Menschen gleichsam übermächtig, haben die Griechen den Namen *Eros* gegeben. Nehmen wir hier schon vorweg, dass das Alte Testament das Wort *Eros* nur zweimal gebraucht, während es im Neuen Testament überhaupt nicht vorkommt: Von den drei griechischen Wörtern für Liebe – Eros, Philia (Freundschaftsliebe), Agape – bevorzugen die neutestamentlichen Schriften das Letztere, das im griechischen Sprachgebrauch nur selten vorkam. Der Begriff der Freundschaft (Philia) wird dann im Johannesevangelium aufgegriffen und in seiner Bedeutung vertieft, um das Verhältnis zwischen Jesus und seinen Jüngern auszudrücken. Dieses sprachliche Beiseiteschieben von Eros und die neue Sicht der Liebe, die sich in dem Wort ›Agape‹ ausdrückt, zeigt zweifellos etwas Wesentliches von der Neuheit des Christentums gerade im Verstehen der Liebe an. In der Kritik am Christentum, die sich seit der Aufklärung immer radikaler entfaltet hat, ist dieses Neue durchaus negativ gewertet worden.

Lässt das Christentum den Eros zerstört zurück? Sehen wir in die vorchristliche Welt. Die Griechen haben im Eros zunächst den Rausch, die Übermächtigung durch eine »göttliche Raserei« gesehen, die den Menschen aus der Lethargie seines Daseins herausreißt und ihn in diesem Überwältigtwerden durch eine göttliche Macht die höchste Seligkeit erfahren lässt. In den Religionen hat sich diese Haltung in Form der Fruchtbarkeitskulte niedergeschlagen, zu denen die ›heilige‹ Prostitution gehört, die in vielen Tempeln blühte. Eros wurde so als göttliche Macht gefeiert, als Vereinigung mit dem Göttlichen.

Das Alte Testament hat sich dieser Art von Religion, die als übermächtige Versuchung dem Glauben an den einen Gott entgegenstand, mit aller Härte widersetzt, sie als Perversion des Religiösen bekämpft. Es hat damit aber gerade nicht dem Eros als solchem eine Absage erteilt, sondern seiner zerstörerischen Entstellung den Kampf angesagt. Denn die falsche Vergöttlichung des Eros, die hier geschieht, beraubt ihn seiner Würde, entmenschlicht ihn. Die Prostituierten im Tempel, die den Göttlichkeitsrausch schenken müssen, werden nämlich nicht als Menschen und Personen behandelt, sondern dienen nur als Objekte, um den ›göttlichen Wahnsinn‹ herbeizuführen: Tatsächlich sind sie nicht Göttinnen, sondern missbrauchte Menschen. Deshalb ist der trunkene, zuchtlose Eros nicht Aufstieg, ›Ekstase‹ zum Göttlichen hin, sondern Absturz des Menschen. So wird sichtbar, dass Eros der Zucht, der Reinigung bedarf, um dem Menschen nicht den Genuss eines Augenblicks, sondern einen gewissen Vorgeschmack von der Höhe der Existenz zu schenken – jener Seligkeit, auf die unser ganzes Sein wartet.

Der Mensch wird dann ganz er selbst, wenn Leib und Seele zu innerer Einheit finden; die Herausforderung durch den Eros ist dann bestanden, wenn diese Einigung gelungen ist. Wenn der Mensch nur Geist sein will und den Leib sozusagen als bloß animalisches Erbe abtun möchte, verlieren Geist und Leib ihre Würde. Und wenn er den Geist leugnet und so die

Materie, den Körper, als alleinige Wirklichkeit ansieht, verliert er wiederum seine Größe. Nur in der wirklichen Einswerdung von beidem wird der Mensch ganz er selbst. Nur so kann Liebe – Eros – zur wahren Größe reifen.

Eros als Darstellung der ›weltlichen‹ Liebe und Agape als Ausdruck für die im Glauben gründende und von ihm geformte Liebe werden häufig als ›aufsteigende‹ und ›absteigende‹ Liebe einander entgegengestellt. In Wirklichkeit lassen sich Eros und Agape – aufsteigende und absteigende Liebe – niemals ganz voneinander trennen. Je mehr beide in unterschiedlichen Dimensionen in der einen Wirklichkeit Liebe in die rechte Einheit miteinander treten, desto mehr verwirklicht sich das wahre Wesen von Liebe überhaupt. Wenn Eros zunächst vor allem verlangend, aufsteigend ist – Faszination durch die große Verheißung des Glücks –, so wird er im Zugehen auf den anderen immer weniger nach sich selbst fragen, immer mehr das Glück des anderen wollen, immer mehr sich um ihn sorgen, sich schenken, für ihn da sein wollen. Das Moment der Agape tritt in ihn ein, andernfalls verfällt er und verliert auch sein eigenes Wesen. Umgekehrt ist es aber auch dem Menschen unmöglich, einzig in der schenkenden, absteigenden Liebe zu leben. Er kann nicht immer nur geben, er muss auch empfangen. Wer Liebe schenken will, muss selbst mit ihr beschenkt werden.

Im Letzten ist ›Liebe‹ eine einzige Wirklichkeit, aber sie hat verschiedene Dimensionen – es kann jeweils die eine oder andere Seite stärker hervortreten. Wo die beiden Seiten aber ganz auseinanderfallen, entsteht eine Karikatur oder jedenfalls eine Kümmerform von Liebe.

›Die Liebe ist möglich, und wir können sie tun, weil wir nach Gottes Bild geschaffen sind. Die Liebe zu verwirklichen und damit das Licht Gottes in die Welt einzulassen – dazu möchte ich mit diesem Rundschreiben einladen‹, schließt Papst Benedikt XVI. seine erste Enzyklika ›Deus caritas est‹.«

In der evangelischen Konfession ist der Eros mittlerweile sogar als »erotischer Gottesdienst« präsentiert und damit gesellschaftsfähig geworden. So berichtet die DPA im Juni 2007 vom 31. Deutschen Evangelischen Kirchentag:

»Wenn es Rosenblätter regnet – zum Abschluss ein erotischer Gottesdienst in der Kartäuserkirche. Rosen- und Weinblätter regnen von der Empore, eine Tänzerin schwebt im roten Kleid zur Trommelmusik durch den Mittelgang – Gottes Liebe und Zärtlichkeit mit allen Sinnen erfahren, darum geht es in diesem Abendgottesdienst am Samstag in der Kölner Kartäuserkirche. Erotik und Lust seien ›keine vom Glauben abgetrennten Sperrbezirke‹, betonte Pfarrer Armin Beuscher, auch wenn es in der Kirche häufig so scheine. Vielmehr seien Beten und Lieben wie zwei Schwestern, die beide gelebt und erfahren werden wollten. Wie Sex lasch und lustlos sein könne, könnten auch Gebete leere Worte sein. ›Vielleicht sollten wir Pfarrer öfter ins Bett gehen, damit unsere Worte lebendig und kräftig und schärfer sind‹, sagt Pfarrer Beuscher und erntet dafür kräftigen Applaus. ... Ein Leben ohne Erotik sei für ihn genauso wenig vorstellbar wie ein Leben ohne Gott, betont er. Denn Gott habe den menschlichen Körper selbst geschaffen und ihm Lebendigkeit und Lust eingehaucht. Der Gottesdienst wolle dazu anregen, diese Lebendigkeit zu spüren, und dazu einladen, die eigenen Fantasien zu entdecken. Deshalb darf ein erotischer Bibelabschnitt aus dem Hohelied der Liebe an diesem Abend natürlich nicht fehlen.

Aber nicht nur Augen und Ohren sind in diesem Gottesdienst gefragt, auch Nase und Haut kommen nicht zu kurz: Helfer verteilen Töpfchen mit duftendem Öl, mit dem sich die Gottesdienstbesucher gegenseitig Gesicht oder Handgelenke salben. Dabei sollen sie einander von Gottes Liebe erzählen. Einige Paare veranlasst das dazu, die gegenseitige Liebe wieder zu entdecken und sich inniglich zu umarmen und zu küssen. andere kichern aus Unsicherheit. Nachdem noch ein Lied gesungen und der Segen gesprochen ist, lädt Pfarrer Beuscher die Gottesdienstbesucher dazu ein, auf nackten Füßen über den roten Teppich im Mittelgang nach draußen zu schreiten und wie Brautleute noch einmal Rosenblätter auf sich herabregnen zu lassen.«

Wir sollten also nicht päpstlicher sein als der Papst, sondern »so leidenschaftlich beten, als wenn wir körperlich lieben würden« und »so unmittelbar und offen lieben, als wenn wir beten würden.« Eros und Glaube sind Geschwister, sie gehören zusammen.

Geht auf eure Felder und in eure Gärten, und ihr werdet lernen,
dass es der Biene ein Vergnügen ist, Honig aus der Blume zu sammeln,
aber es ist auch der Blume ein Vergnügen,
ihren Honig der Biene zu geben.
(Khalil Gibran, 1883-1931)

Zu wenig Sex erzeugt Stress

Mangel an Zärtlichkeit und Sex kann eine Beziehung belasten. Bereits vor über fünfzig Jahren behauptete Wilhelm Reich: »Neurose ist nichts anderes als die Summe aller chronisch automatisierten Bremsungen der natürlichen Sexualerregung.« Dies entspricht auch dem modernen Stand der Forschung: Mehr als ein Drittel der Probanden – 35 Prozent der Frauen und 36 Prozent der Männer – gaben bei einer Studie der Universität Göttingen im Juli 2007 an, Ablenkung zu suchen, wenn sie nur höchstens einmal in der Woche Sex hätten. Der Mangel an Zärtlichkeiten und Beischlaf erzeuge verstärkt Stress, fanden die Forscher des Projekts Theratalk heraus. An der Studie nahmen insgesamt knapp 32 000 Frauen und Männer teil.

Auf lange Sicht führe solch ein Verhalten in eine Sackgasse. »Aus sexuellem Frust werden häufig Verpflichtungen übernommen, die man nur schwer wieder los wird. Zum Beispiel Ämter in einem Verein«, sagt Projektleiter Ragnar Beer. Die dadurch für die Partnerschaft fehlende Zeit wirke sich wiederum negativ auf die sexuelle Zufriedenheit aus. So werde der Zustand oft unbeabsichtigt zementiert, erklärt der Psychologe und Paartherapeut. Menschen mit einem unbefriedigenden Sexleben stürzen sich nach Angaben von Experten oft in Arbeit und andere Aktivitäten, um ihren Frust zu vergessen.

Der Sexualbedarf der einzelnen Menschen ist jedoch sehr unterschiedlich. Bei vielen Geistesarbeitern, Musikern, Schriftstellern, Malern und Meditierenden gelingt die Sublimierung, andere leiden unter zu wenig Sex. Wenn ein Mann oder eine Frau allabendlich zum Gebetskreis geht und sich dann aus religiösen Gründen dem Sex verweigert, dann muss dies keine Anwandlung von Frömmigkeit sein. Möglicherweise ist demjenigen einfach nur die sexuelle Betätigung mit dem anderen zuwider und er sucht Gründe, um dem irgendwie zu entkommen.

Merkmal ist stets der Frust: Ist sexuelle Frustration vorhanden, muss Abhilfe geschaffen werden. Ist einer der beiden Partner an einer gemeinsamen Sexualität nicht interessiert, kann es trotzdem sein, dass die beiden sich lieben. Am besten spricht man miteinander darüber – ohne Vorwürfe. Doch was tun, wenn man gern mit jedem anderen schlafen möchte, nur nicht mit dem eigenen Partner? Die Antwort auf so eine Frage muss ehrlich und zugleich liebevoll sein. Die Bandbreite an Lösungsmöglichkeiten ist weit: Einbeziehung einer Außenbeziehung mit einem Ergänzungspartner, freiwillige Sublimierung oder auch Lösen des Sexfrustes durch gegenseitige Neuentdeckung gehören dazu. Für viele Menschen sind auch Streicheleinheiten wichtiger als Sex. Gemeinsame Meditationen können ebenfalls an seine Stelle treten (spirituelle Vereinigung). Doch nicht jedem reicht das. Wo dauerhaft nicht mehr gestreichelt und gekuschelt wird, sollte man eine Lösung der Beziehung in Erwägung ziehen. Faustregel: Wo (noch) gestreichelt wird, ist Liebe vorhanden. Auch müssen wir uns ins Bewusstsein rufen, dass unsere heutige Zeit nach immer *komplexeren* Antworten verlangt. So manch ein ehemüder Partner ist mit neuem Elan von einer Kuschelparty nach Hause gekommen und auf einmal klappt es auch im Ehebett wieder. Doch auch eine Kuschelparty oder eine Außenbeziehung ist keine Erfolgsgarantie. Loslassen müssen wir auf jeden Fall das starre Bild, die Vorstellung, der andere solle sich zusammenreißen und seinen »ehelichen Pflichten« genügen. Wenn ein Paar wirklich in der Liebe ist, schauen sie sich die Tatsachen an,

ohne einander dafür böse zu sein. Man macht der Sonne ja
auch keinen Vorwurf dafür, dass sie scheint, und dem Regen
nicht dafür, dass es regnet. Man sollte nur ehrlich und um die
Wahrheit bemüht sein. Nachfolgend einige Tipps für eine
erfüllte Sexualität:

- Erfüllter Sex bedeutet nicht, den anderen zu »bedienen«,
  sondern sich zu fragen, wie ich *mich* beim Sex spüren kann.
  Wenn ich dabei nicht erregt bin, weil ich gerade den
  anderen bediene, muss ich mich fragen, ob ich etwas tue,
  was mein Körper gerade nicht tun will. Was würde er
  stattdessen lieber tun? Was unterdrückt er zu sagen? Warum? Aus Angst oder ...?
- Wichtiger ist es, sich selbst zu spüren, als Bedürfnisse zu
  befriedigen. Besser den Partner an sich selbst und seine
  Größe zu erinnern, als ihn einfach nur zu befriedigen.
  Befriedigung ist nicht, was ich mit einem Partner mache,
  wenn ich mit ihm bin, sondern was er mit sich und ich mit
  mir erlebe, wenn wir zusammen sind.
- Erfüllte Sexualität bedeutet, mit sich selbst zu sein und nicht
  mit Neurosen und Ungelöstem.
- Erfüllte Sexualität bedeutet: Ich will jetzt hier sein, ich bin
  offen dafür, hier und jetzt »stattzufinden«.
- Ein guter Partner ist jemand, bei dem ich sexuell »stattfin-
  den« kann, der den Rahmen dafür öffnet. Ein solcher
  Partner kann ich sein.
- Kontrolle ist der Tod von gutem Sex – man kann nicht den
  Partner kontrollieren, aber unkontrollierbar schöne Orgas-
  men haben wollen.
- Weitverbreitet ist die Angst der Männer vor Ablehnung,
  wenn man als sexueller Mann seine Kraft und Macht
  ausbreitet. Manche Männer kommen erst durch heftigen
  Sex in ihre sexuelle Kraft/Kundalini-Kraft. Bin ich so ein
  Mann, muss ich mich fragen: Ist meine Partnerin bereit,

meine Macht und Kraft des Mannes in sich aufzunehmen?
Wie schaffe ich als Mann den Raum dafür?

- Erfüllte Sexualität ist Seva (sanskrit »Gottesdienst«), aber nicht ein den Bedürfnissen dienen, sondern der »großen Göttin«/Urkraft dienen.

- Erfüllte Sexualität ist etwas, das ich als Mann oder Frau geben kann. Viele Menschen erkennen erst, nachdem sie sich entschieden haben, ihre Sexualität als Seva zu geben, wie unendlich die Bedürftigkeit nach dieser Qualität von Erfüllung beim eigenen und beim anderen Geschlecht ist. Die meisten Menschen verdursten an ihrer fehlgeleiteten oder nicht gelebten Sexualität, an dem fehlenden Bezug zum eigenen Eros.

- Gott/Göttin im Liebesakt zu sein ist ein beiderseitiges Sichschenken auf allen Ebenen, da darf man ruhig miteinander geil sein, auch dies kann Göttlichkeit verkraften.

- Erfüllte Sexualität ist Sprache, gegebenenfalls sogar ohne Worte.

- Erfüllte Sexualität ist eine Möglichkeit, ebenso wie das Gebet, mit der Quelle zu verschmelzen; alles, was ich erfahre, steht in Beziehung zu dem Geliebten.

- Erfüllte sexuelle Vereinigung ist ein polarer Tanz, den man miteinander erlebt. Zwei Körper tanzen miteinander. Der eine drückt sich durch Bewegung aus und der andere »antwortet« darauf. Das Ganze hat also nichts mit »Mechanik« zu tun, sondern damit, im Hier und Jetzt auf den eigenen Körper – und den des anderen – tänzerisch zu antworten.

- Viele Menschen fragen sich: Wie bringe ich meinem Partner bei, dass ich dies und jenes sexuell mag? Doch die Frage ist nicht, wie ich es dem anderen beibringe, sondern wie ich es mir beibringe, der Rest klappt dann von allein.

- Bedingungslos zu geben heißt auch, bedingungslos sich selbst zu geben; es heißt nicht, den anderen bedingungslos zu bedienen, sondern bedingungslos *mich selbst* zu geben,

erst dadurch bin ich spürbar. Die Bereitschaft, sich bedingungslos zu geben – ohne etwas zurückzuhalten –, ermöglicht erst erfüllte Sexualität. Mangelndes sexuelles Engagement ist häufig ein Warnzeichen dafür, dass ich (noch)
etwas von mir zurückhalte und deshalb nicht »total« sein
kann. Wenn ich mich in einer Beziehung darauf eingelassen
habe, dem anderen etwas vorzuenthalten, muss ich dringend einen Weg suchen, um aus dieser »Beziehungsfalle«
auszubrechen – lieber bin ich dann todesmutig und stelle
mich dem, als in der Beziehung zu degenerieren.

Im folgenden Kapitel wollen wir uns damit auseinandersetzen,
wie wir uns fühlen, wenn Liebe und Sex gelingen.

Selbst euer Körper kennt sein Erbe
und seine berechtigten Bedürfnisse
und will nicht betrogen sein.
(Khalil Gibran, 1883-1931)

Wie der Körper bei gutem Sex mit dem richtigen Partner reagiert

Nachfolgend erfahren Sie, welche gesundheitsfördernden Wirkungen erfüllte Sexualität hat:

- **Das Küssen stärkt das Immunsystem:** Mit dem Speichel, der beim Küssen ausgetauscht wird, wandern eine Menge Bakterien von einem Partner zum anderen. Diese Bakterien helfen im »neuen« Körper, die Abwehr gegen Infektionen zu stärken.
- **Der Sex ist der beste Stresskiller:** Beim Sex werden im Körper Endorphine (»Glückshormone«) freigesetzt. Sie bewirken, dass wir Alltagsprobleme vergessen können.
- **Sex ist gut fürs Herz:** Kardiologen bestätigen es – Sex ist das beste Herz-Kreislauf-Training. Der Puls wird schneller, der Blutdruck steigt an, mehr Blut wird durch den Körper gepumpt. Mehr lebenswichtiger Sauerstoff gelangt in die Zellen.
- **Sex macht schöne Haare:** Die verstärkte Durchblutung versorgt auch die Haarwurzeln in der Kopfhaut mit mehr Nährstoffen. Die Haare werden deshalb glänzender und gesünder.
- **Sex spart Aspirin:** Streicheleinheiten und Sex lindern Migräne und selbst starke Schmerzen. Die Glückshormone, die produziert werden, wirken auch gegen Disbalancen und Mangelzustände im Körper.

- **Sex schützt vor Prostatakrebs:** Alle Männer sind ab 40 mehr
  oder weniger von dieser Krankheit bedroht. Erfüllte Sexualität reduziert dieses Risiko, wie amerikanische Wissenschaftler herausgefunden haben.
- **Sex macht schlank:** Sex ist die lustvollste Art abzunehmen!
  Zehn Minuten Liebesspiel verbrennen 200 Kalorien, das ist
  so viel wie 30 Minuten Dauerlauf oder 40 Minuten Gymnas-
  tik.
- **Guter Sex sorgt für guten Schlaf:** Nach dem »Liebesspiel« ist
  man glücklich und relaxt. Keiner wälzt sich mehr angespannt im Bett herum. Grund: Nach dem Orgasmus kommt
  die tiefe Entspannung – der Schlaf ist doppelt erholsam.

Der Psychologe John Welwood beschreibt die positive Wirkung
erfüllter Sexualität wie folgt: »Wenn wir lieben, werden wir
präsenter. Wir sind stärker mit uns und unserer Umwelt
verbunden. Lieben heißt füreinander präsent sein!«

Anhand der oben angeführten Kriterien können Sie überprüfen, ob Sie eine erfüllte Sexualität erleben. Wenn Sie sich
beispielsweise nach dem Sex nicht entstresst fühlen oder sich
gar schlaflos im Bett hin- und herwälzen, kann es sein, dass
Ihre sexuelle Begegnung noch erfüllter sein könnte. Ein
sexuelles Tief kann vorübergehen, es kann aber auch ein
Warnhinweis sein, dass auf dieser Ebene etwas zu tun ist. Im
nachfolgenden Kapitel erhalten Sie Informationen darüber,
welche Indizien darauf hindeuten, dass es nun gar nicht passen
will.

Und euer Körper ist die Harfe eurer Seele,
und es ist an euch, süße Musik aus ihm zu locken oder wirre Töne.
(Khalil Gibran, 1883-1931)

Wie der Körper auf den falschen Partner reagiert

Bei Frauen: Frauen reagieren auf Beziehungskrisen anders als Männer. Aus depressiven Stimmungen können sie oft nicht allein heraus und richten Aggressionen gegen sich selbst. Spätestens dann reagiert der Körper mit psychosomatischen Krankheiten bis hin zu Rheuma und Krebs. Typisch: Entzündung der Nasennebenhöhlen oder Blasenentzündung ohne körperliche Ursache. Die Anfälligkeit für Infektionen ist deutlich erhöht. Wieder andere entwickeln eine Fress-Sucht und Frustessen und Ärger lassen die Blutfette ansteigen. In der Gallenblase verklumpt sich Cholesterin zu Gallensteinen. Oft geht der Frust auch durch die Haut. Folge: Ekzeme, Allergien, Akne, Schuppenflechte.

Bei Männern: Männer leiden meist unter Rückenschmerzen bis hin zu Bandscheibenvorfall und Appetitlosigkeit. Auch Männer bekommen Migräne, etwa bei mangelnder Konfliktfähigkeit. Dazu kommen zerstörerische Autoaggressionen wie beispielsweise verstärkter Alkoholkonsum und maßloser Nikotingenuss. Sie bekommen Magenprobleme, weil sie Emotionen runterschlucken. Das kann sogar zu Herzneurosen führen – sie haben Angst, einen Herzinfarkt zu erleiden. Das muss aber nicht bedeuten, dass sie tatsächlich organisch gefährdet sind. Die Schmerzen, die sie in der linken Brust fühlen, sind Beziehungsprobleme, die sie aus ihrem Kopf ins Herz verdrängen. [15]

Die Unterschiedlichkeit von Mann und Frau nach dem Orgasmus

Mann und Frau müssen wissen: Manchmal ein Herz und eine Seele – aber immer zwei Gehirne! Und das hat Folgen für die Liebe. Das Gehirn ist das wichtigste Lustorgan des Menschen, haben Wissenschaftler herausgefunden. Hier entsteht Begehren, hier werden (Lust-)Empfindungen verarbeitet und (un-)befriedigende Erlebnisse mit dem anderen Geschlecht gespeichert. Das Spannende daran: Auch hier herrscht alles andere als nahtlose Übereinstimmung zwischen Mann und Frau.

Der Mann braucht nach dem Orgasmus wirklich Ruhe, seine Hormonproduktion steht vorübergehend auf Baisse. Es ist also kein Mangel an Liebe, wenn er nach dem Sex alles andere als Zärtlichkeit im Kopf hat. Die Frau dagegen steht ausgerechnet jetzt, wo es für ihn vorbei ist, hochgradig unter dem Einfluss des Sexualhormons Oxytocin. Es erzeugt übermächtige Gefühle von Liebe.

Ego-Sex und erfüllter Sex

Das Ego nutzt die Sexualität im Dienst des reinen Abreagierens oder günstigstenfalls, um dem genetischen Imperativ nachzukommen. Unser wahres Wesen nutzt die Sexualität im Dienst des Erwachens. Das Ego ist selbstsüchtig nur am eigenen Vergnügen interessiert. Das ist nicht »schlecht« und wir sollten uns nicht dafür verurteilen, wenn wir spüren, dass uns dies gut tut. Doch wir sollten wissen, dass es auch noch andere Formen gibt. Beide können auch nebeneinander existieren. Die Authentizität und Ehrlichkeit gegenüber sich selbst ist dabei hilfreicher als ein So-tun-als-ob.

Das wahre Wesen ist an Liebe interessiert und daran, im Liebesakt einander zu erkennen, so dass Gott und Göttin einander begegnen. Das Ego behandelt den Partner wie eine Ware und strebt danach, den physischen Körper des anderen lediglich zur Triebabfuhr zu benützen. Das wahre Wesen sieht den Partner als das Ewige selbst, das in diesem Tempel (Körper) verkörpert ist, das Ego hat nur eine physische Vorstellung. Es ist Opfer seiner Begierden, Sinne, Gedanken, Emotionen, körperlichen Empfindungen und sexuellen Energien. Der Geist ist der Meister all dieser Aspekte des Selbst und nutzt sie im Dienste des Erkennens und Erwachens.

Das Ego leitet alle sexuelle Energie durch das zweite Chakra und denkt, dies sei alles, was es gäbe. Das wahre Wesen erkennt die Sexualenergie einfach als eine Oktave innerhalb des Chakrensystems und strebt danach, diese Energie durch das Chakrensystem nach oben zu lenken und sie auch für Kreativität, Vitalisierung, Liebe, Mitgefühl, Meditation, Shakti, Erleuchtung und Verwirklichung zu verwenden.

Das Ego ist besessen von der Sexualität und betrachtet jeden Menschen aus diesem Blickwinkel. Das wahre Wesen kann diesen Blickwinkel einnehmen, sieht aber vor allem in allen Menschen zuerst das ewige Selbst und eine Inkarnation der

Einen Kraft. Das Ego verwendet die Kundalinienergie ausschließlich zur Triebabfuhr und strebt nur nach Orgasmen auf der Ebene des zweiten Chakras. Das wahre Wesen erfährt durch tantrische Praktiken Orgasmen auf allen sieben Ebenen oder Chakren. Das Ego betrachtet die Sexualität als das Allerwichtigste im Leben und wird wankelmütig, verärgert, zornig und gereizt, wenn es nicht bekommt, was es möchte.

Das wahre Wesen kennt zwar Vorlieben, aber keine Bindungen, erst recht keine Abhängigkeiten, und verbleibt daher in einem Zustand der Freude, des Friedens und des Gleichmuts, egal was geschieht.

Das Ego kann ohne Sexualität nicht glücklich sein. Die Freude des Geistes beruht auf einer Geisteshaltung und hat nichts mit Sexualität zu tun. Das wahre Wesen kann die Enthaltsamkeit als Alternative leben oder auch nicht, für das wahre Wesen ist Sexualität ein Dienst an der Liebe, während das Ego aufgrund der Anziehungskraft des Körpers und des sexuellen Drängens laufend sexuelle Beziehungen sucht.

Es ist auch wichtig zu verstehen, dass man mit dem Bewusstseinszustand, den man beim Geschlechtsverkehr hat, die Zellinformationen im Körper seines Partners mehr oder weniger stark prägt. Mit anderen Worten, der Mann implantiert nicht nur seinen Samen in die Frau, sondern auch noch die Lustmechanismen. So laufen wir dann mit progammierten weiblichen oder männlichen Geschlechtsorganen herum, ohne zu wissen, in welchem Ausmaß diese Programmierungen die Wahl unserer Partner und die Qualität unseres Liebeslebens beeinflussen. Durch therapeuthische Lingam-Yoni-Massage können Fehlprogrammierungen, Traumata etc. in den Genitalien gelöst, Lingam und Yoni geheilt werden.[17] Noch einmal ist zu betonen, dass wir uns stets dort abholen müssen, wo wir stehen. Wenn aus Angst, einmal »unheilig« zu sein, das Animalische in uns verdrängt wird, ist die Gefahr der Krankheit gegeben. Letztendlich möchte das Animalische in uns bei der Hand genommen und weiterentwickelt werden. Indem wir uns mit unserer Sexualität lieben, »wie sie ist«, und zugleich wissen, dass es da noch mehr gibt, entwickelt sich von allein ein Weg in eine erlöste Sexualität hinein. Was in uns ist, möchte herausgeliebt werden – und dies verträgt sich nicht mit Verdrängung.

Zum erfüllten Sex gehört auch, dass er nicht als Mittel zur Manipulation missbraucht wird nach dem Motto »Nur wenn du brav bist, gibt es Sex!« Wie Paartherapeut Arnold Lazarus zutreffend beschreibt, ist Sex als Waffe, um den Partner zu manipulieren, ein Fallstrick der Liebe. [18]

Ein weiteres Thema ist fehlende sexuelle Betätigung. Eine Zeitlang ist das durchaus normal, zum Beispiel nach der Geburt eines Kindes. Aber häufig wird zumindest einer unzufrieden. In dem Fall vereinbaren Sie eine festgelegte Zeit, etwa eine Woche lang nicht miteinander zu schlafen. Dadurch fällt der Erwartungsdruck weg, dass sich etwas ereignen müsse. Oft reicht das schon, um die Erotik neu zu beleben. Wenn nicht, sollten Sie liebevoll (!) prüfen, was los ist. Hier helfen unter anderem »Zwie-Gespräche« (siehe Seite 236ff.), wobei es wichtig ist, dass bisher Ungesagtes gesagt werden darf, ohne dass der Betreffende deswegen »bestraft« wird.

Sexualität aus dem wahren Selbst heraus zu erleben kann durchaus mit sehr viel Kraft und Leidenschaft verbunden sein, wie der Sinnspruch zu Beginn des folgenden Kapitels dokumentiert, es ist jedoch etwas, das *durch* uns geschieht, sobald die *Bedingungen* dafür geschaffen sind, nicht etwas, das von einem Ich oder gar von Willenskraft ausgeht, dies ist der wesentliche Unterschied.

Zu Beginn der sexuellen Vereinigung
richte deine Aufmerksamkeit auf das anfängliche Feuer
und verharre darin, um die Gluthitze des Endes zu vermeiden.

(aus dem Tantra)

Der Sex-Muskel: Die ganze Nacht Liebe

Der Wunschtraum vieler Männer ist Sex die ganze Nacht. *Er* steht seinen Mann, solange *sie* kann. Es gibt mittlerweile mehrere Wege zur Realisierung dieses Wunders.

Eine Variante: Mann lernt, einen bestimmten Muskel zu beherrschen, den die meisten Männer nicht kennen. Der Liebesmuskel (Name: Pubococcygeus) erstreckt sich vom Schambein bis zum Steiß. Er kontrolliert das Harnlassen und die sexuellen Höhepunkte. Es ist wie ein »Sex-Bizeps«, den man trainieren kann.

- **Erste Übung:** Lernen Sie den Muskel zu orten. Stellen Sie sich dafür vor, dass Sie Wasser lassen und versuchen, den Strahl anzuhalten. Jetzt spüren Sie, wo der Muskel sitzt.
- **Zweite Übung:** Spannen Sie den Muskel in kurzen Abständen 20-mal an, mindestens dreimal am Tag.
- **Dritte Übung:** 20-mal schnelles An- und Entspannen des Muskels, 10-mal langsame Kontraktionen. Dann den Muskel fünf Sekunden lang angespannt lassen. Lösen Sie die Spannung langsam, lassen Sie sich auch dafür nochmals fünf Sekunden Zeit.

Tipp: Halten Sie durch. Wer das Selbsttraining durchhält, macht im Ernstfall nicht mehr schlapp.

Auch wer keine Lust auf diese Training hat, kann seine Ejakulation zurückhalten. Die Kunst liegt ganz einfach darin, während des Liebesakts bewusst im Hier und Jetzt zu sein, weder voranzueilen noch in irgendwelche Bilder oder Gedanken abzudriften. Fühlen Sie, was Sie fühlen. Sorgen Sie dafür, dass Sie Sex nicht »machen«, sondern erlauben Sie den Körpern auszudrücken, was sie ausdrücken wollen. Wenn die ersten fünf Minuten überstanden sind und Ihre Aufmerksamkeit bewusst im Penis ist, wird es Ihnen von Minute zu Minute immer leichter fallen, den Ejakulationsdrang zurückzuhalten.

Übrigens ist ein erigierter Penis nicht Voraussetzung für einen geglückten Liebesakt. Dem Australier Barry Long verdanken wir den Ausdruck »weiche Penetration«. Beim »stillen Liebemachen« (sofern die Yoni/Vagina genug erregt ist, um ihn aufzunehmen) ruht der Penis in der Yoni, ohne zu stoßen. Beobachtet werden in dem Fall die subtilen Ströme zwischen Lingam und Yoni. Bedenken Sie in dem Zusammenhang, dass der Penis ein »Liebesorgan« ist und kein reines »Stoßorgan«, dass er *rundum* fühlen kann und nicht nur vorn und dass für den sensitiven Liebhaber feinste energetische Ströme spürbar sind, wenn man einfach nur »eingestöpselt« beisammen liegt. Der tantrische Liebesakt ist keine Turnübung und keine Frage der Leistung. Er ist am ehesten mit dem Beten vergleichbar, einem gelebten Körpergebet zu zweit.

Manche Menschen wissen nicht...

Manche Menschen wissen nicht,
Wie wichtig es ist, dass sie da sind.
Manche Menschen wissen nicht,
wie gut es ist, sie nur zu sehen.
Manche Menschen wissen nicht,
wie tröstlich ihr gütiges Lächeln wirkt.
Manche Menschen wissen nicht,
wie wohltuend ihre Nähe ist.
Manche Menschen wissen nicht,
wie viel ärmer wir ohne sie wären.
Manche Menschen wissen nicht,
dass sie ein Geschenk des Himmels sind.
Sie wüssten es,
würden wir es ihnen sagen.

V.
EINE FESTE BEZIEHUNG EINGEHEN

Heiraten heißt,
das Möglichste zu tun,
um einander zum Ekel zu werden.
(Arthur Schopenhauer, 1788-1860)

Wie merkt man, dass man »reif« ist?

Die Wochenendpartys, früher ungeheuer aufregend, gehen
Ihnen allmählich auf die Nerven. Sie sind es leid, sich zu
fragen, was Sie am nächsten Samstag oder im Urlaub unternehmen wollen. Sie spüren das Bedürfnis, zu wissen, wohin Sie
gehören. Sie haben keine Lust mehr, jeden Morgen aus einer
anderen Richtung zur Arbeit zu gehen. Auch Ihre Freunde
sind in festen Bindungen und Sie fühlen sich dabei immer
öfter wie das fünfte Rad am Wagen. Selbst Ihre Liebe zum
Sport erfüllt Sie nicht mehr so wie früher und die Abende
erscheinen Ihnen immer weniger als Gelegenheit zu einem
neuen Abenteuer. Allmählich lösen Sie sich von Ihrem Freundeskreis und spüren, dass es Zeit für etwas Neues ist.
     Plötzlich interessieren Sie sich für potenzielle Partner, prü-
fen, ob er oder sie infrage käme. Sie bringen Ihre Affäre mit
Herrn oder Frau »Hoffnungslos« hinter sich und fangen an,
Menschen um sich herum wahrzunehmen, die ebenfalls bereit
sind. Wenn das geschieht, wissen Sie, dass Sie »reif« sind.
Natürlich können Sie dem jetzt noch entgehen, indem Sie die
Möglichkeit wählen, sich immer wieder zu verlieben. Allerdings vermeiden Sie so Ihre Reifung und Entwicklung.
     Viel glauben, dass man es einfach »weiß«, wenn man dem
oder der Richtigen begegnet, ob man wirklich liebt oder ob
man für eine Ehe bereit ist. Man erwartet, dass es erst gar
keinen Zweifel gibt, sonst stimmt es nicht. Aber so ist es eher
selten. In Wirklichkeit heiraten wir aus vielerlei Gründen und
die Frage nach dem Warum ist vielen unbequem.

Es genügt auch nicht, jemanden zu lieben, um ihn zu heiraten, man muss wirklich verheiratet sein *wollen.* Dazu gehört viel Reife und die erlangt man nur Schritt für Schritt. So wie man jemanden auch nur allmählich kennenlernt.

Prüfen Sie einmal sorgfältig, ob Sie für die Ehe wirklich bereit sind – möglichst vorher. Und wenn Sie bereits verheiratet sein sollten, prüfen Sie es trotzdem, vielleicht sind Sie ja ein verheirateter Junggeselle oder eine verheiratete Femme fatale? Sind Sie verheiratet und Ihre Ehe ist unbefriedigend, kann es auch einfach daran liegen, dass Sie im Grunde nicht wirklich verheiratet sein *wollen.* In dem Fall ist zu prüfen, ob ein wenig mehr Freiheit in Ihrem Lebenswandel Ihrer Ehemüdigkeit abhilft – oder ob Sie eventuell gar nicht für eine langfristige Beziehung geschaffen sind (auch das kommt vor und ist völlig in Ordnung).

Bereitschaft ist ein wichtiger Entwicklungsfaktor. Jeder verfügt über ein inneres Timing, wann er wofür bereit ist. Diese Bereitschaft aber ist entscheidend. Manche stellen zu bestimmten Geburtstagen fest, dass sie sie noch immer nicht erreicht haben. Wenn ein Mann beim vierzigsten Geburtstag merkt, dass er immer noch Junggeselle ist, muss er kein hoffnungsloser Fall sein, es kann immer noch werden, falls sich seine Werte und Prioritäten ändern.

Die eine Frau heiratet mit achtzehn, lebt mit ihrem Mann weiter im Hause der Eltern und erwägt nicht einmal die Möglichkeit einer eigenen Entscheidung, bevor sie Witwe ist. Eine andere studiert Medizin, eröffnet eine Praxis und verschwendet vor ihrem dreißigsten Geburtstag überhaupt keinen Gedanken an einen passenden Mann. Wer von beiden ist nun reifer? Reife äußert sich bei jedem anders. Wenn Sie noch nicht für eine feste Bindung reif sind, erleben Sie vermutlich immer wieder, dass Sie an den Falschen, die Falsche geraten. Verlieben sich nur in Partner, die noch verheiratet sind oder ledig bleiben wollen.

Die Entwicklung einer Beziehung

Die Wirklichkeit sieht anders aus, als es im Liebesfilm gezeigt wird, wo von einem Moment auf den anderen durch einen einzigen Blick ein Märchen von ewiger Leidenschaft und unwandelbarer Treue Wirklichkeit wird, eingeleitet durch eine zauberhafte und fantasievolle Verführung. Unsere Fantasie ist eine wunderbare Quelle von Inspiration und ein Tagtraum kann sehr erfüllend sein – aber es ist eben nur ein Traum. Wenn Sie ihn verwirklichen wollen, müssen Sie aufwachen.

Manchmal ist die Wirklichkeit so anders, dass Sie den Anfang einer vielversprechenden Beziehung oft gar nicht erkennen.

Es geht also nicht um die Ideale, sondern um die tatsächliche Beziehung, um die Hindernisse, die ihr im Weg stehen, und um die schönen und weniger schönen Methoden, diese Hindernisse zu beseitigen. Dazu muss man mit den Gesetzmäßigkeiten einer Partnerschaft vertraut sein. Denn wenn zwei Menschen sich begegnen, folgen sie Regeln. Alles, was sie erleben, haben Millionen vor ihnen schon erlebt und es geschah nach denselben Gesetzmäßigkeiten. Das Ritual der Entwicklung einer Beziehung zwischen zwei Menschen ist so alt wie die Menschheit. Die Schritte auf dem Weg sind ebenso vorhersehbar wie die Hindernisse und Schwierigkeiten. Wohl dem, der darauf wirklich vorbereitet ist. Er kann die meisten Probleme lösen, bevor sie überhaupt entstehen, vorausgesetzt er weiß, was da auf ihn zukommt.

Wir haben uns im 3. Kapitel ausgiebig mit der Vorentwicklung einer Beziehung, von der Visualisation bis zum Durchstehen der Ambivalenz beschäftigt. Das 4. Kapitel hat uns die Themen von körperlicher Intimität nahe gebracht. Wenn die Phase der Ambivalenz durchgestanden ist und auch die Sexualität sich als für beide Partner beglückend erwiesen hat, ist die Beziehung nun bereit, in die Dauer zu gehen. Hier müssen einige Dinge beachtet werden, denn eine gemeinsame Romanze und auch erfüllte Sexualität sind noch keine Garantie dafür, dass es beim Zusammenleben tatsächlich klappt.

Die Entwicklung einer Beziehung vom ersten Blick bis zur Vorstellung in der Familie folgt einem ziemlich festgelegten Ritual, in dem beiden eine bestimmte Rolle zufällt. Es sind klassischerweise 3 oder 4 Teile, wobei heutzutage auch gelegentlich Part 2 und 3 in umgekehrter Reihenfolge durchlaufen werden:

1. die Begegnung bis zur Entscheidung für diese Beziehung
2. die Einführung in die Familie bis zur Heirat
3. die gemeinsame Wohnung und die Lösung der Schwierigkeiten im Zusammenleben
4. falls es auseinandergehen sollte: die Kunst der Trennung/ Lösung

Obwohl man sich schon für eine Beziehung entschieden hat, kommt es auch später noch einmal zu widersprüchlichen Gefühlen. Sie mögen den anderen, aber er will sich jeden Tag mit Ihnen treffen, alles gemeinsam unternehmen und Sie fühlen sich vereinnahmt. Oder sie sagt, zum Geburtstag sollten wir unsere Verlobung bekannt geben oder uns trennen. Er kommt mit einem wunderschönen Verlobungsring und sie bekommt Angst. Er erscheint ihr auf einmal so fremd und sie sitzt in der Falle.

Oder er ist in ihr seiner Traumfrau begegnet. Alles stimmt und er ist im siebten Himmel. Ihrer Familie ist er sympathisch und die eigene Familie ist auch von ihr begeistert. Plötzlich sieht er die vielen schönen Frauen, die er wegen einer aufgibt, und hat Angst. Männer wollen Sicherheit *und* Freiheit. Nähe, Wärme, Liebe aus einer sicheren unversiegbaren Quelle, aber ebenso Abstand und Freiheit. Viele Männer wollen eine Partnerin, die Verständnis für ihren Freiheitsdrang hat und sie

nicht einkastelt, aber trotzdem den Fokus auf der Verbundenheit hält.

Wird sie schwanger, zeigt sich, ob der Mann zu ihr steht.
Statistiken legen nahe, dass viele Frauen, die abgetrieben
haben, das nicht getan hätten, hätten sie gespürt, dass der
Mann sich für sie und das Kind entscheidet und freiwillig und
gern dazu steht. Selbst wenn er zu dem Kind ja sagt, lastet auf
beiden die Ungewissheit, ob die Heirat auch so klar gewesen
wäre, wenn das Kind nicht gekommen wäre. War es nun
wirklich Liebe oder doch Zwang? Wie würden Sie reagieren…

- wenn der Mietvertrag ausläuft und der Partner fragt: »Soll
  ich verlängern oder bei dir einziehen?«
- wenn er fragt: »Ich muss beruflich in eine andere Stadt
  umziehen, kommst du mit?«
- wenn sie sagt: »Meine Mutter ist sehr krank und möchte
  unsere Hochzeit noch erleben!«

In jeder Beziehung gibt es Plateaus und Stufen. Stufen sind
Entwicklungsschritte in eine gemeinsame Richtung. Wenn
eine Stufe verweigert wird, kann es sein, dass das Plateau auf
die Dauer zu langweilig wird und die Beziehung auseinander-
fällt. Natürlich gibt es auch geringfügige Steigungen, in denen
das Paar jeden Tag kleine Schritte macht, oder Rolltreppen, in
denen die Beziehung sich scheinbar von selbst weiterentwickelt. Doch wann immer eine Stufe ansteht, bedeutet das eine
Entscheidung. Eine solche Stufe ist beispielsweise das Zusammenziehen und/oder das Bekenntnis zu einer verbindlichen
Beziehung. So eine Stufe sollte nicht vorschnell genommen,
aber auch nicht weggedrängt werden. Gegebenenfalls sollte
man sich fragen, was noch fehlt, damit so eine Stufe erklom-
men werden kann – oder, falls man erkennt, dass kein gemeinsames Potenzial und kein Sinn mehr da ist, sich trennen.

Nichts ist nervender
als lebenslange Haft zu zweit.
(Unbekannt)

Warum verpflichten sich zwei Menschen zu einer festen Partnerschaft?

Zwei Menschen verlieben sich ineinander und wollen heiraten. Keiner kennt den anderen. Sie kennen nicht einmal sich selbst. Aber jeder hat eine ganz bestimmte Vorstellung vom anderen und natürlich auch ganz bestimmte Erwartungen.

Man heiratet aus den seltsamsten Gründen. Er heiratet sie, weil sie ihn erregt, weil er sie »ganz für sich« haben möchte, weil er sich bei ihr so ganz als Mann fühlt. Er will umsorgt werden, nicht mehr aufräumen müssen. Sie soll zärtlich sein und ihm ein Zuhause geben. Ob sie kochen oder mit Geld umgehen kann, wissen nur wenige vorher.

Frauen sind da schon realistischer. Sie heiratet ihn, weil er ein angenehmer Gesellschafter ist und ihr Sicherheit gibt. Weil sie eine eigene Familie und Kinder haben will. Weil sie sich anlehnen und beschützt werden will. Sie erkennt viel deutlicher und klarer als der Mann die Ecken und Kanten des anderen, denkt sich aber: »Den biege ich mir mit der Zeit schon zurecht«. Und damit sind auch die Konflikte vorprogrammiert, denn die eine Sorte Mann lässt sich zwar zurechtbiegen, ist aber dann kein Mann mehr – und die andere lässt sich nicht zurechtbiegen und der »Geschlechterkampf«, der eigentlich ein Ego-Kampf ist, droht.

Der »innere Grund« für eine Bindung ist die Sehnsucht, wieder in die Einheit zu kommen und damit in die Wirklichkeit. Beide aber meinen gar nicht den anderen, sondern ihre

Vorstellung von ihm, ihr Wunschbild – einen Traum, der oft genug zum Alptraum wird.

Mit der Zeit lernt man dann wenigstens die Erwartungen und Wünsche des anderen kennen und wenn man ihn wirklich gern hat, versucht man sie zu erfüllen, um seinem Bild zu entsprechen. Dadurch aber entfernt man sich leicht von sich selbst. Und außerdem kann man gar nicht allen Erwartungen gerecht werden, mag man sich noch so viel bemühen. Und so ist die »Ent-Täuschung« bei beiden vorprogrammiert. Man spielt eine Rolle und verhindert damit, dass man einander wirklich begegnet. Zwei Rollen leben miteinander, falls man das miteinander nennen kann. Man selbst wird dabei immer unzufriedener und sucht vielleicht die Erfüllung bei einem anderen Partner und das Spiel beginnt von vorn.

Ganz selten nur setzen sich zwei wirklich zusammen, ziehen ehrlich Bilanz und fangen noch einmal ganz von vorn an. Dann und nur dann findet sich auch ein gemeinsamer Weg, können sie wirklich aneinander und miteinander wachsen und reifen. Einige ehrliche Fragen, ehe Sie das Spiel beginnen, führen zur Offenlegung :

- Warum will ich in einer Partnerschaft sein?
- Warum suche ich einen Partner und warum will ich nicht allein bleiben?
- Warum habe ich Angst vor einer Partnerschaft?
- Welche Vorstellung habe ich von einer idealen Partnerschaft?
- Warum will ich gerade dich als Partner?
- Was ist für uns wichtiger: einander zu kontrollieren oder uns selbst zu ändern?
- Will ich dich als Partner besiegen oder gewinnen?
- Welche Hindernisse stehen unserem Glück am meisten im Weg?
- Sind wir entschlossen, sie gemeinsam zu meistern? Auch dann, wenn auf diesem Weg das eine oder andere Spiel verloren geht?

- Sind wir bereit loszulassen bzw. mehr Raum zu lassen, wenn unsere Beziehung dies erfordert, oder rufen wir dann gleich nach Trennung?
- Wie bereiten wir uns jetzt schon auf solche Krisen und ihre Bewältigung vor? Mit welchen Vorsätzen sind wir für die erste Krise im Zusammenleben gewappnet?

Fragen Sie sich auch:

1. Mit welcher Haltung gehe ich in die Auseinandersetzung?
   - »Wenn ich nicht gewinnen kann, dann flüchte ich eben.«
   - »Ich gebe nach, um Streit zu vermeiden.«
   - »Wenn wir die erste Krise gemeinsam lösen, lernen wir vielleicht, die nächste zu vermeiden.«
2. Welche Ausrede fällt Ihnen spontan ein, wenn Sie nicht bereit sind, über ein Problem zu reden, obwohl Sie genau wissen, dass Sie es tun sollten?
3. Welche Probleme löst die Liebe in Ihrer Partnerschaft und welche löst sie keinesfalls?
4. Was muss sich ändern, damit Sie wirklich erfüllt und mit Ihrem Partner dauerhaft glücklich sind?

Einander kennenlernen heißt zu erkennen,
wie fremd man einander ist.
(Christian Morgenstern, 1871-1914)

Falsche Erwartungen loslassen, realistisch hinschauen

Wenn zwei Menschen wirklich wollen, dass ihre Beziehung hält, werden sie auch einen Weg dahin finden. Also sollten sich beide *vorher* fragen: »Wollen wir wirklich?«

Wichtig ist es auch, die Erwartungen und Hoffnungen zu prüfen. Sind sie unrealistisch, hat die Beziehung keine Chance. Das ist schon am Anfang zu erkennen. Wir haben heute sehr viel höhere Erwartungen an eine Beziehung, als das früher der Fall war. Diese Erwartungen sind ein Hauptgrund für den Beginn der Beziehung, aber auch für deren Scheitern. Gelingt es Ihnen aber, sich Ihrer Erwartungen bewusst zu sein, Gefühle und Bedürfnisse wahrzunehmen und auszutauschen und letztendlich einen gemeinsamen Nenner zu finden, kommt es zu inniger Vertrautheit und damit zu einer sicheren Basis für eine gute, dauerhafte Beziehung.

Indem Sie Ihre Erwartungen aussprechen, erfahren Sie etwas über die Dinge, die dem anderen wichtig sind. Machen Sie sich bewusst, *was* Sie von der Beziehung, vom anderen erhoffen. Nehmen Sie wahr, was Sie fühlen und was Sie brauchen. Erst wenn *Sie* Ihre Bedürfnisse kennen, hat das Leben (und auch der andere) eine Chance, sie zu erfüllen.

Eine häufige Ursache für Probleme ist der Versuch, den anderen zu ändern, ein Versuch, der *immer* mit einer Enttäuschung endet, oft auf beiden Seiten. Ein Witz sagt: »Frauen hoffen immer, dass sich Männer mit der Zeit ändern, aber das tun sie nie. Und Männer hoffen, dass sich Frauen nie ändern, aber das tun sie doch.« Ist Ihre Beziehung aber auch flexibel genug, um sowohl innige Nähe als auch genügend Freiheit und Individualität zu bieten?

Wir heiraten »aus Liebe«, trennen uns, weil wir den anderen »nicht mehr lieben«, trauern dann später der »verlorenen Liebe« nach und leiden darunter. Aber kaum einer weiß, was Liebe eigentlich ist, woran man merkt, dass sie präsent ist, und was eigentlich fehlt, wenn sie nicht mehr da ist.

Wollen wir der wahren Liebe begegnen, sollten wir sie erst einmal von der »romantischen Liebe« unterscheiden lernen. Wir sollten uns bewusst machen, was wir am anderen schätzen und was für uns das Wertvolle an unserer Beziehung ist. Daran erkennen Sie, ob die Voraussetzungen ausreichen, um sich verbindlich aufeinander einzulassen.

Viele Menschen schätzen eine echte Beziehung, wissen aber nur wenig darüber, wie man sie erreicht und sie bewahrt, wenn man sie hat. Eine Bedingung dafür ist, in Freiheit miteinander zu leben. Dazu gehört, einander aus den gegenseitigen Erwartungen und Vorstellungen komplett zu entlassen und einander darin zu bestärken, so zu sein wie man *ist.* Loslassen sollten Sie auch das Recht-haben-Wollen, weil es völlig unerheblich ist, wer recht hat. Viel wichtiger ist, ob beide erfolgreich mit Konflikten umgehen können. Die Unterschiede können noch so groß sein, wenn Sie flexibel sind, findet sich ein Weg zur gemeinsamen Erfüllung.

Liste: Meine persönlichen Werte und die meines Partners

Aufgabe: Wählen Sie aus der nachstehenden Liste die zehn für Sie wichtigsten Werte aus (ohne die Rangfolge zu bewerten):

- Abenteuer
- Achtung
- Alleinsein
- Anerkennung
- Arbeit
- Auffassungsgabe
- Ausgeglichenheit
- Begeisterung
- Behaglichkeit
- Beziehungen
- Bildung
- Charisma
- Dankbarkeit
- Demokratie
- der Beste sein
- Distanz
- Disziplin
- Ebenbürtigkeit
- Ehre
- Ehrlichkeit
- Einfluss
- Entschlossenheit
- Ethik
- etwas in Bewegung bringen
- Familienleben
- finanzieller Gewinn
- Fleiß
- Flexibilität
- Freiheit
- Freundlichkeit
- Freundschaften
- Frieden
- Führung
- Geborgenheit
- Gelassenheit
- Geld
- Gemeinschaft
- Genuss
- Gerechtigkeit
- Geselligkeit
- Gesundheit
- Gleichheit
- gute Laune
- Harmonie
- Herausforderung
- Herkunft
- Hilfsbereitschaft
- Hingabe

- Höflichkeit
- Individualität
- Integrität
- Interessengleichheit
- Intimsphäre
- Intuition
- Karriere
- Kompetenz
- Kontaktfähigkeit
- Kontrolle (über andere)
- Kooperation
- Kreativität
- Kultiviertheit
- Kunst
- Lebensfreude
- Lebenskraft
- Leistung
- Liebe
- Loyalität
- Macht, Autorität
- Marktposition
- Mitgefühl
- Mut
- Natur
- Objektivität
- Öffentlicher Dienst
- Optimismus
- Ordnung
- persönliche Entwicklung,
- Persönlichkeit

- Pünktlichkeit
- Reichtum
- Reinheit
- Religion
- Respekt
- Ruf
- Ruhm
- Sachkenntnis
- Schnelllebigkeit
- Schönheit
- Selbstachtung
- Selbstbewusstsein
- Sexualität
- Sicherheit
- Sparsamkeit
- Spaß
- Spiritualität
- Standort (Örtlichkeit)
- Stärke
- Status
- Toleranz
- Umweltbewusstsein
- Vaterland
- Verantwortung
- Verständnis
- Vertrauen
- Wachstum (persönlich)
- Wahrhaftigkeit
- Wahrheit
- Wechsel, Vielfalt

- Weisheit
- Wettbewerb
- Willenskraft
- Wissen
- Zärtlichkeit
- zeitliche Freiheit

- Zeitlosigkeit
- Zielbewusstsein
- Zufriedenheit
- Zurückgezogenheit
- Zuverlässigkeit

Zusätzliche eigene Werte:

- ...
- ...

2. Aufgabe: Verdichten Sie die Liste auf die *vier* für Sie
   wichtigsten Werte:

...

...

...

...

3. Aufgabe: Bringen Sie Ihre vier Werte in die Reihenfolge
   ihrer Wichtigkeit:

1.

2.

3.

4.

Vergleichen Sie Ihre Werte mit denen Ihres Partners! Sprechen Sie mit ihm darüber, was er erlebt, wenn er Ihre Werte
erfährt, und was Sie erleben, wenn Sie seine Werte erfahren!

Das Geheimnis der Submodalitäten

Jeder Mensch hat einen Sinneskanal, der für ihn besonders wichtig ist. Welcher bei Ihnen entscheidend ist, finden Sie heraus, wenn Sie sich vorstellen, Sie müssten in Ihrer zukünftigen Beziehung auf einen Sinneskanal verzichten:

- Nehmen wir einmal an, Ihr zukünftiger Partner würde sich nie mehr attraktiv für Sie anziehen, seine Figur vernachlässigen oder
- er würde nie mehr auf die Wahl seiner Worte und den Klang seiner Stimme achten oder
- er würde nicht mehr so einfühlsam streicheln und Sie berühren wie momentan?

Worauf könnten Sie am ehesten verzichten? Daran erkennen Sie Ihren bevorzugten Sinneskanal. Es gibt auch Menschen, für die sind alle drei Sinneskanäle sehr wichtig, doch es wird stets einen geben, der »die Tresortüre öffnet«. Für einige ist all dies unwichtig, wenn nur die »seelische Zusammengehörigkeit« spürbar ist oder man ein gemeinsames Ziel und gleiche Interessen hat.

Übung: Die nachfolgenden Fragen helfen Ihnen, Ihre eigene »Liebesempfindung« noch weiter zu differenzieren. Fragen Sie sich einmal:

- Können Sie sich an eine Zeit erinnern, in der Sie sich geliebt fühlten?
- Können Sie sich an eine ganz bestimmte Situation erinnern?
- Wenn Sie in Gedanken in diese Situation zurückgehen und sie wieder erleben...(Sie induzieren den Zustand) – was könnte Ihr Partner tun, damit Sie dieses tiefe Gefühl der Liebe spüren? (Müsste er Sie ausführen, beschenken, auf

eine ganz bestimmte Art und Weise ansehen, anfassen, ansprechen,…?)
- Ist es für Sie unerlässlich, dass Ihr Partner Ihnen seine Liebe auf genau diese Weise *zeigt*, damit Sie sich geliebt fühlen?
- Ist es für Sie unerlässlich, um dieses tiefe Gefühl von Liebe zu verspüren, dass Ihr Partner Ihnen auf eine ganz bestimmte Weise *sagt*, dass er Sie liebt?
- Ist es für unerlässlich, um dieses tiefe Gefühl von Liebe zu spüren, dass Ihr Partner Sie auf eine ganz bestimmte Weise *berührt*?

Anschließend sollten Sie Ihre individuelle Liebesstrategie noch differenzierter wahrnehmen. Sie unterscheidet sich in einer Hinsicht ganz entscheidend von den meisten anderen Strategien. Es genügt oft eine Berührung, ein Wort oder ein Blick, um Ihnen das Gefühl zu geben, dass Sie geliebt werden. So wie eine Sinnesmodalität häufig dominiert, so kann eine ganz bestimmte Art, Liebe auszudrücken, Ihnen augenblicklich das Gefühl vermitteln, geliebt zu werden. Machen Sie sich das bewusst und wenn möglich – vermitteln Sie es Ihrem Partner.

Sie erkennen durch diesen Test, ob Sie selbst eher visuell, auditiv oder kinesthetisch (fühlend) veranlagt sind, doch Sie wissen damit noch nichts über die »Liebesstrategie« Ihres Partners.

Wie entdecken Sie die unbewusste Liebesstrategie einer anderen Person, das heißt die innere Strategie seines Körpersystems, um Liebesempfindungen in sich herzustellen? Ganz einfach, falls der andere dazu bereit ist: Sie versetzen die betreffende Person in den Zustand, für den Sie die Strategie herausbekommen möchten. Der Zustand ist die Kraft, die alles in Gang setzt. Fragen Sie die Person (Ihren Partner oder zukünftigen Partner): »Kannst du dich an eine konkrete Situation erinnern, in der du dich geliebt gefühlt hast? Versetze dich in diese Situation zurück. Erinnere dich, wie du dich

gefühlt hast. Erlebe noch einmal diese Gefühle in deinem Körper.«
Der andere ist also nun in dem gewünschten Zustand. Als Nächstes müssen Sie ihm seine Strategie entlocken. Fragen Sie: »Wenn du dich an diese Situation erinnerst und diese tiefen Gefühle der Liebe wieder spürst, war es damals für dich unerlässlich, dass dir jemand seine Liebe zeigt, indem er dir Dinge kauft, mit dir ausgeht oder dich auf eine ganz bestimmte Weise ansieht, damit du dich geliebt fühlst?« Achten Sie darauf, wie kongruent die Antwort ist. Bringen Sie den anderen dann wieder in den Zustand: »Denke an die Zeit, als du dich geliebt fühltest.« Fahren Sie dann fort: »Ist es für dich, um dieses tiefe Gefühl der Liebe zu spüren, unerlässlich, dass jemand dich auf eine bestimmte Weise *berührt?*«

Nachdem Sie das Grobraster geklärt haben, die dieses Gefühl in der Person bewirken, finden Sie die Feinheiten (man nennt dies auch »die besonderen Submodalitäten«) heraus. Fragen Sie zum Beispiel: » *Wie genau* muss jemand dich berühren, *was genau* muss er dir sagen, *wie genau* muss er sich präsentieren, damit du das Gefühl hast, geliebt zu werden?« Lassen Sie es sich sagen, zeigen, vormachen. Und überprüfen Sie es dann. Berühren Sie ihn auf die gleiche Weise. Wenn Sie die genaue Art der Berührung getroffen haben, werden Sie sofort eine Zustandsveränderung bemerken.

Für jeden von uns gibt es einen ganz bestimmten Blick, eine ganz bestimmte Art der Berührung, einen ganz bestimmten Tonfall, in dem jemand »Ich liebe dich« sagt – auf die wir sofort ansprechen. Die meisten wissen vorher nicht, was es ist. Aber in diesem Zustand können wir herausfinden, was uns das Gefühl gibt, geliebt zu werden.

Genauso können Sie übrigens auch verfahren, wenn Sie herausfinden wollen, auf welche Submodalitäten Ihr Partner *sexuell* reagiert. Es kann sein, dass Sie ihn stundenlang streicheln, ohne dass sich etwas tut. Dabei würde es ihn wesentlich mehr erregen, wenn Sie sich attraktiv kleiden, regelmäßig unter das Solarium gehen, auf Ihre Figur achten, wenn Sie ihn in einer ganz bestimmten Tonlage ansprechen... Wenn Sie einander vertrauen, machen Sie sich die Mühe, dies herauszufinden.

Es spielt keine Rolle, ob der andere dann später mit Ihnen unter lauter Fremden ist, wenn Sie seine »Liebesstrategien« durchgehen, ihn auf die besondere Art und Weise anfassen, ansprechen oder ansehen, dann schmilzt er dahin, denn sein Gehirn empfängt genau das Signal, welches das »Empfinden« des Geliebtseins auslöst. Wenn Sie die entsprechenden sinnlichen Reaktionsmechanismen eines Menschen kennen, wissen Sie, wie Sie ihm am besten das Gefühl geben können, geliebt zu werden.

Einige haben anfangs zwei statt nur eine Liebesstrategie. Sie denken sowohl an eine Berührung als auch an etwas, das sie gern hören. Ihre Aufgabe besteht darin, sie in dem richtigen Zustand zu halten und ihnen beim Unterscheiden zu helfen. Fragen Sie sie, ob sie sich auch geliebt fühlen würden, wenn sie nur die Berührung spürten, ohne etwas zu hören, bzw. wenn sie nur das Betreffende hören, nicht aber die Berührung spüren würden. Wenn die Person sich im richtigen Zustand befindet, wird sie in der Lage sein, eine klare Unterscheidung zu treffen. Denn wie Sie wissen, benötigen wir zwar Signale in allen drei Modalitäten, aber es gibt immer eine bestimmte, die den Zauber auslöst.

Die »Liebesstrategie« des anderen zu kennen kann unschätzbar wertvoll sein, um die sinnliche Qualität Ihrer Beziehung zu bewahren. Wenn Sie wissen, wie Sie einen Menschen dazu bringen können, sich geliebt zu fühlen, steht Ihnen ein wichtiges Hilfsmittel zur Verfügung. Natürlich sollte all dies aus ehrlichem Herzen kommen, es geht hier nicht um Schauspielerei, sondern nur darum, für Ihr authentisches Liebesempfinden den bestmöglichen »Kanal« zum anderen zu finden.

Wenn Sie seine »Liebesstrategie« nicht kennen, kann das traurige Folgen haben. Es ist nämlich frustrierend, jemanden zu lieben, aber seine Liebe nicht so ausdrücken zu können, dass der andere darauf positiv reagiert, oder der Liebesäußerung einer anderen Person selbst unberührt gegenüberzustehen. Die Kommunikation misslingt, wo die Strategien nicht übereinstimmen.

Beispiel aus der Fischerei: Man hängt ja auch keine Sahnetorte an den Angelhaken, weil man selbst Sahnetorten mag, sondern nimmt einen Wurm, weil wir wissen, dass Fische auf Würmer stehen. Indem wir unsere egozentrische Sicht und Vorgehensweise verlassen und uns auf den anderen einstellen, öffnen sich uns – und dem anderen – neue Welten. Doch leider ist die Dynamik bei den meisten Paaren umgekehrt:

Am Anfang der Beziehung, in dem Stadium, das ich mit Werben bezeichne, sind wir sehr aktiv. Was tun wir nicht alles, um dem anderen zu zeigen, dass wir ihn lieben? Sagen wir es ihm nur? Führen wir es ihm nur vor oder zeigen wir es ihm nur durch Berührungen? Natürlich nicht! In der Zeit des Werbens tun wir alles zugleich. Wer flirtet, sendet normalerweise auf allen Sinneskanälen, achtet auf sein Äußeres, wählt die richtigen Worte, duftet gut, berührt angemessen.

Tun wir das, wenn einige Zeit verstrichen ist, immer noch? Manche Paare schon. Sie sind jedoch die Ausnahme, nicht die Regel. Wenn der Flirt zur Beziehung wird, sendet der Partner meistens nur noch auf dem Sinneskanal, der für *ihn* am wichtigsten ist. Bedeutet das, dass wir den anderen jetzt weniger lieben? Natürlich nicht! Wir sind nur nicht mehr so aktiv. Wir fühlen uns wohl in der Beziehung.

Wir wissen, dass der andere uns liebt, und wir lieben ihn. Wie drücken wir jetzt unsere Liebe aus? Wahrscheinlich genauso, wie wir wünschen, dass sie der *andere* uns gegenüber ausdrückt. Welche Wirkung hat das aber auf die Qualität unserer Beziehung? Schauen wir uns das gemeinsam an:

Wie wird ein Ehemann mit einer *auditiven* Liebesstrategie seiner Frau höchstwahrscheinlich seine Liebe vermitteln? Natürlich, indem er es ihr *sagt*. Am besten, indem er es ihr zuflüstert. Isabel Allende schreibt in dem Zusammenhang zutreffend: »In der Stunde großer Liebesbegegnungen haben dieselben Wörter, die wir zu jeder Zeit als grob empfinden, die Wirkung gewagter Liebkosungen. Sie müssen nur geflüstert werden.« – Was aber, wenn sie nun eine *visuelle* Liebesstrategie hat und ihr Gehirn sie nur dann veranlasst, sich geliebt zu fühlen, wenn es ganz bestimmte *visuelle Reize* empfangen hat? Nach einiger Zeit wird keiner von beiden sich wirklich geliebt fühlen. Als sie noch umeinander warben, haben sie alles getan. Sie haben es sich durch Zeichen, Worte und Berührungen vermittelt. Nun aber kommt der Ehemann nach Hause und sagt: »Ich liebe dich, Schatz«, und sie erwidert: »Nein, das tust du nicht!« Er fragt: »Wovon *redest* du? Wie kannst du so etwas *sagen?*« Worauf sie möglicherweise antwortet: »Du redest immer nur. Wann hast du mir zuletzt *Blumen* gebracht oder mich ausgeführt? Du *siehst* mich auch nicht mehr so an wie früher.« - »Was meinst du damit?«, fragt er vielleicht noch. »Ich *sage* dir doch, dass ich dich liebe.« Sie fühlt sich nicht mehr geliebt, weil er das besondere Verhalten, das dieses Gefühl in ihr ausgelöst hat, nicht mehr beständig an den Tag legt.

Betrachten wir einmal den umgekehrten Fall: Der Ehemann ist *visuell* und die Ehefrau *auditiv* orientiert. Er *zeigt* seiner Frau, dass er sie liebt, indem er Sachen kauft, sie ausführt, ihr Blumen schickt. Eines Tages sagt sie: »Du liebst mich nicht.« Er ist gekränkt: »Ich verstehe dich nicht. Sieh dir das Haus an, das ich für dich gekauft habe, denk daran, wie oft ich dich ausgeführt habe«. Sie sagt: »Ja, aber du *sagst* mir nie, dass du mich liebst.« - »Ich liebe dich!«, schreit er in einem Ton, der ihrer Strategie nicht einmal nahe kommt. Die Folge davon ist, dass sie sich ungeliebt fühlt.

Oder eine der schwierigsten Konstellationen überhaupt: Ein kinesthetischer Mann und eine visuell orientierte Frau. Er kommt nach Hause und will sie in die Arme nehmen. »Fass mich nicht an«, sagt sie. »Du machst pausenlos an mir rum. Du willst mich immer nur betatschen. Warum können wir nicht mal irgendwo hingehen? *Sieh* mich wenigstens einmal an, bevor du mich anfasst.« Kommt Ihnen diese Szene bekannt vor? Vielleicht ging auch eine Ihrer früheren Beziehungen auf ähnliche Weise zu Ende: Anfangs taten Sie alles, um sich Ihre Liebe zu zeigen, später nutzten Sie nur noch eine einzige Art, um das zu kommunizieren, während Ihr Partner etwas ganz anderes brauchte.

Wir lernen daraus: Die Beschränkung auf »unseren« Sinneskanal kann der andere als lieblos empfinden. Um dauerhaft für den Partner attraktiv zu sein, ist es wichtig, seinen bevorzugten Sinneskanal herauszufinden, die *genauen Submodalitäten* zu entdecken und darauf zu achten. So manch ein Mensch zeigt seine Liebe, indem er sich jedes Mal schick anzieht, bevor er seinen Partner trifft, und sich stundenlang schminkt, dabei wäre dem anderen tausendmal mehr gedient, wenn er endlich eine einfühlsame Massage bekäme und zart berührt würde – und keiner von beiden weiß es!

Es mag noch so zauberhaft beginnen, wie es weitergeht, entscheiden Sie: Entweder droht – bedingt durch Gewöhnung – Erschlaffen oder aber Sie machen sich die Mühe, immer feinere Submodalitäten zu finden, und Ihre Beziehung wird von Tag zu Tag lebendiger und vitaler. Alles hängt vom Engagement und von der Offenheit ab, mit der Sie in der Beziehung sind. Natürlich ist es auch wichtig, sich jeglicher Wertung über die Submodalitäten zu enthalten. Wertungen führen immer zum Rückzug und zum Abbruch der Intimität. Ein Fischer verurteilt ja einen Fisch auch nicht dafür, dass er Regenwürmer mag. Je mehr Toleranz, Offenheit und Urteilsfreiheit Sie in die Beziehung hineinbringen, um so mehr wird Ihr Partner bereit sein, Ihnen die Schlüssel für seine inneren Tresortüren aushändigen. Manchmal scheinen die Submodalitäten nicht zusammenzupassen, siehe Sahnetorte und Regenwürmer. In dem Fall ist es hilfreich, wenn Sie mit Ihrem Partner Tage vereinbaren, an denen Sie nur auf seine Submodalitäten eingehen, und andere Tage, an denen Ihre zum Zuge kommen. Indem Sie sich aufeinander einlassen und die Liebesstrategien Ihres Partners voll und ganz und ohne jegliche Bedingung akzeptieren, werden Sie mehr über das Wesen der menschlichen Psyche erfahren als in jedem Psychologiebuch. Sie werden enge Grenzen übersteigen, Ihr Bewusstsein ausdehnen und über Ihren Partner die Menschen verstehen lernen und dadurch letztendlich auch sich selbst. Unterstützen können Sie Ihre Submodalitäten, indem Sie zudem auch die »Landkarten« Ihres Partners kennenlernen – und davon handelt das nächste Kapitel.

Das Edelste in der Liebe
ist das Vertrauen zueinander.
(Julius Grosse, 1828-1902)

Die »Landkarte« des anderen kennenlernen und beachten

Wie wir im letzten Kapitel erfahren haben, besteht bei langen Beziehungen die Gefahr, nur noch auf einem Sinneskanal zu senden. Es gibt jedoch auch die besondere Chance und sie liegt in einem tieferen Verstehen der Submodalitäten, das wir erweitern können, wenn wir die »Landkarten« des anderen kennenlernen. Dieser Begriff stammt aus dem NLP (Neurolinguistisches Programmieren) und geht davon aus, dass jeder von uns sich in seinem Bewusstsein ein Bild (eine Landkarte) von der Welt schafft, die er im Außen vorfindet. Da wir alle unterschiedliche »Erfahrungen« gemacht haben, sind demzufolge auch unsere Landkarten unterschiedlich. Die Landkarten eines anderen Menschen zu kennen heißt zu wissen, ob dieser Mensch beispielsweise Gedanken wie »Skiurlaub«, »Bergsteigen« oder »Lagerfeuer« als beglückend oder als unangenehm empfindet.

Im Gegensatz zu frisch Verliebten sind Menschen in einer erfolgreichen Dauerbeziehung zunehmend vertraut mit der Welt des anderen. Das heißt, sie haben ein sehr detailliertes Wissen über die »Landkarte« des Partners. Man könnte auch sagen, in ihrem Gehirn sind äußerst differenzierte und zutreffende Informationen über sein Leben abgespeichert, sie haben sehr viel »kognitiven Raum« für ihre Partnerschaft geschaffen.

In lebendigen Beziehungen werden Informationen über prägende Vergangenheitserlebnisse des anderen, Vorlieben,

Hoffnungen, Sehnsüchte immer wieder »upgedated«, so wie sich auch die Fakten und Gefühle ihrer partnerschaftlichen Welt ändern.

Beispiel: Wenn *sie* für *ihn* einen Salat bestellt, dann denkt sie daran, dass das Dressing extra gereicht werden soll. Wenn *sie* abends lange arbeiten muss, dann denkt *er* daran, ihre Lieblingsserie im Fernsehen aufzunehmen, denn er weiß, welche das ist und wann sie läuft. Er kann sagen, wie sie mit ihrem Chef klar kommt, und kennt den Weg von ihrem Büro zum Fahrstuhl. Er weiß, dass eine spirituelle Richtung für sie wichtig ist, dass sie aber in ihrem tiefsten Inneren noch nicht weiß, wie sie ihre erotische und ihre intellektuelle Seite unter einen Hut bringen soll. Sie kennt seine Angst, sich zu sehr wie sein Vater zu benehmen, und weiß, dass er sich selbst als Freigeist bezeichnet. Er weiß, dass sie am Sonntagmorgen Rosinenbrötchen liebt und das Ei nicht zu hart gekocht sein darf. Sie kennen die jeweiligen Ängste und die Hoffnungen.

Natürlich macht die Partner-Landkarte nicht das wahre Wesen eines Menschen aus. Doch sie ist eine Durchgangsstation zum wahren Selbst des anderen, macht vieles leichter und angenehmer. Ohne eine solche Partner-Landkarte kann man den anderen nicht wirklich kennen. Und wenn man jemanden nicht wirklich kennt, wie soll man dann in jeder Lebenslage das wahre Selbst im anderen sehen können? Da wundert es kaum, dass das biblische Wort für sexuelle Liebe »erkennen« heißt. Aus dem Grund sollten Sie sich aufmachen, möglichst schnell die »Landkarte« des anderen kennenzulernen und wertzuschätzen, am besten dadurch, dass Sie Ihren Partner genau beobachten, hinhören, worüber er wie spricht, und ihn immer wieder fragen, was ihm wichtig ist.

Jeder Mensch, ob reich ob arm, ob jung ob alt, birgt in sich eine Schatzkammer an Potenzial und sehnt sich danach, dass der andere sie entdeckt, das Zauberwort ausspricht, sodass die Höhle sich öffnet und ihn dadurch in einen Kanal der Fülle verwandelt. Jeder wünscht sich insgeheim, von einem geliebten Menschen »geöffnet« zu werden. Das »Sesam öffne dich« zur Schatzkammer des anderen liegt in der völligen Annahme des anderen, darin, ihm einen Raum des Vertrauens zu geben, in dem er selbst seine Lebensgeheimnisse entdecken und offenbaren kann. Dies bezieht sich auf jeden Lebensbereich: Wenn ich die Emotionen meines Partners verurteile, werde ich kaum mit ihm emotionale Freiheit erleben. Und wenn ich Werturteile darüber habe, wie er seine Sexualität lebt oder nicht lebt, wird diese sich zurückziehen. Gerade in dem Bereich ist es uns oft ein Rätsel, wie der andere »funktioniert«, bis wir uns aufmachen, den »sexuellen Punkt« des anderen zu entdecken. Lebensgeheimnisse sind wie Schnecken: Wenn sie jemand zu hart anfasst, ziehen sie sich zurück. Und Landkarten des anderen offenbaren sich nur dem, der vertrauenswürdig und einfühlsam ist.

Trauring, aber wahr.
(Volksmund)

Verliebt, verlobt, verheiratet

Irgendwann kommt die entscheidende Frage. Wollen wir heiraten? Die Antwort darauf kann nur ja oder nein lauten. Vielleicht oder später ist auf die Dauer keine Lösung. Auch »ein bisschen« oder »halbwegs« ist nicht akzeptabel, ebenso wie man nicht ein bisschen schwanger sein kann; Sie müssen sich also entscheiden. Wenn Ihre Gefühle dabei nicht wenigstens ein bisschen gemischt sind, haben Sie sich die Wirklichkeit noch nicht ausreichend vor Augen geführt.

Machen Sie sich in dem Zusammenhang bewusst, dass Heiraten etwas anderes ist als Verheiratetsein. Manche bleiben ein Leben lang verheiratete Junggesellen. Auch sollten Sie wissen, dass die Ehe ein lebenslanger lebendiger Prozess ist und kein endgültiger Zustand. Eine Ehe kann sich auch nicht als Irrtum herausstellen, denn die Heirat ist nur der Anfang. Verheiratetsein ein ständiges Bemühen. Den oder die Richtige gibt es nicht, nur Ihre Fähigkeit, Liebe zu geben und zu empfangen. Und das Ultimatum »Entweder du heiratest mich oder ich mache Schluss« ist auch kein guter Anfang. Ebenso ist die romantische Liebe kein idealer Beginn, sondern oft der Anfang einer fortgesetzten Enttäuschung.

Manche warten ein Leben lang auf die »innere Gewissheit«, ohne dass sie sich einstellt. Aber auch diese innere Gewissheit kann sie nicht vor Schwierigkeiten und Enttäuschungen bewahren. Ihre Ehe ist kein Fertigprodukt, sondern ein Bausatz, ein Puzzle, bei dem es allerdings mehr als eine Möglichkeit gibt. Ihr Glück ist in erster Linie von Ihrer Bereitschaft abhängig, etwas daraus zu machen, und nicht von der Wahl des Partners.

Wie aber erkenne ich, ob der andere der Richtige ist? Ein positives Indiz ist es, wenn beide Freude bei dem Gedanken empfinden, gemeinsam alt zu werden.
Auch die Zeit nach der Heirat hat Phasen:

- Sechs Wochen nach der Eheschließung machen Sie die schockierende Entdeckung, wie groß der Unterschied zwischen Schein und Sein sein kann.
- Zwischen dem zweiten und dem dritten Ehejahr löst sich die rosa Brille des Verliebtseins allmählich oder plötzlich auf. Sie werden geprüft, ob Sie inzwischen zur Liebe gefunden haben oder nicht, ob Sie bereit sind, sich miteinander auf den Alltag einzulassen, die härteste Prüfung für eine Partnerschaft.
- Nach dem vierten Jahr ist die durchschnittliche Zeit der »seriellen Monogamie« beendet und verlangt von Ihnen, bewusst darüber hinauszugehen, wenn Sie weiterhin erfüllt leben möchten.
- Nach zwölf Jahren kommt die vorletzte Entscheidung. Es stellt sich die Frage: War es das nun oder fange ich noch einmal neu an?
- Die letzte Entscheidung fällt kurz vor dem 25. Ehejahr. Es ist die allerletzte Chance für eine andere Beziehung oder man bleibt zusammen. Denn dann haben Sie gelernt, auch mit den Schwächen des anderen zu leben, sie vielleicht sogar liebenswert zu finden.

Wir setzen Ehe in der Regel mit Kirche und standesamtlicher Trauung gleich. Wir können das Wort »EHE« allerdings auch deuten als Abkürzung von »Es Heilt Es«. Vielleicht möchten Sie sich nicht auf Lebenszeit verpflichten. Aber der Gedanke, sich miteinander zu verbinden und zusammen in die Tiefe zu gehen, gefällt Ihnen. Sie erhoffen sich – in der Regel zu Recht – davon wesentliche Reifungsschritte. In dem Fall sollten Sie sich innerlich Ihrem Partner verbunden fühlen, ihn als Ihren

Partner voll und ganz annehmen und sich auf ihn einlassen. Damit ist beiden mehr geholfen als mit einem halbherzigen Ehevertrag. »Ich nehme dich als mein anderes Ich« meint ein tiefes und bedingungsloses Sich-Einlassen. Vielleicht gefällt Ihnen auch die Idee einer »Vierjahresregelung«?

> *Die meisten Menschen leben für die Liebe und die Bewunderung,*
> *doch wir sollten durch Liebe und Bewunderung leben.*
>
> (Oscar Wilde, 1854-1900)

Drei Notwendigkeiten:
gemeinsame Aufgabe, Sinn, Bewunderung

Liebe allein reicht nicht aus. Wir brauchen eine gemeinsame Aufgabe, Achtung und Bewunderung für den anderen und vor allem Verständnis und Liebe. Es ist also nicht nur eine Frage der Liebe, ob eine Partnerschaft erfüllend ist. Entscheidend ist, ob die Partner eine gemeinsame *Aufgabe* gefunden haben, die sie erfüllt und die sie miteinander erfüllen wollen. Haben sie diese Aufgabe nicht, wird die Beziehung früher oder später in die Brüche gehen, mag die Liebe noch so groß gewesen sein.

Die Erfüllung einer gemeinsamen Aufgabe lässt uns reifer werden und schenkt uns Selbstachtung. Dabei gibt es innere und äußere Aufgaben. Zur inneren Aufgabe einer Partnerschaft kann es beispielsweise gehören, voneinander zu lernen und aneinander zu reifen, sich gerade auf die Eigenarten genau dieses Partners einzulassen. Möglicherweise verkörpert der andere eine besondere Qualität, die ich verwirklichen möchte oder sollte, wie beispielsweise Ehrgeiz oder auch die Fähigkeit, mich selbst zu genießen. Oder er drückt in mir bestimmte Knöpfe, die ich bearbeiten muss. In dem Fall liegt die Aufgabe darin, diese Schwachstellen auszumerzen. Erst dann kann ich sehen, was diese Partnerschaft noch an Aufgaben bietet. Äußere können gemeinsame Projekte sein, der Aufbau eines Unternehmens, die Unterstützung anderer, Austausch von Wissen und vieles mehr.

Übung: Fragen Sie sich einmal: »Was ist die Aufgabe meiner Partnerschaft?« – wenn Sie in einer festen Beziehung sind. Und: »Welche Aufgabe hätte ich gern zusammen mit meinem Partner?«

Wer sich der *falschen Aufgabe* zuwendet, leidet, wird krank und kann daran zugrunde gehen. Wer länger arbeitslos ist, kennt das aus eigener schmerzhafter Erfahrung. Er hat nicht nur den Job verloren, sondern auch seine Aufgabe und damit oft genug auch seine Selbstachtung. Er spürt schmerzlich diese Inhaltslosigkeit seines Lebens. Die Aufgabe ist lebenswichtig für uns, vom ersten Augenblick an.

Die erste Aufgabe nach der Geburt ist es, den ersten Atemzug zu tun. Erfüllen wir diese Aufgabe nicht, ist das Leben zu Ende, bevor es begonnen hat. Wir haben die Aufgabe, brav zu trinken und irgendwann nicht mehr in die Windeln zu machen, sondern auf den Topf zu gehen, und später müssen wir unsere Aufgaben in der Schule und im Beruf erfüllen. Ob diese Aufgaben immer sinnvoll sind, darüber mag man sich streiten, aber unbestreitbar ist, dass wir mit Aufgaben aufwachsen und an ihnen wachsen und reifen.

Manchmal ist die Aufgabe ein reines Definitionsproblem. Wir glauben vielleicht, unsere Aufgabe sei es, dafür zu sorgen, dass unser Partner sich wohl fühlt und dass wir seinen Erwartungen gerecht werden. Oder dass wir die Normen einer konventionellen Beziehung erfüllen. Wir glauben zu scheitern, wenn unser Partner immer wieder ausbricht oder sich über uns beschwert. Erkennen wir dann, dass möglicherweise unsere Aufgabe darin liegt, einander in die *Freiheit* zu führen und aus anerzogenen Konventionen zu entlassen, bekommen wir auf einmal neuen Schwung für unsere Beziehung. Ein Merkmal, ob wir mit unserer Definition der Aufgabe richtig liegen, ist sicherlich der Schwung, die Freude und die Energie. Wenn uns die Energie für ein Miteinander fehlt, ist dies ein sicheres Zeichen dafür, dass wir die richtige Aufgabe noch nicht gefunden haben.

Jede Gemeinschaft in dieser Welt hat ihre Aufgabe. Ist sie
erfüllt oder nicht mehr zu erfüllen, löst sie sich ganz von selbst
auf. Das ist nicht anders mit der kleinsten Gemeinschaft, der
Partnerschaft. Und wenn einer der Partner diese Aufgabe
nicht anerkennt oder nicht mehr bereit ist, sie zu erfüllen,
gerät die Partnerschaft in eine Krise, nicht aus mangelnder
Liebe, sondern dadurch, dass sie mit der gemeinsamen Aufgabe auch ihren Sinn verliert. Dann ist es nur eine Frage der Zeit,
wann sie zerbricht, es sei denn, es wird eine neue Aufgabe
gefunden.

Nun könnte man sagen, Partnerschaft, wenn sie erfüllend
sein soll, ist schon Aufgabe genug, aber *es ist nicht der Sinn einer
Partnerschaft, eine Partnerschaft zu sein.* Sie kann ohne die
gemeinsame erfüllende Aufgabe nicht bestehen und auch die
Liebe ist kein Ersatz für eine Aufgabe, sondern Ausdruck einer
guten Partnerschaft. Die Liebe ist die Frucht am Baum der
Partnerschaft, aber die Aufgabe ist der Stamm und nur er
nährt die Frucht. Bricht der Stamm, verdorrt die Frucht.

Das Thema *Sinn* hatten wir bereits angesprochen – es hängt
eng mit der Aufgabe zusammen. Jede Partnerschaft braucht
einen inneren Sinn, der sie erfüllt und zusammenhält, sonst
hat sie keine Chance. Das mag für manche nüchtern klingen
oder gar entmutigend, aber es ist die Wirklichkeit und Tatsachen kann man nicht ungestraft ignorieren.

Eine andere Voraussetzung für eine gute Partnerschaft ist
die *Bewunderung.* Die sexuelle Leidenschaft, mag sie noch so
erfüllend und ideal sein, kann ein Paar nicht ein ganzes Leben
lang zusammenhalten. Das aber kann die Bewunderung. Die
Bewunderung, die zwei Menschen einander entgegenbringen,
ist ein starkes Fundament für die Liebe und dies, selbst wenn
der Sex vielleicht nicht so erfüllend ist. Vielleicht lieben Sie
Ihren Partner und begehren ihn, aber bewundern Sie ihn
auch? Die Liebe wird stärker, wenn Mann und Frau einander
bewundern, und sie schwindet, wenn diese gegenseitige Bewunderung fehlt.

Übung: Fragen Sie sich einmal:

- Was ist die gemeinsame Aufgabe in meiner Beziehung? (Bzw. welche gemeinsame Aufgabe hätte ich gern?)
- Was ist der Sinn meiner Beziehung?
- Was bewundere ich an meinem Partner?

Nicht jene, die streiten, sind zu fürchten, sondern jene,
die dem Streit ausweichen.
(Marie von Ebner-Eschenbach, 1830-1916)

Spielregeln für eine dauerhafte Partnerschaft

Zwei Ehemänner unterhalten sich. Sagt der eine:»In Indien lernen die Männer ihre Frauen erst nach der Hochzeit kennen!« Antwortet der andere:»Wieso sagst du in Indien?«

Manche lernen sich kennen und heiraten dann, die meisten aber heiraten und lernen sich dann kennen! Die meisten dieser Tragödien beginnen damit, dass ein Spiel unter völlig falschen Voraussetzungen begonnen wird. Vor allem sind es drei Gründe, die zum Debakel führen:

- die falsche Hoffnung, dass sich gemeinsames Glück ohne eigenes Zutun irgendwie von selbst ergibt
- die falsche Erwartung, der Partner würde all das erfüllen, wozu man selbst nicht bereit oder fähig ist, es zum gemeinsamen Glück beizutragen
- die Unkenntnis der Regeln, wie man das Gegeneinander durch das Miteinander ersetzt

Ist es verwunderlich, dass so viele im Himmel der Liebe geschlossene Ehen im Fegefeuer der Scheidungskämpfe enden, wenn sie schon mit falschen Hoffnungen und Erwartungen beginnen? So manch ein Liebesschwur erweist sich letztendlich als verhängnisvoll, ganz zu schweigen vom vorschnellen Versprechen ewiger Treue. Dabei wäre es viel einfacher, wenn jeder das Spiel mit der festen Absicht begänne, sich und dem anderen reinen Wein einzuschenken.

Stellen Sie gemeinsam mit Ihrem Partner die Regeln für die Form Ihres Zusammenlebens auf. Jedes Spiel braucht Regeln, für die sich die Beteiligten gemeinsam entscheiden müssen. Wenn einer der Spieler sie allein diktieren will, mag er sich für ein Macht-Spiel eignen. Für eine Partnerschaft ist er völlig ungeeignet. Der Höhepunkt jedes »Partner-Spiels« ist die Entscheidung, das *Gegeneinander* zu beenden und das *Miteinander* zu beginnen. Wenn Sie an jedem Tag gemeinsam glücklich sein wollen, müssen Sie das Glücklichsein auch an jedem Tag gemeinsam trainieren.

Wir alle verstehen, dass ein Fußballspieler, Boxer oder Golfer ein Turnier nur gewinnen kann, wenn er sich gut darauf vorbereitet hat. Trainieren der Muskulatur, der Technik und der Ausdauer gehören zum Anspruch jedes Trainings. Aber obwohl wir alle – Sportsleute oder nicht – das Spiel um eine erfüllte Partnerschaft gewinnen wollen, fragt kein Mensch: Wie gut habe ich dafür trainiert?

Im Kapitel über Selbstliebe (siehe Seite 33ff.) haben wir erfahren: Ich lerne erst einmal mit mir selbst und meinen in der Beziehung auftauchenden Gedanken und Gefühlen liebevoll umzugehen. Weil das glückliche Zusammenleben nur funktionieren kann, wenn ich selbst mich verbessere, statt das vom Partner zu fordern. Doch dies reicht nicht aus.

Unterstützende Faktoren (beachten):

• Schauen Sie, ob Ihre Zukunftspläne einigermaßen übereinstimmen. Es hat keinen Sinn, mit einem Mann eine Familie zu planen, der möglichst unabhängig sein will.
• Am Anfang einer Liebe, bevor die Verstrickungen beginnen, lohnt es sich, in sich hineinzuhören. Was sagt der Instinkt? Eine heiße Affäre oder ein möglicher Partner und Freund für mitunter auch unerquickliche Ereignisse am Lebensabend?

- Gut zuhören, wenn er davon spricht, wer er ist und was er braucht. Sie sollten ihn achten können, vor allem auch als Mensch.
- Haben Sie den Mut, ehrlich zu sein. Erzählen Sie von Ihren Träumen, Wünschen und Bedürfnissen.
- Prüfen Sie, ob zwischen Ihnen ein Gleichgewicht herrscht. Fühlen Sie ähnlich? Und können Sie beide gleichermaßen geben und nehmen?

Kontraproduktive Faktoren (meiden):

- Denken Sie nie, es wäre Ihre Aufgabe, den anderen zu ändern. Entweder entwickelt er sich, weil er es will – oder nicht.
- Nicht erwarten, dass der andere Ihr Leben in die Hand nimmt. Ihr persönliches Glück liegt vor allem in Ihren und weniger in seinen Händen.
- Keine Beziehung beginnen, nur weil Sie es satt haben, allein zu sein. Es verhindert, dass Sie den Partner als eigenständige Person wirklich wahrnehmen.
- Dreht sich alles um *ihn*? Kann er Ihnen auch zuhören? Gegenseitige Achtung ist die Grundvoraussetzung jeder Beziehung. Vorsicht vor Egomanen!
- Keine Macht- und Versteckspiele, wenn Sie eine langjährige Beziehung wollen.

Hat ein Mann eine Frau, nennt man das Monogamie.
Hat er keine Frau, wird es schon schwieriger.
Die einen nennen das Monotonie,
die anderen: »*Noch einmal Glück gehabt!*«
(Volksmund)

Test: Welche Ehe hält wie lange?

Bereits in der Ausgestaltung können Sie darauf achten, eine
Form zu finden, die sich auf Ihre Ehe stabilisierend auswirkt.
Folgende vier Punkte haben sich dabei herauskristallisiert: [19]

1. **Gemeinsame Freunde:** Wer mit getrennten Freundeskreisen
   in die Ehe geht, erhöht das Scheidungsrisiko um über 50
   Prozent.
2. **Verzicht auf einen Ehevertrag:** Ein Ehevertrag erhöht die
   Gefahr einer Trennung um 47 Prozent. So vernünftig die
   Idee eines solchen Vertrags sein mag, sie beinhaltet eben
   doch von vornherein die Möglichkeit, die Ehe durch die
   Hintertür zu verlassen. Und die wird im Krisenfall geöffnet.
3. **Das Paar zieht erst nach der Hochzeit zusammen:** Wer in der
   Phase der Verliebtheit heiratet, kennt die alltäglichen Ma-
   cken und Angewohnheiten seines Partners noch nicht gut
   genug. Und in 80 Prozent der Fälle sind es gerade die
   unscheinbaren Kleinigkeiten des Alltags, die eine Ehe später scheitern lassen.
4. **Mindestens ein Partner hat die Scheidung seiner Eltern
   miterlebt:** Ein Erlebnis, das oft das ganze Leben prägt – und
   das Scheidungsrisiko stärker beeinflusst als lange Zeit vermutet. Offenbar haben Scheidungskinder schon früh gelernt, dass Trennung ein normales Mittel der Konfliktbewäl-
   tigung sein kann. Die Hemmschwelle, es anzuwenden, ist
   deshalb niedriger als bei Menschen, deren Eltern eine

intakte Ehe führen. Solche Erfahrungen können jedoch im Unterbewusstsein umprogrammiert werden, zum Beispiel durch „Nachnährung", „mentales Umerleben", wie in meinen Büchern beschrieben, oder durch Traumatherapie nach Reddemann.

Insgesamt entdeckte man 25 Alltagsfaktoren, die eine Ehe belasten oder sie stützen können. Daraus entstand jetzt eine Art Ehe-TÜV, mit dem jeder sein persönliches Ehe-Risikoprofil erstellen kann. Diese Faktoren zeigen, wie stabil Ihre Ehe ist.

Übung: Überprüfen Sie, welcher der unten genannten Punkte auf Sie zutrifft. Zählen Sie die dahinterstehenden Punkte zusammen.

Faktoren:	Punkte:
Es gibt gemeinsames Wohneigentum.	4
Es wurde ein Ehevertrag abgeschlossen.	-3
Zumindest einer der beiden Partner hat bereits eine Scheidung hinter sich.	-3
In der Familie lebt mindestens ein Kind aus einer früheren Beziehung.	-4
Es gibt einen gemeinsamen Freundeskreis.	5
Die Frau hat eine höhere Bildung als der Mann.	-3
Beide Partner haben in etwa den gleichen Bildungsabschluss.	4
Die Frau arbeitet Vollzeit (mindestens 35 Stunden pro Woche).	-2
Der Mann arbeitet Vollzeit (mindestens 35 Stunden pro Woche).	1
Mindestens einer von beiden war schon einmal untreu und der Partner weiß davon.	-15
Die Eltern des Mannes wurden geschieden.	-3
Die Eltern der Frau wurden geschieden.	-3

Die Ehe der Eltern zumindest eines Partners war schlecht.	-1
Die Frau war bei der Hochzeit schwanger.	-3
Es gibt mindestens ein gemeinsames Kind.	3
Das Paar hat vor der Hochzeit mindestens drei Jahre lang zusammengelebt.	3
Die Frau kommt gut mit Stress zurecht.	2
Der Mann kommt gut mit Stress zurecht.	1
Die Hochzeit wurde sowohl standesamtlich als auch kirchlich geschlossen.	3
Mindestens einer von beiden Ehepartnern ist katholisch.	2
Mindestens einer der Partner war bei der Hochzeit unter 21.	-5
Die Partner haben kaum gemeinsame Interessen oder Hobbys.	-3
Das Paar lebt in einer Stadt mit mindestens 100 000 Einwohnern.	-3
Für jedes Jahr, das die Frau bei der Hochzeit über 21 war.	2
Für jedes Jahr, das der Mann bei der Hochzeit über 21 war.	1

- **Über 25 Punkte:** Beste Chancen. Statistisch gesehen haben Sie optimale Chancen, miteinander alt zu werden. Fast alle relevanten Punkte sprechen für eine stabile und krisenfeste Ehekonstellation.
- **0 bis 24 Punkte:** Mittelfeld. Einige Faktoren sind kritisch. Dennoch überwiegen die Einflüsse, die laut Statistik stabilisierend auf eine Ehe wirken.
- **-1 bis -25 Punkte:** Probleme. Es gibt einige Punkte, die Ihre Ehe stabil halten. Dennoch weist Ihre Ehebiografie eine ganze Reihe von Merkmalen auf, die der Partnerschaft gefährlich werden könnten.

- **-25 oder weniger Punkte:** Gefahr. Betrachtet man die statistisch relevanten Rahmenbedingungen, dann steht Ihre Ehe unter keinem guten Stern, ist sehr anfällig für Krisen.

Nachfolgend erfahren Sie, weshalb manche Faktoren die Dauer (nicht unbedingt das Glück) einer Ehe stärker beeinflussen, als Experten lange Zeit vermutet haben:

- **Gemeinsames Wohneigentum:** Ein Hauskauf belastet zunächst die Finanzen – und damit auch die Beziehung. Dennoch sinkt das statistische Scheidungsrisiko. *Grund:* Das eigene Häuschen symbolisiert Zusammengehörigkeit und der finanzielle Verlust beim Notverkauf lässt selbst unzufriedene Paare vor einer Trennung zurückschrecken.
- **Wer verdient das Geld?** Die Statistik zeigt, dass Ehen, in denen beide Partner Vollzeit arbeiten, häufiger geschieden werden. *Grund:* Die Partner sind finanziell unabhängig, haben große Chancen, am Arbeitsplatz einen neuen Partner zu finden. Beides senkt die »Ausstiegsbarriere« für die Ehe.
- **Gemeinsame Kinder:** Kinder wirken sich meist widersprüchlich auf die Ehe aus – sie senken die Ehezufriedenheit, steigern jedoch die Stabilität der Beziehung. *Grund:* Selbst bei massiven Krisen kommt für viele Paare »den Kindern zuliebe« eine Trennung einfach nicht in Frage.
- **Kirchliche Trauung:** Eine kirchliche Trauung macht eine Ehe nicht glücklicher – aber laut Statistik stabiler als andere Ehen. *Grund:* Religiöse Menschen haben meist moralische Vorbehalte gegen die Scheidung – und die aufwändige Zeremonie mit vielen Gästen erhöht zusätzlich die Peinlichkeit bei einer späteren Trennung.
- **In der Großstadt leben:** Ein und dasselbe Paar kann sein statistisches Scheidungsrisiko ganz leicht erhöhen – indem es in eine Großstadt zieht. *Grund:* Geringere soziale Überwachung und mehr Chancen, einen neuen Partner kennenzulernen.

Zu beachten ist in dem Zusammenhang, dass eine hohe »Scheidungsbarriere« nicht unbedingt die partnerschaftliche Erfüllung fördert. Nicht jedes Paar, das – etwa aus finanziellen Gründen – zusammen bleibt, erntet dafür auf die Dauer Eheglück.

Ehejubiläen

1 Jahr:
Baumwollene Hochzeit

5 Jahre:
Hölzerne Hochzeit

10 Jahre:
Rosenhochzeit

12 $^1/_2$ Jahre:
Petersilienhochzeit

20 Jahre:
Porzellanhochzeit

25 Jahre:
Silberhochzeit

30 Jahre:
Perlenhochzeit

40 Jahre:
Rubinhochzeit

50 Jahre:
Goldene Hochzeit

60 Jahre:
Diamantene Hochzeit

65 Jahre:
Eiserne Hochzeit

70 Jahre:
Gnadenhochzeit

75 Jahre:
Kronjuwelenhochzeit

Eure Kinder sind nicht eure Kinder,
sie sind die Söhne und Töchter
der Sehnsucht des Lebens nach sich selbst.
(Khalil Gibran, 1883-1931)

Das erste Kind und die Herausforderung für die junge Familie

Die Geburt des ersten Kindes ist für Paare, die bisher in Zweiergemeinschaft lebten, ein einschneidendes Ereignis: Ein Dritter wird Mitglied der Lebensgemeinschaft, aus der Zweier- wird eine Dreierbeziehung, die Partnerdynamik verändert sich, die Rollen werden neu verteilt. Neue Kompetenzen müssen erworben werden. Die Partner, bisher in ihrer Beziehung zu den eigenen Eltern noch »Kinder«, werden selbst Eltern und versetzen ihre eigenen Eltern damit in den Stand von Großeltern – eine Zäsur, die dem Ende der Kindheit gleichkommt. Am »Elternwerden« erfahren die Paare selbst, wie weit die Kindheit in das Erwachsenenalter hineinreichen kann und wie lange die elterliche Verpflichtung für ein Kind dauert.

Das erste Kind kann eine solche – in der Anfangsphase des Zusammenlebens ohnehin störanfällige – Beziehung sprengen. Da genügt bereits eine leichte Entfremdung in der Partnerbeziehung, um die Mutter zu veranlassen, sich dem zuverlässigeren, zuwendungsbereiteren, alle Projektionen geduldig ertragenden, »Kind-Partner« zuzuwenden. Diese neue Beziehung wird dann gegen den Ehepartner abgegrenzt und verteidigt. Die aus Gekränktsein resultierende Abwehr des ja ebenfalls zuwendungsbedürftigen Ehemannes drückt sich oft in verstärkten beruflichen Aktivitäten aus, oder der Kontakt zur eigenen Herkunftsfamilie wird wieder mehr gesucht.

Das erste Kind löst immer eine Krise aus: Beziehungen müssen sich neu einspielen. Die Ehe verliert ihre Ausschließlichkeit, sie tritt in eine neue Daseinsform über, sie wird zur Familie. Die Eheleute verändern gegenüber ihren Eltern ihre Rolle, indem sie aufhören, Kinder zu sein, weil sie selbst Eltern werden. Das verändert auch die Beziehungen zueinander, und zwar schon ehe das Kind da ist.

Es ist meist nicht so, wie Romane und Filme es darstellen, dass die Entdeckung des sich anbahnenden Neuen einen überwältigenden Jubel auslöst. Das mag nach langer vergeblicher Erwartung so sein. Die meisten jungen Paare werden von der bewussten Entdeckung jedoch völlig überrascht, und zwar zunächst einmal die werdende Mutter. In der ersten Zeit ist sie sich noch gar nicht sicher. Voller Unruhe wartet sie auf die Monatsblutung. Sie sagt ihrem Mann noch nichts und wartet und hofft – oder fürchtet – von einem Tag auf den anderen, bis sie schließlich zu wissen glaubt: Die Blutung wird nicht mehr eintreten. Das ist ein großer Schock für jede junge Frau. Jetzt wird sich etwas ereignen, das in ihrem Leben noch nie da gewesen ist. *Sie* wird Mutter sein; was wird *er* dazu sagen? Schließlich hatten beide doch Pläne und Vorstellungen für die Zukunft: Erst einmal sollte die Ausbildung beendet sein, ein Auto angeschafft, eine weite Reise unternommen werden, die Raten abgezahlt oder was immer erledigt sein, aber ein Kind sollte eigentlich – jedenfalls in den meisten Fällen – noch nicht kommen.

Was wird er sagen, wenn sie nicht mehr mitarbeiten kann und er gleich für drei Geld verdienen muss? Wird er sich trotz allem freuen oder doch wenigstens nicht ungerecht oder verzweifelt sein? Und wie werden die Eltern reagieren? Fragen über Fragen bedrängen die junge Frau. Schließlich hat sie ihm das sogenannte »süße Geheimnis« mitgeteilt. Jetzt ist sie nicht mehr so allein.

Sein Schreck oder seine Freude halten sich meist in Grenzen. Männer nehmen so etwas normalerweise gefasst auf, zumal sie sich die Konsequenzen noch nicht recht vorstellen können. Auf jeden Fall schmiedet man jetzt Pläne, neue Pläne, die völlig anders sein müssen als die bisherigen. Man stellt sich darauf ein, ein Ehepaar mit Kind zu werden.

Vater werden ist nicht schwer
Vater sein dagegen sehr.
(Geflügeltes Wort)

Von der Geliebten zur Mutter, vom Liebhaber zum Vater

Während sie ein Kind bekommt, vollzieht sich zwangsläufig eine tiefe Verwandlung in der jungen Mutter. Noch nie hat sie eine so tiefe und selbstlose Liebe gefühlt wie die, die sie für ihr Kind empfindet. Eine junge Mutter erlebt fast immer, dass sich die Werte in ihrem Leben grundlegend verändern. Sie stellt fest, dass sie bereit ist, enorme Opfer für ihr Kind zu bringen. Sie ist voller Erstaunen und Verwunderung über die Intensität ihrer Gefühle für dieses zerbrechliche kleine Wesen. Diese Erfahrung ist so einschneidend, dass verständlicherweise eine Distanz zwischen ihr und ihrem Ehemann entstehen wird, wenn er ihr darin nicht folgt. Während die Frau ein neues »wir drei«-Gefühl pflegt, das das Kind einschließt, beharrt der Ehemann vielleicht immer noch auf dem alten »wir zwei«. Dann beklagt er, wie wenig Zeit sie jetzt für ihn hat, wie müde sie immer ist, wie oft sie damit beschäftigt ist, das Baby zu füttern. Er findet es schade, dass sie nicht mehr mit dem Fahrrad an den Strand fahren können, weil das Baby zu klein ist, um im Fahrradsitz zu sitzen. Er liebt sein Kind, aber er möchte seine Frau zurückhaben. Er denkt vielleicht sogar: »Nun habe ich meine Pflicht getan und werde degradiert zum Hausdiener oder zu einer Art Untermieter, der die komplette Miete zahlt.« Was kann »Mann« da tun?

Die Antwort auf diese Frage ist einfach: Er kann seine Frau nicht zurückhaben, er muss ihr in das neue Land, das sie betreten hat, folgen. Nur dann kann ihre Ehe weiter wachsen.

In Ehen, in denen der Mann dies zu tun imstande ist, wird er
sein Kind nicht ablehnen und die neue Konstellation mit
allem, was sie mit sich bringt, voll umarmen. Er fühlt nicht
länger nur als Ehemann, sondern auch als Vater. Er fühlt
seinem Kind gegenüber Stolz, Zärtlichkeit und Fürsorge. Doch
bei allen innerseelischen Regungen sprechen schon bald auch
harte Fakten ihre eigene Sprache – und zu denen wollen wir im
nächsten Kapitel kommen.

Der Lohn für die Geduld
ist die Geduld.
(Volksmund)

Die »Mutti-Rung«

Nachwuchs krempelt das Leben um und verwandelt emanzipierte Frauen in Muttis und selbstständige in Sklavinnen. Was wir traditionell nennen – die ausschließliche, jahrelange liebevolle Hingabe einer Frau an ihre Kinder –, ist historisch neu. Lange Zeit liefen Kinder mit, bei Haushalt oder Feldarbeit, blieben in der Obhut von Großeltern, Geschwistern oder dem Gesinde, wurden vernachlässigt, früh zur Arbeit gezwungen.

Heute können Frauen allenfalls Kind und Beruf vereinbaren, Kind und Karriere hingegen kaum. Das Kind braucht eine Bezugsperson – die Mutter. Das bürdet den Frauen eine enorme Verantwortung auf. Viele denken: Missrät der Zögling, haben sie versagt – überfrachtet mit Erwartungen, bestimmt von Glücksdruck und inneren wie äußeren Zwängen, geplagt von Schuldgefühlen und schlechtem Gewissen.

Die Bewohnerinnen der Industrieländer haben ihr Fortpflanzungsverhalten verändert. Sie bringen weniger Kinder zur Welt, gebären sie später und unterstützen sie immer stärker. Heute sind Kinder meist gewünscht, oft präzise eingeplant oder sehnlichst erwartet. Die Sterblichkeit ist gering. Da scheuen Mütter keine Mühe. Mit dem gleichen Perfektionismus wie einst im Job verschreiben sich viele Frauen der Förderung ihrer Sprösslinge, sie zelebrieren den »Tanz ums Goldene Kind«. Zum Erziehungsprogramm gehören Babyschwimmen, musikalische Früherziehung, Kinderbauchtanz und Selbstverteidigung.

Noch nie haben Frauen so viel Zeit in ihre Kinder investiert wie heute und noch nie waren Mütter so gut ausgebildet. Die

Intensivierung der Mutter-Kind-Beziehung hat jedoch kaum
dazu geführt, dass heutige Kinder und Jugendliche liebenswür-
diger, friedfertiger oder sozialer wären als die früherer Genera-
tionen. Sie sind allenfalls narzisstischer.

Eine Frau sagte einmal: »Kinder sind unersättlich, sie
kriegen nie genug.« Nach einer Schallplatte mit einem Märchen möchten sie noch eine Geschichte hören, danach das
Abendlied singen und nach dem Gebet, wenn die Mutter
meint, »Gute Nacht!« sagen zu können, wollen sie noch einmal
ein bisschen fernsehen, ein Bonbon, etwas zu trinken ans Bett,
noch einmal aufs Töpfchen, ihre Püppchen haben oder was
immer ein nimmermüdes Kinderherz begehren mag. Wenn
die Eltern nicht konsequent sind, wenn sie nicht nein sagen
können, und zwar früh genug – nämlich gleich nach der ersten
Geschichte –, fordern die Kinder weiter, bis über die Grenze
des Möglichen hinaus.

Für eine junge Mutter ist es im Umgang mit dem Kind
wichtig, Grenzen zu setzen und darüber hinaus jeglichen
Perfektionismus loszulassen und sich auf die Liebe zu konzentrieren. In diese bedingungslose Liebe kann sie dann auch den
Ehemann miteinbeziehen.

Ihr gebt nur wenig, wenn ihr von eurem Besitz gebt.
Erst wenn ihr von euch selbst gebt,
gebt ihr wahrhaft.
(Khalil Gibran, 1883-1931)

Sexualität und Elternschaft

Kinder dringen allein schon durch ihre Gegenwart – und besonders dann, wenn sie laufen gelernt haben – in die Privatsphäre ihrer Eltern ein. Oft finden diese dann zu wenig Zeit, um ihr Intimleben ungestört zu verwirklichen. Manchmal entsteht zwischen den jungen Eltern eine emotionale Kluft, wenn junge Mütter die Sexualität zurückweisen und Männer sich dadurch gekränkt fühlen.

Die meisten Menschen ziehen Privatatmosphäre bei sexueller Intimität vor. Das heißt jedoch, dass Kindern Grenzen gesetzt werden müssen. Auch hier reagieren junge Familien unterschiedlich: Die einen versehen Türen mit Schlössern, wenn das erste Kind heranwächst, die anderen öffnen diese Türen, die vorher selbstverständlich geschlossen waren. Ständig geöffnete Türen bei jungen Paaren signalisieren nicht selten eine gestörte Partnerintimität. Geschlossene Türen dagegen grenzen einen wichtigen Bereich der Eltern gegen das Kind ab und helfen – in diesem Zusammenhang betrachtet – dem Kind, Sexualität als Sache der Eltern und damit als »Neben-Sache« für sich selbst anzusehen.

Andere Paare lieben sich, während das Kind nebenan im Kinderbett schläft oder sogar zusieht. Ist das Kind ein wenig größer geworden, geben sie es am Wochenende zu den Großeltern oder bestellen einen Babysitter und machen selbst einen Ausflug in ein Liebeshotel.

Von Frau und Mann wird in dieser Situation die »Doppelrolle« gefordert, mal Elternteil und mal sexueller Verführer zu sein. Doch beides liegt in uns und die neue Herausforderung besteht darin, zu entdecken, dass wir viele Rollen, viele innere Aspekte in uns tragen, die wir alle leben dürfen.

Hat man einem Kind etwas versprochen, muss man es halten.
Sonst lernt man es lügen.
(aus dem Talmud)

Die Entwicklungsschritte des Kindes und die Herausforderungen, die es mit sich bringt

Familien, deren oberstes Lebensprinzip es ist, Konflikte und Differenzen zu vermeiden, können bereits durch Entwicklungsschritte ersten Grades ihres Kindes in größte Krisen geraten. Als »Entwicklungsschritte ersten Grades« bezeichnet man kleine Veränderungen, etwa, wenn ein Kind laufen lernt oder seinen eigenen Willen entdeckt – Schritte, deren Bewältigung noch leichter fällt als die der »Entwicklungsschritte zweiten Grades«. Das erste Nein des Kindes oder Reaktionen in der Trotzphase verunsichern Eltern stark. Konfliktvermeidende Eltern brauchen das gegenseitige Einverständnis genauso wie die Zustimmung des Kindes.

Paare, die dazu neigen, bei jedem kleinen Widerstand zu kapitulieren, beauftragen sich gegenseitig und nicht zuletzt das Kind mit der Aufgabe, Eltern zu sein. Sie ziehen meist einen tyrannischen, alle um den Finger wickelnden »Kind-Elter« heran, um dessen Wohlverhalten die harmonisierenden Eltern schmeichelnd werben und der immer seinen Willen durchsetzt.

Die Geburt des ersten Kindes war bereits ein »Entwicklungsschritt zweiter Ordnung«, ein einschneidendes Ereignis also, das immer eine Krise der Neueinspielung der Beziehungen ausgelöst hat. Diese Veränderungskrise kann theoretisch nur dann gut gemeistert werden, wenn der vorausgegangene Ent-

wicklungsschritt – die Lösung der jungen Erwachsenen von
ihren eigenen Familien – bereits vollzogen wurde.

Kardinale Veränderungen wie den Eintritt des Kindes in die
Schule, die Adoleszenz, das Verlassen des Elternhauses, Heirat
und so weiter – Schritte, die immer bis zu einem gewissen Grad
Lösung oder Trennung bedeuten – verlangen von jedem
Beteiligten in der Familie ein ganz neues gegenseitiges Sich-
Einspielen auf die neue Situation mit dem Ziel, den altersge-
mäßen Bedürfnissen aller möglichst gerecht zu werden.

Das zweite Kind wirft meist weit weniger Probleme auf als
das erste. Zwei Kinder stabilisieren das Familiengleichgewicht
und die Beziehungsstrukturen. In den meisten Fällen geben
die Mütter beim zweiten Kind endgültig ihren Beruf auf und
begründen damit eine Familienkonstellation (Beziehungen
zur erweiterten Familie und zu Freunden inbegriffen), wie sie
für viele Jahre vorherrschend sein wird.

*Ihr seid die Bogen, von denen eure Kinder
als lebende Pfeile ausgeschickt werden.*
(Khalil Gibran, 1883-1931)

Kindererziehung

Kinder zwingen die Eltern erwachsen zu werden und geben ihnen gleichzeitig Gelegenheit, selbst wieder mit ihnen Kind zu sein. Doch Kinder müssen auch erzogen werden.

»Wie wird unser Kind erzogen?« Wenn man da unterschiedlicher Meinung ist, muss man sich entweder darauf einigen, dass einer die Richtlinien der Erziehung bestimmt, oder gemeinsame Richtlinien finden. Oder aber beide leben ihre Einstellung und das Kind lernt so, dass es bei dem einen etwas darf, das der andere verbietet, und damit günstigstenfalls, dass die Menschen unterschiedlicher Meinung sein können, ohne sich darüber zu streiten. Später kann man die Kinder an der Erziehung teilhaben lassen, indem sie ihre eigene Meinung dazu sagen, was sie für richtig halten, und damit entsteht oft eine dritte Ansicht. So kann man lernen, Familiendemokratie zu praktizieren. Oft erkennt man so auch, dass jeder Weg zu einer Lösung führt.

Eine Krise besteht nur dann fort, wenn ich mit einer unveränderten Einstellung in eine veränderte Situation gerate. Da sich die Situation aber ständig ändert, muss ich auch ständig meine Einstellung anpassen. Im Idealfall, indem ich ganz im Hier und Jetzt lebe, in jedem Augenblick meine Einstellung neu bestimme.

Du hast allen Anspruch auf Wunder,
aber wenn du sie nicht zulässt,
können sie auch nicht geschehen.
Sie geschehen nur, wenn du mitarbeitest.
(Mundaka Upanischaden)

Meditation für eine erfüllte Partnerschaft

Übung: Machen Sie sich die folgenden Worte bewusst und vollziehen Sie dabei jeden Satz innerlich:

»Ich löse alle Erwartungen auf und bin dankbar für meinen Partner und für jeden Tag, den wir zusammen sind. Ich bin glücklich, dass ich alles offen und ehrlich mit meinem Partner teilen kann. Ich schenke meinem Partner meine volle Aufmerksamkeit und zeige ihm immer wieder meine Zuneigung. Ich richte mein Bewusstsein stets auf das, was uns verbindet, und hülle ihn in meine Liebe ein. Ich bin tolerant und behandle ihn stets liebevoll, bin aber auch bereit, seine Liebe anzunehmen. Wir entdecken und vertiefen unsere Gemeinsamkeiten und werden uns immer bessere Partner.

Ich bringe alles zur Sprache, was der Partnerschaft hilft, und achte den Standpunkt des anderen. Ich nehme meinen Partner in wahrer Liebe an, so wie er ist, achte ihn und gebe ihm, was er braucht. Ich erhalte die Liebe lebendig und erlebe die Partnerschaft immer wieder neu. Ich bin flexibel und anpassungsfähig und glaube an meinen Partner. Ich lebe bewusst in der Gegenwart, werde immer gelassener und bin aufmerksam in der Liebe zu meinem Partner. Ich freue mich, dass wir gemeinsam einen Weg gehen. Ich empfange dankbar die Liebe der Einen Kraft und lasse sie durch mich zu meinem Partner und zu allen Menschen fließen. Je mehr Liebe ich fließen lasse, desto mehr empfange ich Liebe und lebe ganz in der Liebe.«

Mit Dir....

- weiß ich, gibt es nichts, was ich nicht kann.
- möchte ich bis ans Ende der Welt gehen, und weiß, das ist erst der Anfang.
- möchte ich in diesem Augenblick versinken, um in diesem ewigen JETZT zu bleiben, von Ewigkeit zu Ewigkeit.
- wird auch das Schwierigste zu einem Geschenk und das Schönste erst wirklich schön.
- habe ich den Anfang des eigentlichen Lebens erlebt und den Anfang einer Beziehung, die ohne Ende ist.
- wird jeder Augenblick zu einem faszinierenden Abenteuer,
- bin ich in die Zeitlosigkeit eingetreten und lebe im ewigen JETZT – mit Dir.
- bin ich erst der geworden, der ich wirklich bin, immer schon war und von nun an auch immer sein werde.
- hat mein Leben erst seinen eigentlichen Sinn bekommen.
- kann ich erst erkennen, wie unvollkommen mein Leben ohne dich war.
- ist es mir gleich, wohin wir gehen und was geschieht, denn mit Dir ist jeder Augenblick Erfüllung.
- kann eine Ewigkeit gar nicht lang genug sein.
- gibt es immer wieder Überraschungen, mit denen nun wirklich keiner rechnen konnte.
- wird das Leben erst wirklich lebendig.
- war es ganz einfach, mein Ich loszulassen, schon weil es unser Miteinander gestört hätte, und nun gibt es »mich« gar nicht mehr. Ich hätte nie gedacht, wie schön das ist, und ohne mich ist alles ganz einfach – mit Dir!
- ist mir keine Aufgabe zu groß, keine Entfernung zu weit und kein Augenblick zu schwer, sondern alles wird zum Geschenk.
- hat das Abenteuer des eigentlichen Lebens begonnen, und ich bin bei mir SELBST angekommen und erlebe, was es heißt, wirklich zu leben – MIT DIR!

VI.
EIFERSUCHT, UNTREUE, STREIT UND KRISEN

Wohl brach ich die Ehe,
aber zuerst brach die Ehe mich.
(Friedrich Nietzsche, 1844-1900)

Krisen

Jeder auf längere Dauer angelegten Partnerschaft ergeht es
ähnlich wie einem Marathonläufer: Von Zeit zu Zeit sind
Krisen zu bewältigen. Die anfängliche Spannung lässt nach.
Die erste Neugier flaut ab und die Gewohnheit greift um sich.
Reibungsflächen werden spürbar, die vorher überspielt wer-
den konnten.

Wie verhält man sich in Partnerschaftskrisen? Grundsätzlich
gibt es zwei Möglichkeiten, damit umzugehen:

- Sie haben sich rechtzeitig darauf vorbereitet und Hilfen
  festgelegt, die jetzt eingesetzt werden, etwa das Ritual der
  »Zwiegespräche« (siehe Seite 236ff.).
- Sie gehen den Leidensweg in der Hoffnung, dass Ihnen
  angesichts eines Problems eine spontane Lösungsidee oder
  ein williger Helfer aus der Patsche helfen.

Gerade in Krisen sollten wir uns nicht »auseinandersetzen«
sondern vielmehr uns »zusammensetzen«, indem wir einfach
davon ausgehen, dass es einen gemeinsamen Weg gibt – also
muss er auch zu finden sein.

Und glaube nicht, du kannst den Lauf der Liebe lenken,
denn die Liebe, wenn sie dich für würdig hält,
lenkt deinen Lauf.
(Khalil Gibran, 1883-1931)

Sich vom Besitzdenken lösen

In unserer »Haben-Gesellschaft« ist es fast eine Selbstverständlichkeit, den Partner für sich allein zu beanspruchen. Wie sollte man auch eine Ausnahme machen, wenn das ganze übrige Leben auf Besitz und Anerkennung ausgerichtet ist? Die Zuwendung des Liebespartners in Liebe zu einem anderen Menschen wird so als persönliche Herabsetzung und Kränkung empfunden. Wenn sich jedoch das Besitzstreben auch in die Liebe einmischt, dann kommt es zwangsläufig zu Eifersucht, die uns das Leben und die Liebe schwer macht.

Wer in der Liebe wirklich glücklich werden will, sollte zwei Dinge aus seinem Denken löschen: einmal die kindliche Angst, nicht genügend geliebt zu werden, denn jeder kann nur so viel Liebe empfangen, wie er gibt, und zweitens das Bedürfnis, den Partner wie einen Gegenstand besitzen zu wollen. Denn: Wenn der andere wirklich zu mir gehört, dann kann ich ihn gar nicht verlieren, und wenn er nicht oder nicht mehr zu mir gehört, dann kann ich ihn nicht halten.

Manche sind sogar auf das Hobby ihres Partners eifersüchtig, möchten am liebsten seine ganze Aufmerksamkeit, seine ganze Zeit für sich haben. Sie haben Angst, dass der Partner mit etwas anderem als mit ihnen glücklich sein könnte, ein Glück, an dem sie nicht teilhaben. Sie wollen den anderen möglichst an sich binden und genau das ist der Anfang vom Ende einer Liebe, denn Liebe kann nur in Freiheit leben. Ein Mensch, der auf eine solche Weise in Besitz genommen wird, fühlt sich von dieser Art Liebe bald gefesselt, erdrückt und in der Entfaltung seiner Persönlichkeit behindert.

Immer wieder wird behauptet, an der Eifersucht könne man den Grad der Liebe des anderen erkennen, also je eifersüchtiger jemand sei, desto mehr liebe er seinen Partner. Das ist natürlich ein Trugschluss, denn Eifersucht zeigt nur, wie *ängstlich, unsicher* oder *besitzorientiert* der Eifersüchtige ist, dass er glaubt, einen *Anspruch* auf die Liebe des anderen zu haben. Dadurch aber wird Liebe zur Verpflichtung, zu Pflicht und Zwang und das ist das Ende einer jeden Liebe.

Einen Menschen, der uns beengt und behindert, können wir auf Dauer nicht lieben. Ebenso wenig wie wir verhindern können, einen Menschen zu lieben, in dessen Nähe wir weit werden können, bei dem wir uns selbst näher kommen. Für ihn öffnet sich unser Herz von alleine, denn durch ihn können wir zu uns selbst finden.

Wir richten also nicht nur zu hohe, sondern zudem noch falsche Erwartungen an die Liebe. Wir wollen eine starre Form der Beziehung festhalten, weil sie uns seelischen oder wirtschaftlichen Halt gibt oder weil wir uns durch sie wertvoller fühlen. Sobald man aber die Liebe für irgendeinen Zweck missbraucht, verflüchtigt sie sich. Liebe kann man nicht einsperren. Sie ist so sensibel, dass sie gerade dann, wenn der Verstand sie festhalten möchte, besonders rasch entschwindet. Auch wenn ich den Liebespartner nach meinem Bild formen und verändern möchte, beginnt mir die Liebe zu entgleiten.

Je mehr ich den anderen als *meinen* Schatz ansehe, den Menschen, der mir zu gehören, treu zu sein und mein Leben zu teilen hat, der für mich da sein soll, mich brauchen soll und den ich brauche, desto weniger hat die Liebe eine Chance. Dabei gilt diese Verrücktheit, einen Menschen besitzen, für sich allein haben zu wollen, als absolut normal. Sobald aber die Inbesitznahme des Partners beginnt, vergeht die Liebe. Je mehr man sich bemüht, die Liebe mit dem Verstand zu fördern, an seinem Geliebten »arbeitet«, desto schneller ist sie vorbei. Nur allzu leicht sind wir dann bereit, dem anderen die Schuld zu geben, schließlich haben wir ja alles für unsere Liebe getan.

Wahre Liebe kann nicht »enttäuscht« werden. Enttäuschte Liebe ist immer nur enttäuschte *Erwartung* – und wenn ich keine Erwartungen mehr habe, kann ich auch nie mehr enttäuscht werden. Meine Erwartungen sind die Ursache für meine Unzufriedenheit, Angst und Eifersucht. Eifersucht hat auch nur scheinbar etwas mit dem Partner zu tun. In Wirklichkeit ist der andere nicht verantwortlich für meine Eifersucht, Angst, Sehnsucht, Verzweiflung oder gar für meinen Hass. *Er* ist nur der Auslöser, die Ursache aber liegt in mir. Durch den anderen werden diese Mängel in mir nur sichtbar. Also sollte ich ihm dafür keine Schuld geben. Je stärker ich mich an meine Erwartungen klammere, desto unflexibler werde ich darin, wahrzunehmen, was *außerhalb* meiner Erwartung geschieht.

Treue gilt in unserer Gesellschaft als unumstößliche Tugend. Wir glauben: Ein wirklich guter Mensch hat auch treu zu sein. Aber ein wirklich Liebender muss darauf achten, stets auch sich und der Liebe treu zu sein, denn es ist für ihn wichtiger, zu lieben, als seine Fixierung ausschließlich auf einen Menschen zu konzentrieren. Wenn ich nur einen Menschen so tief liebe, um so besser. Aber wenn es nicht so ist, dann ist das eben die Wirklichkeit und alles andere wäre Lüge und Heuchelei. Das, was wir als Treue bezeichnen, ist bei genauer Betrachtung nur ein Vorurteil, eine Scheintugend, die von ängstlichen und unsicheren Menschen gewünscht wird, aber in der Wirklichkeit des Lebens keinen Platz hat.

Ein liebesfähiger Mensch kann nicht verstehen, warum er, wenn er einen Menschen liebt, nicht gleichzeitig auch einen anderen lieben dürfen sollte. Wir fänden es ja auch krankhaft, wenn jemand in seinem Garten nur eine einzige Blume lieben könnte und ihr die Treue hielte und die anderen keines Blickes würdigen würde. Bei der Liebe zum anderen Geschlecht aber gilt das nicht als krankhaft, sondern als erstrebenswerte Tugend. So wird es dargestellt und von Millionen geglaubt und erhofft. Gott sei Dank ist das Leben vernünftiger und es kommt dann doch ganz anders.

Die Menschen aber sind bereit, lieber aneinander krank zu werden, als sich der Wirklichkeit des Lebens zu stellen. Und wenn das jemand ausspricht, dann muss er mit Ablehnung und Aggressionen rechnen.

Der Sinn einer Partnerschaft ist daher nicht die Treue, die Planung, die Fixierung aufeinander und die Zuverlässigkeit, sondern allein das gemeinsame Erleben der Liebe. Die kann man nicht planen und festhalten. Sie ist ein Geschenk, das geschehen kann, wenn wir offen, wach und aufmerksam sind. Wer das Geschenk der wahren Liebe annehmen will, muss sich von dem traditionellen Denken an Treue und Besitz lösen.

Liebe kann man auch nicht fordern oder anmahnen. Sie geschieht oder eben nicht. Sie richtet sich nicht nach unserer Erwartung, unserer Hoffnung und unseren Wünschen. Sie ist ein Geschenk des Lebens. Und sie hängt nicht davon ab, ob ich wiedergeliebt werde. Ich kann ja auch eine Landschaft lieben, ohne zu wünschen, dass sie mich ebenfalls liebt. Es geht also, dies kann nicht oft genug betont werden, nicht um das Objekt der Liebe, sondern um die Liebe selbst. Natürlich lässt sich eine Landschaft leichter lieben als ein Mensch, weil sie sich nicht so häufig verändert und auch nicht auf mich unmittelbar reagiert, aber das Prinzip ist das gleiche: Ich trete in eine Beziehung, ohne etwas zu erwarten oder gar zu verlangen. Könnten wir einen Menschen nicht ebenso unproblematisch lieben wie eine Landschaft?

Ein anderes Märchen ist zu glauben, dass die Liebe sich für einen einzigen Menschen entscheidet und dann bei diesem Menschen für immer bleibt, die einzige, große, wahre Liebe, von der so viele träumen. Liebe aber ereignet sich täglich, ja in jedem Augenblick neu aufgrund unserer Offenheit und seelischen Lebendigkeit. Sie kann in jedem Augenblick auch zu einem neuen, bisher unbekannten Menschen erwachen, selbst wenn das vielleicht gegen unsere Vorstellung und Moral verstößt. Das Leben ist eben lebendig und kümmert sich nicht um solche unwirklichen Projektionen. Wenn sich die Liebe von einem Partner ab- und einem anderen zuwendet, dann ist das ein Ausdruck der Lebendigkeit und Wahrhaftigkeit und nicht der Lasterhaftigkeit. Liebe ist kein statischer Vorgang, der – einmal geschehen – konserviert werden kann.

Liebe will sich einfach nur ausdrücken, schenkt Zärtlichkeit und Zuwendung, will einfach nur geben – darin besteht ihr besonderer Reiz und das Glück. Wir sollten aus ihr kein Geschäft machen, das stets nach der Gegenleistung fragt.

Treu sein kann ich also stets nur mir selbst und der Liebe. Mit dem Treueschwur stelle ich einen Wechsel auf die Zukunft aus, bei dem ich nicht weiß, ob ich ihn einlösen kann. Wenn ich mich dann später dazu zwinge, obwohl es eigentlich nicht mehr stimmt, ist der Preis dafür ein Verlust der Lebendigkeit und Individualität. Ein hoher Preis für eine Idee, die ohnehin nicht mit der Wirklichkeit des Lebens zu vereinen ist.

Auch in einer Partnerschaft sollte man nie *müssen*! Nur wenn das Glück des anderen ein wesentlicher Bestandteil des eigenen Glücks ist, bin ich an der Liebe und nicht am Besitz interessiert. Liebe entsteht in Freiheit und kann nur in Freiheit leben. Sobald sie angetastet wird, beginnt sie zu schwinden. Sie kann nicht durch Denken und Wollen gemacht oder gefördert werden. Ich kann sie nur dankbar begrüßen und mich an ihr erfreuen, solange sie mein Gast ist, und ihr jederzeit gestatten, zu gehen, denn so habe ich die größte Chance, dass sie bleibt. Bis sie mich verwandelt hat und ich selbst ein Liebender geworden bin, der nicht mehr danach fragt, ob er geliebt wird, sondern sich erfüllt im Lieben.

Es ist eine Überforderung, alles mit einem Partner leben und entwickeln zu wollen, denn jeder Mensch lockt andere Teile meiner Persönlichkeit aus mir heraus. Wer früh heiratet und erwartet, dass der Ehepartner alles in einer Person leisten kann, setzt ihn damit unter einen starken Leistungsdruck.

Deshalb ist es sinnvoll, mit der Individuation der Partnerschaft schon vor der Ehe zu beginnen.

Beide ergreifen auf manchen Gebieten die Initiative und setzen auf anderen Grenzen. Vielleicht geht die Frau sexuell nur bis zu einem gewissen Punkt, hält aber all ihre Zeit für den Mann frei; er hingegen übernimmt sexuell die Rolle des Herausforderers, geizt jedoch sehr mit seiner Zeit. Eine Klientin sagte einmal: » Eine Frau ist bedingungslos treu – solange sie liebt!« – auch das kann wahr sein.

Nach meinen Ausführungen über die Treue könnten Sie zu der Auffassung kommen, mir sei Treue nicht wichtig oder sie sei gar verzichtbar. Das Gegenteil ist der Fall. Ich möchte nur erreichen, dass sie nicht zur Pflicht gemacht wird. Als Ideal kann sie noch zum Hindernis werden, weil ich dann mein Ideal verwirkliche anstatt die Treue. Sie hat erst ihren wahren Wert, wenn sie echt und authentisch ist, also freiwillig! In einem freiwilligen Sich-ausschließlich-aufeinander-Einlassen erfährt eine Partnerschaft eine Tiefe, die sie bei »fliegendem Wechsel« gar nicht haben kann. Treue also nicht aus Absicht, einem Wunsch oder Ideal folgend, sondern weil sie meinem wahren Wesen entspricht, sonst ist sie begrenzend. Dann aber ist sie eine selbstverständliche Krönung der Partnerschaft, wenn sie ein immer tieferes Sich-aufeinander-Einlassen ermöglicht! Ich sollte allerdings unverkrampft an das Thema herangehen. Manchmal ist es gerade eine »Außenbeziehung«, die meine bestehende Partnerschaft neu inspiriert, beispielsweise dann, wenn in dieser Außenbeziehung Defizite aufgefüllt werden, unter denen ich leide, und ich dann die daraus erwachsende Kraft in die Beziehung einbringen kann.

Beispiel: Sie leidet stillschweigend darunter, dass ihr Partner nicht mit zum Tanzen geht. Unerwartet lernt sie in der Straßenbahn einen leidenschaftlichen Tänzer kennen. Was anfangs nach einem Problem aussehen mag, kann in Wahrheit die seine Lösung sein: Indem sie jetzt mit dem anderen Mann tanzen geht, verschwindet ihr Frust und sie bringt eine neu gewonnene Vitalität in die bestehende Beziehung ein. Die Ehelust kann wieder Einzug halten.

Wenn jedoch ohnehin die Ehekrise droht, dann besteht die Gefahr, durch Untreue einfach dem eigenen Thema ausweichen zu wollen. Außenpartnerschaft lebt sich leichter und erfüllter unter relativ stabilen und glücklichen Paaren, die einander Gutes gönnen, als unter frustrierten, die ohnehin das Gefühl haben, ständig zu kurz zu kommen. Im Idealfall bringen Sie erst Ihre Beziehung in Ordnung, bevor Sie eine Außenbeziehung erwägen. In einem klaren Bekennen dessen, was man sich als Paar geben kann und was nicht, kann ein für beide verträglicher Rahmen für eine Außenbeziehung abgesteckt werden. Manchmal muss eine Beziehung auch erst einmal »ausreifen«, um eine Außenbeziehung zu vertragen. Man sollte zuerst »in« einer Beziehung sein, bevor man nach außen schaut.

Ein weiterer Punkt ist zu beachten: Nach dem Human Design System[20] gibt es Willensmenschen und Nicht-Willensmenschen (Herz-Zentrum definiert oder offen). Für Willensmenschen hat die Treue eine stärkere Bedeutung als für Nicht-Willensmenschen. Dies erklärt, warum wir das Thema Treue so unterschiedlich handhaben.

Wahre Treue ist ein innerliches Zu-sich-Stehen und Zum-anderen-Stehen. Wir sollten weitgehend vermeiden, den anderen unnötig zu kränken, und verantwortungsvoll mit eigenen und fremden Bedürfnissen umgehen.

Treue-Testbogen

Mit dem nachfolgenden Testbogen können Sie herausfinden,
ob Sie und Ihr Partner in Fragen der Treue übereinstimmen.

	Ja	Nein
Bezüglich eines Seitensprungs meine ich (er, sie): Einmal ist keinmal…		
Er/Sie darf nichts von einer Beziehung zu einer/m anderen wissen.		
Eine/n andere Frau/anderen Mann lieben ist nichts Anrüchiges.		
Wenn ich einmal vom Dienst spät nach Hause komme, vermutet er/sie gleich, ich sei mit jemand anderem losgezogen.		
Ich werde unruhig, wenn meine Frau (mein Mann) mit einem anderen Mann (einer anderen Frau) flirtet.		
Wenn ich abends auf meinen Partner (meine Partnerin) warten muss, beschäftigt mich öfter die Fantasie, dass er (sie) ein Verhältnis hat.		
Wenn ich wüsste, dass mir mein Partner (meine Partnerin) untreu ist, könnte ich nicht mehr bei ihm (ihr) bleiben.		

Die Vorstellung, mein Partner (meine Partnerin) könnte sexuelle Beziehungen zu jemand anderem haben, macht mich unruhig und bereitet mir körperliches Unbehagen.

Ich brauche von Zeit zu Zeit den Anreiz, auch sexuelle Kontakte zu anderen aufzunehmen.

Für mich gilt das Motto: »Treue bis zum Tod.«

Ich verlange von meinem Partner (meiner Partnerin), dass er (sie) sich nach dem Motto »Treue bis zum Tod« verhält.

Wenn ich mir vorstelle, dass mein Partner (meine Partnerin) fremdgeht, hätte das Leben für mich keinen Sinn mehr.

Mein Partner (meine Partnerin) will immer seine (ihre) Ruhe haben, sodass ich oft das Bedürfnis habe auszubrechen und mir ein Leben mit einem anderen Partner vorstelle (Treue und Kontakt).

Mein Partner (meine Partnerin) ist so geizig, dass ich oft das Bedürfnis habe auszubrechen und mir ein Leben mit einem anderen Partner vorstelle (Treue und Sparsamkeit)

Mein Partner (meine Partnerin) ist so unhöflich, das ich oft das Bedürfnis habe auszubrechen und mir ein Leben mit einem anderen Partner vorstelle (Treue und Höflichkeit).

Mein Partner (meine Partnerin) ist so ordent-
lich (oder pedantisch), dass ich oft das Bedürfnis habe auszubrechen und mir einen anderen
Partner vorstelle (Treue und Ordnung).

Ich halte Treue für eine wichtige Charakterei-
genschaft.

Treue ist eine Einschränkung der persönlichen
Freiheit.

Die Religion (Weltanschauung), der ich ange-
höre, legt großen Wert auf die Einhaltung der
Treue.

Das Gebot der Treue gilt für mich, unabhängig
von der Ehe, gegenüber meinem Partner (meiner Partnerin).

Ich habe bisher oft meinen Beruf (Arbeitsstel-
le) gewechselt.

Mir sind viele lockere Freundschaften lieber als
eine feste.

Egal wie mein Partner (meine Partnerin) ist,
ich halte immer zu ihm (ihr).

Meine Religion (Weltanschauung) zu wech-
seln ist für mich undenkbar.

Wenn ich mich für etwas zu entscheiden habe,
stehe ich dazu.

Auch wenn meine Eltern und meine Umgebung große Bedenken gegen meinen Partner (meine Partnerin) hätten, würde ich zu ihm (ihr) stehen.

Meine Eltern haben sich scheiden lassen.

Als Kind (Jugendliche) habe ich mitbekommen, dass es zwischen meinen Eltern Schwierigkeiten wegen Untreue gab.

Meine Eltern nahmen es mit der Treue nicht so genau.

Für meine Eltern war Treue oberstes Gebot.

Eifersucht ist eine Leidenschaft,
die mit Eifer sucht, was Leiden schafft.
(Friedrich Schleiermacher, 1768-1834)

Wie Eifersucht Leiden schaffen kann

Stellen Sie sich vor...

... es ist Sonntag; Sonne, gute Laune, ein Ehepaar geht spazieren. Sie lieben sich, gehen Hand in Hand und sind glücklich.

Da kommt eine andere vorbei, nicht einmal besonders attraktiv, aber irgendetwas veranlasst ihn, ihr nachzuschauen. Er findet nichts Besonderes und wendet sich wieder seiner Frau zu. Die aber ist sauer. Denkt, was er wohl an der findet, und bekommt einen Selbstwerteinbruch, mag sich selbst so empfindlich nicht leiden und geht auf ihn los, schließlich hat er ihr das ja angetan.

Er ist sich keiner Schuld bewusst und versucht zuerst noch liebevoll, sie zu trösten und aufzuheitern, aber als sie nur mit spitzen Bemerkungen reagiert, wird auch er zunehmend gereizter und sagt ihr ebenfalls einige Unfreundlichkeiten.

Sie bricht in Tränen aus und schließlich sprechen sie gar nicht mehr miteinander. Wortlos gehen sie heim.

Die Fronten verhärten sich und es kommt zu einer Aussprache. Wenn jetzt nicht beide sehr aufpassen, geraten sie dabei leicht wieder in dieselbe Energie und schon ist der schönste Streit im Gange.

Es dauert nicht lange und sie werden »historisch«: »Meine Mutter hat mich damals gleich vor dir gewarnt: Mit dem wirst du noch dein blaues Wunder erleben«, sagt sie und »hätte ich doch damals bloß auf meine Mutter gehört«.

Er steht da in nichts hinter ihr zurück und sagt: »Wenn ich mit unserem Kühlschrank ins Bett ginge, dann wäre der sicher temperamentvoller als du« usw. Jetzt kommt alles das heraus, was man bisher verschwiegen hat. Erneute Tränen. Sie fährt heim zu ihrer Mutter. Wenn die Liebe nicht doch noch siegt, ist ihre Ehe kaum noch zu retten.

Keinem ist aufgefallen, dass sie beide in Wirklichkeit gar kein Problem haben. Der auslösende Blick zu einer anderen ist schließlich nicht gegen seine Frau gerichtet, denn er liebt sie ja. Es war eigentlich eine völlig belanglose Situation, die nur drei Sekunden dauerte. Da ist kein Problem und es gibt nichts zu lösen. Sich gar nicht drum zu kümmern, vielleicht sogar ihm diesen Blick zu gönnen wäre das Beste gewesen und nichts hätte ihre Liebe und den schönen Tag getrübt. Sie hätten sich an ihrer Liebe erfreut und noch gern an diesen wunderbaren Tag zurückgedacht.

Ein weiteres Beispiel

Das nachfolgende Beispiel zeigt, wie sehr wir uns selbst durch unsere moralischen Bewertungen einschränken:

---

1. Es war einmal ein Mann, der liebte seine Frau nicht mehr. Jedenfalls warf sie ihm das vor und so unrecht hatte sie nicht. Die Ehe war schal geworden. Sie waren einander vertraut, doch obwohl sie sich so gut kannten, erkannten sie einander nicht mehr, jedenfalls nicht in der biblischen Bedeutung des Wortes. Denn dort heißt »erkennen« einander auf einer intimen Ebene begegnen. Der Mann liebte seine Frau immer noch, obwohl er es nicht mehr zeigen konnte.

---

2 (Alternative A): So suchte er heimlich einen Psychotherapeuten auf, lernte seine Gefühle und Bedürfnisse und die der anderen besser wahrzunehmen und übte sich in gewaltfreier Kommunikation. Unter dem Vorwand, im Büro länger arbeiten zu müssen, nahm er wöchentlich ein- bis zweimal Sitzungen. Es dauerte einige Zeit, doch dann kam der Durchbruch.	2 (Alternative B): Wie das Schicksal so will, begegnete er eines Tages einem jungen Mädchen. Sie war unkompliziert, frisch, problemlos. Sie liebte das Vergnügen, stellte keine Fragen und fand ihn toll, jedenfalls was ihre kurzen Zusammenkünfte betraf. So wurde sie seine Geliebte. Unter dem Vorwand, im Büro länger arbeiten zu müssen, nahm er sich wöchentlich ein- bis zweimal Zeit für ein paar leidenschaftliche Stunden.

3. Und dabei fand er Zugang zum Kern seines schöpferischen Potenzials. Es war, als hätte er sich gewandelt, wäre schlangengleich aus seiner Haut geschlüpft und ein neuer Mensch geworden. Seine Frau merkte die Veränderung und wunderte sich. Doch sie akzeptierte ihren gewandelten Partner, wandelte sich selbst und freute sich. Aus Gleichgültigkeit wurde Zärtlichkeit, aus Nebeneinander Zuwendung, aus Pflicht Leidenschaft. Es war, als wäre ein Stern aufgegangen, als wären beide neu geboren worden.

4 (Alternative A): Eines Tages gestand er ihr, wodurch der Wandel eingetreten war. Sie umarmte ihn und so lebten sie glücklich bis an ihr Ende.	4 (Alternative B): Eines Tages gestand er ihr, wodurch der Wandel eingetreten war. Sie stieß ihn von sich und so ließen sie sich scheiden und waren verbittert bis an ihr Ende.

Erkenntnis: Als weisem Partner ist es mir doch ganz egal, wodurch der Wandel eingetreten ist. Ich freue mich über das Ergebnis und vertraue dem Leben, dass das Richtige geschieht. Es kommt auf die Qualität an Nähe und Intimität an, die wir erleben können, nicht auf die Historie und die Dinge, die draußen liegen.

Hinter jeder Sucht steckt eine nicht abgeschlossene Suche;
dies gilt ganz besonders für die Eifer-Sucht.
(Kurt Tepperwein)

Woher kommt eigentlich die Eifersucht?

Eifersucht ist eine Sucht. Eifersucht kann nur entstehen, wenn ich mir etwas fehlt. Frauen sind häufiger eifersüchtig. Es wird daher Zeit, dass die Frau zu sich selbst erwacht, sich als gleichwertig erkennt.

Der Partner ist ja bei mir, aufgrund meines Soseins. Bin ich aber nicht *ich selbst* und erlaube ich ihm nicht mehr, *er selbst* zu sein, dann vergraule ich ihn. Also sollte ich nicht mehr versuchen, ein anderer zu sein, sondern wirklich ich selbst, so wie ich wirklich bin.

Nun will der Eifersüchtige ja nicht eifersüchtig sein, aber er sucht die Antwort auf eigene Unbehaglichkeiten im Du. Er sagt: »Weil du so bist, bin ich eifersüchtig«, statt den Grund bei sich selbst zu suchen. *Sie* ist eifersüchtig, wenn *er* woanders hinschaut, weil sie denkt: »Ich bin zu dick, zu alt, habe zu wenig Busen usw.« Dabei existiert das alles nur in ihrer Vorstellung, weil sie sich mit anderen vergleicht. Und weil sie das tut, zwingt sie den Partner damit, sich ebenfalls umzuschauen.

Viele Menschen suchen außen nach der Liebe, wollen geliebt werden. Unbewusst sehnen sie sich nach der Situation ihrer Kindheit, als sie geliebt wurden, umsorgt, geborgen waren. Verständlich, dass wir dieses Gefühl des Geliebtseins und der Geborgenheit weiter erleben möchten.

Hinter Eifersucht steckt auch oft die kindliche Angst, nicht genug geliebt zu werden und den Partner zu verlieren, auf dessen Liebe ich als »Kind« angewiesen bin. Ein Kind braucht die Liebe und Zuwendung der Mutter oder einer anderen Bezugsperson. Es ist davon abhängig. Eifersucht ist ein kindliches Verhalten. Wenn das Kind auch nur kurze Zeit allein ist und die Mutter aus dem Blickfeld verliert, entsteht Angst, oft sogar Panik. Es ist die besitzergreifende Liebe eines Kindes zur Mutter, das Bedürfnis, den Partner wie einen Gegenstand besitzen zu wollen. Der Unreife möchte wie ein Kind die ständige und vollständige Aufmerksamkeit des anderen. Er möchte nicht, kann es nicht ertragen, dass der andere mit etwas anderem glücklich ist als mit ihm und ist so auch auf dessen Hobby eifersüchtig. Wenn ein Kind viel Liebe und Zuwendung bekommt, wenn es gelobt und geschätzt wird, dann entwickelt es Urvertrauen, innere Sicherheit und innere Stärke.

Fehlt die nötige Zuwendung und der ebenso nötige Hautkontakt, dann bleibt der Mangel und wird ins Erwachsenenleben mitgenommen. Später sucht man, ohne dass es einem so richtig bewusst wird, das, was gefehlt hat, beim Partner, Freund oder anderen nahestehenden Menschen. Der Eifersüchtige tobt, um seine Unreife, seine Angst und Unsicherheit nicht zu spüren, anstatt die Chance zu nutzen, in sich zu gehen, der Quelle seiner Eifersucht auf die Spur zu kommen und sich weiterzuentwickeln. Liebe lässt sich nicht gebrauchen. Wenn ich den anderen ändern möchte, zeigt das, dass ich ihn meinen Bedürfnissen anpassen möchte, anstatt einen notwendigen, das heißt »die Not wendenden« Schritt zu tun.

Der andere macht mich auch nicht eifersüchtig, sondern durch ihn werden nur meine Unreife, meine Angst und Unsicherheit sichtbar – und das ist der Sinn einer Partnerschaft, miteinander und aneinander zu reifen.

Die Zuwendung meines Partners zu *anderen* Menschen ist keine persönliche Herabsetzung und Kränkung, sondern ein natürlicher Teil des Lebens. Liebe sollte nicht zur Pflicht werden, sonst löst sie sich auf. Wenn ich den anderen wirklich liebe, hört Eifersucht ganz von selbst auf, weil ich ihn glücklich sehen möchte, wo auch immer. Versuche ich den anderen an mich zu binden, ist das der Anfang vom Ende der Liebe.

Begehen wir also nicht weiter den Fehler, uns nur für den Teil der Liebe zu interessieren, den wir bekommen, sondern fangen wir an, selbst Liebe zu geben, uns im Lieben zu erfüllen, selbst Liebende zu werden. Dann leben wir ein erfülltes Leben – und wenn wir dann auch noch geliebt werden, ist das ein zusätzliches Geschenk. Wir brauchen es nicht mehr, aber gerade damit machen wir es möglich. Das heißt, dass Liebe dazu neigt, Liebe zu entfachen, und daher sagt man, einen Menschen zu lieben, bedeute, ihn mit Gewissheit zu einem besseren Menschen zu machen als er es sonst wäre. Erkennen wir in dem Zusammenhang:

- Eifersucht ist kein Beweis für die Liebe
- Liebe darf nicht zum Gefängnis werden
- Eifersucht ist die Lupe des Misstrauens; sie lässt uns Beweise finden, wo keine sind
- Nicht selten wird ein treuer Partner durch falsche Verdächtigungen in die Arme eines/r anderen getrieben.

Eifersucht und Besitzanspruch an den Partner
ist die Weigerung, erwachsen zu werden!
Fehlende Eifersucht bedeutet nicht Gleichgültigkeit,
sie bedeutet leidenschaftliche Liebe ohne Besitzanspruch!
(Kurt Tepperwein)

Wie löse ich mich von der Eifersucht?

Es stellen sich zwei Fragen:

- Was kann ich tun, um meine Eifersucht zu überwinden?
- Wie kann ich einer nahestehenden Person helfen, ihre Eifersucht aufzulösen?

Wenn ich eifersüchtig bin, sollte ich mich fragen: Worauf bin ich eifersüchtig? Was befürchte ich? Dass der andere mir seine Aufmerksamkeit oder Liebe entzieht? Dass er jemanden liebt, den ich nicht mag? Habe ich Angst, etwas zu verlieren? Was? Und wodurch eigentlich?

Der andere ist immer nur der Auslöser, zeigt mir, wo ich nicht ich selbst bin. Der Auslöser zeigt mir aber auch, *was zu tun ist.* Ich sollte *mir selbst* mehr Liebe und Aufmerksamkeit schenken. Durch meine Eifersucht wird mir nur mein Mangel bewusst gemacht. Warum gebe ich mir diese Liebe und Aufmerksamkeit nicht? Wo fühle ich mich nicht liebenswert oder schön genug? Wo glaube ich, anders sein zu müssen als ich bin? Und warum?

Bin ich *ich selbst,* dann kann ich mich auch lieben, dann will ich nicht mehr anders sein als ich bin. Dann aber kann mich auch der andere lieben, weil ich »stimme«, weil ich so bin, wie mich das Leben will, wie ich gemeint bin und deswegen will mich auch der andere. Bis dahin zwinge ich ihn fast, mich nicht zu lieben.

Auch dies ist möglich: Mein Partner wendet sich von mir ab, weil ich mich von mir selbst abgewandt habe. Wenn in mir

Mangel ist, kann im Außen nicht Fülle sein, wenn die Liebe nicht in mir ist, hat sie auch im Außen keine Chance.

Vielleicht ist aber auch die Zeit dieser Partnerschaft abgelaufen. Muss nicht jede Partnerschaft zumindest im Außen einmal enden, spätestens mit dem Tod?

Fragen zum Thema Eifersucht:

Wodurch werde ich eifersüchtig?

Worauf bin ich eifersüchtig?

Was schmerzt mich dabei im Grunde wirklich?

Warum schmerzt es mich eigentlich so, wenn mein Partner jemand anderen liebt?

Möchte ich, dass er wirklich glücklich ist?

Warum aber muss der andere unbedingt bei mir glücklich sein?

Oder kann man zwei Menschen gleichzeitig lieben? Und mehrere?

Ist nicht jede Beziehung einmalig?

Liebe ich meinen Partner tatsächlich?

Bin ich bereit, dafür wirklich etwas zu tun?

Wie kann ich den Schmerz der Eifersucht auflösen?

Was hindert mich eigentlich daran, den anderen zu lieben, auch wenn er mich nicht mehr liebt?

Eifersucht, die wir in uns spüren, ist eine Aufforderung, sich um unser inneres Kind und die Entwicklung unserer Persönlichkeit zu kümmern. Sie ist aber auch ein Hinweis darauf, dass wir die wahre Liebe, die selbstlose, bedingungslose Liebe noch nicht leben.

Jede Sucht hat mit Angst zu tun. Ich erliege der Sucht, um meine Angst nicht bewältigen zu müssen. Die Sucht wirkt als Tranquilizer für eine Angst, die ich nicht fühlen und vor allem für die ich keine Verantwortung übernehmen will. Dies gilt insbesondere für die Eifer-Sucht.

Übung: Erinnern Sie sich an eine Situation, in der Sie eifersüchtig waren. Spüren Sie noch einmal Ihre Eifersucht. Spüren Sie nach: Was steckt dahinter? Vielleicht Angst davor, keine Kontrolle zu haben? Und was liegt noch eine Ebene tiefer verborgen? Vielleicht der Gedanke: »Jetzt öffne ich mich schon einmal einem Menschen, das fällt mir sowieso schwer genug und jetzt soll dieser Mensch das Recht haben, sich von mir abzuwenden?« Spüren Sie noch eine Ebene tiefer, immer tiefer. Vielleicht fühlen Sie jetzt die Angst, ausgeliefert zu sein. Spüren Sie weiter nach, bis Sie in diese Ebene gelangen, in der Ihre Gefühle keine Interpretation mehr haben, sondern unmittelbar fühlbar sind. Möglicherweise kommen Sie auf dem Weg Gefühlen auf die Spur, die Sie lange Zeit vor sich selbst verdrängt haben, einer chaotischen Lebendigkeit oder was auch immer. Fühlen Sie sie unmittelbar. In den meisten Fällen werden Sie, falls Sie nicht ausweichen, an eine Urangst gelangen. Spüren Sie sie noch tiefer und lassen Sie sich durch sie hindurchfallen. Erfühlen Sie das tiefere Getragensein, die Liebe Ihres wahren Wesens. Denken Sie es nicht nur, erleben Sie es auf dem Weg: Jede Sucht ist letztlich immer die Suche nach mir (meinem) selbst. [21]

Wenn der andere der Eifersüchtige ist, zeigt mir seine Eifersucht nicht nur, wie *egoistisch*, ängstlich, unsicher und besitzorientiert er ist, sondern auch, dass er die Situation allein nicht bewältigen kann und dringend liebevolle Hilfe braucht. Ganz gleich, was das Problem ist, die Antwort ist immer Liebe – und das bedeutet nicht blindes Nachgeben, sondern hinschauen und »das Stimmige« leben! Im Idealfall löse ich »Hand in Hand« mit meinem Partner die Aufgaben des Lebens, so auch das Thema der Eifersucht.

Wenn die Sonne nicht auf Lob und Bitten wartet, um aufzugehen,
sondern eben leuchtet und von der ganzen Welt begrüßt wird,
so darfst auch du weder Schmeichelei noch Beifall brauchen,
um Gutes zu tun.
Aus dir selbst heraus musst du es tun:
Dann wirst du wie die Sonne geliebt werden.
(Epiktet, ca. 50-138 n.Chr.)

Therapie der Untreue

Treue kommt von trauen, sich vertrauen, jemanden etwas
zutrauen. Deshalb ist Untreue nicht der Verlust einer exklusi-
ven Sexualbeziehung, sondern der Verlust einer Vertrautheit
mit dem anderen und vor allem mit sich selbst. Nur das
verursacht Schaden.

Menschen gehen mit dem Thema Treue unterschiedlich
um und so muss letztendlich jede Beziehung selbst prüfen, wie
sie das handhaben möchte.

Ein Genfer Psychologe, Willy Pasini, stellt Paaren gern
folgende Frage:»Wenn Sie wählen müssten, würden Sie es
vorziehen, dass Ihr Partner mit Ihnen schläft und dabei an
eine/n andere/n denkt, oder dass er mit einer/einem anderen schläft und dabei an Sie denkt?« Zwei Drittel der befragten
Männer antworteten:»Lieber soll sie mit mir schlafen und an
einen anderen denken.« Zwei Drittel der Frauen dagegen
sagten:»Soll er mit einer anderen schlafen, wenn er dabei nur
an mich denkt.«

Wenn es sich nicht nur um einen One-Night-Stand, sondern
um eine richtige Affäre handelt, können Eifersuchtsgefühle
die Beziehung regelrecht vergiften. Bei manchen Partnern ist
die erste Reaktion Trennung. Janis Abrahms Spring, Psycholo-
gin an der Yale University, beschreibt in ihrem Buch »After the
Affair« (Harper Collins 1996), wie Paare üblicherweise mit

einem Seitensprung umgehen und was sie tun können, falls sie
darunter leiden:

1. **Gefühle zulassen.** Wut, Hass, Gekränktsein, ein verlorenes
   Selbstwertgefühl, Angst, die Kontrolle über sich zu verlieren, Depressionen. Aus diesen Gefühlen in der ersten Phase
   heraus sollte der »Betrogene« keine vorschnellen Entscheidungen ableiten. Der Therapeut Hans Jellouschek plädiert
   in seinem Buch »Warum hast du mir das angetan?« [22] für
   einen »Spielraum«. Der »Untreue« sollte nicht unter Druck
   gesetzt werden, die Affäre abrupt zu beenden. Jetzt können
   beide allein oder mit Therapeutenhilfe beginnen, ihre
   Beziehungsmuster und die Paargeschichte aufzuarbeiten.
2. **Versöhnung.** »Wollen wir etwas für die Beziehung tun?«
   Wenn beide Partner mit ja antworten, ist es möglich, nach
   der Affäre wirklich neu anzufangen. Auch wenn nicht sofort
   wieder heiße Liebe entfacht wird, kann man sich ganz
   behutsam und langsam wieder neu kennen- und lieben
   lernen.
3. **Vertrauen.** Eine neue Basis aufzubauen ist der schwierigste
   Schritt. Dazu gehört auch eine neue Intimität.

Es gibt auch Fälle, in denen sich aus dem ursprünglichen
Fremdgehen eine »Beziehung zu dritt« ergibt, beispielsweise
dann, wenn der »Ergänzungspartner« sich in die bestehende
Beziehung eingliedert und dabei Qualitäten einbringt, die die
Defizite der bestehenden Beziehung ausgleicht – doch dies ist
ein äußerst sensibler Prozess, der von allen Beteiligten sehr viel
Feingefühl erfordert. Er funktioniert nur, wenn sich keiner als
das »dritte Rad am Wagen« vorkommt. Nicht für jeden ist eine
Dreierbeziehung gleichermaßen empfehlenswert: Es gibt Paa-
re, die zerbrechen und andere, die wachsen daran. Eine
Dreierbeziehung kann die Lösung für ein Paar sein oder auch
der Beginn eines Chaos, ein Traum oder ein Alptraum. Die
Entscheidung, ob eine Dreierbeziehung angezeigt oder von

ihr abzuraten ist sollte am besten in Begleitung mit einem erfahrenen Lebensberater getroffen werden, weil dies sehr von der individuellen Disposition abhängt.

Die Welt ist meine Vorstellung.
(Arthur Schopenhauer,1788-1860)

Ein Beispiel für eine eifersüchtige und für eine eifersuchtsfreie Geisteshaltung

Nehmen wir einmal an, ihre Freundin erzählt *ihr* folgende Geschichte: »Du, ich habe gestern deinen Mann gesehen. Er hat mitten auf der Straße eine fremde Frau umarmt, und dann sind die beiden Hand in Hand weitergegangen.«

Jetzt hat *sie* die Wahl, zu denken, was sie will. Lässt *sie* sich von ihrem misstrauischen »kleinen Ich« verleiten, würden ihre Gedanken etwa so lauten: »Er betrügt mich. Wahrscheinlich kennt er diese Frau schon länger. Was hat sie, was ich nicht habe? Ich bin ja nie seine Traumfrau gewesen.«

Wenn *sie* so denkt, sieht sie *als Folge ihrer Gedanken* in ihrem Mann einen Lügner und Betrüger und fühlt sich womöglich ihres Wertes beraubt. Denkt sie hingegen mit dem heilen Teil ihres Geistes, würde sich das etwa so anhören: »Georg hat eine Frau getroffen, die er offensichtlich gut kennt und die er sehr gern mag. Bestimmt hatten sie sich viel zu erzählen.« Wenn sie so denkt, bleibt sie sich ihres wahren Wertes bewusst. Denn dann denkt sie so, wie das ein vollkommen liebevolles Wesen tut. Es kennt keine bösen Gedanken. Auch die Geschichte bleibt, was sie ist: eine Begebenheit im Leben ihres Mannes.

Es gibt also stets zwei Möglichkeiten, die Aufmerksamkeit zu lenken: um Gedanken zu denken, die das »kleine Ich« bestätigen, oder für Gedanken, die den gesunden Geist ausdrücken. Es gibt eine heile und gesunde Art zu denken, die wir auch »Denken in Liebe« nennen und eine Art des »Nicht-heilen-Denkens«. Jedes Mal, wenn Sie Ihrem »kleinen Ego« die Verantwortung für Ihre Denkvorgänge übertragen, können Sie sicher sein, dass Sie vergessen haben, wer Sie wirklich sind. Sie denken dann mit dem un-heilen Teil und nehmen infolgedessen irgendein Unheil wahr, wie das obige Beispiel verdeutlicht. Unheile Gedanken stammen jedoch nicht von Ihrem wahren Selbst, sondern kommen aus dem kleinen, ängstlichen Ich, das sich am liebsten an negativen Erfahrungen orientiert. Die Lösung liegt darin, die Unschuld im eigenen Partner zu sehen. Jedes Mal, wenn Sie in Ihrem Partner, trotz allem, die Unschuld sehen, erinnern Sie sich an Ihre eigene Unschuld.

> *Wer mit einem Finger auf den anderen zeigt,*
> *zeigt zugleich mit drei Fingern auf sich selbst!*
> (Volksmund)

Das Beziehungsspiel »Du…«

In allen Streitgesprächen ist jeder der beiden Beteiligten davon überzeugt, dass er recht hat. Lediglich in *einem* sind sich die beiden einig: Der andere ist schuld. »Wenn der nicht so und so wäre, dann wäre alles anders. Warum sieht er das nicht endlich ein? Dabei ist doch alles ganz klar, der andere kann nur nicht logisch denken!« Und dann beginnt das »Du-Spiel«. Alle Sätze, die jetzt folgen, beginnen mit dem Wort »Du«. Jeder Satz, jede Äußerung, jeder Gedanke und jedes Gefühl beziehen sich nur noch auf den anderen. Die ganze Auseinandersetzung wird zu einem Streit, in dem dem Partner abwechselnd Vorwürfe und Forderungen an den Kopf geworfen werden.

Er sagt: »DU kümmerst dich nicht um mich«, und *sie* wirft ihm vor: »DU lässt mir keine Ruhe«. Hier hängen die beiden fest und das schon seit geraumer Zeit. Sie stehen quasi mit aufeinander gerichteten Zeigefingern da und beschuldigen einander: »DU machst das nicht richtig« - »Aber das mach ich ja nur, weil DU …« - »DU sollst….« - »Nie kannst DU mal…« Weitere Beispiele:

- Du kümmerst dich nicht mehr um mich!
- Du lässt mir keine Freiheit!
- Du hast kein Vertrauen zu mir!
- Du verlangst immer, dass ich…
- Du willst immer Recht behalten!
- Du weißt es natürlich wieder besser!
- Du liebst mich nicht wirklich, sonst…
- Du solltest endlich einmal einsehen,…
- Du solltest dich einmal sehen, wie du jetzt aussiehst!

Dieses Spiel ist nicht nur sinnlos, weil es kein Ende findet, es wirkt sich auch zerstörend auf die Liebe der beiden aus. Dabei kann es jeder jederzeit beenden, denn die Lösung liegt nicht beim anderen, sondern bei mir selbst.

Machen Sie sich bewusst: Wann immer ich mit dem Verhalten meines Partners nicht einverstanden bin, bin *ich* nicht einverstanden. Würde der andere sich meinen Wünschen entsprechend ändern, würde das Problem nicht *gelöst*, sondern nur nicht mehr *ausgelöst*. Der andere macht mit seinem Verhalten nur das in mir liegende Problem sicht- und spürbar, *damit* ich es in mir lösen kann. Statt ihm dafür einen Vorwurf zu machen, sollte ich ihm dankbar sein.

Also statt zu sagen:

- DU machst mich krank, weil du...
- DU verletzt mich mit deinem ewigen...
- DU zerstörst mein Vertrauen, weil du...

Sage ich besser:

- ICH habe ein Problem, wenn du...
- ICH komme nicht damit zurecht, dass du...
- ICH weiß nicht weiter, wenn du...

Das Du-Spiel ist sofort zu Ende, wenn ich keinen Satz mehr mit DU beginne, sondern mit ICH. »Ich bin wütend« statt: »Du hast mich wütend gemacht.« - »Ich bin traurig, enttäuscht, verletzt... Hilf mir. Lass uns miteinander einen Weg finden, anstatt nur einen Schuldigen zu suchen.« Die Krise des Du-Spiels ist die beste Chance für ein wahres Miteinander.

Wenn wir aufhören, das Spiel zu spielen, dann kann auch der andere nicht weitermachen, denn es braucht immer zwei Mitspieler: den, der beschuldigt, und den, der sich schuldig fühlt und sich wehrt.

Wenn ich die Verantwortung für mein eigenes Verhalten und Erleben übernehme und bei mir selbst nach den Gründen für die Krise suche, dann mache ich einen qualitativen Schritt von der überholten Form von Beziehung, in der ich Rechte und Forderungen durchsetzen will, hin zur wahren Partnerschaft, in der ich verantwortlich handle und dafür sorge, dass diese Beziehung für uns beide glücklich und erfüllend ist.

Wichtig ist es, einander bei der Hand zu nehmen und dann immer zu fragen:

- Was können WIR tun, damit ich...
- Wie gehen WIR damit um, dass...
- Welche Möglichkeit besteht, mir da zu helfen, das eigentliche Problem zu erkennen und *auf*zulösen? (Dann kann es auch nicht mehr *aus*gelöst werden.)

Das Reden tut dem Menschen gut,
besonders wenn er's selber tut –
von Angstprodukten abgesehn,
denn so etwas bekommt nicht schön.
(Wilhelm Busch, 1883-1908)

Miteinander reden

Um sich einander tiefer verständlich zu machen, braucht es Kommunikation, und das ist nicht so einfach, da Mann und Frau verschiedene Sprachen sprechen. Das wird selten erkannt, da beide die gleichen Worte verwenden, aber sie meinen damit etwas ganz anderes. Die Vorstellung, die gute Lösung würde sich schon ergeben, ist eine Illusion, irgendwann muss ich sagen, was ich brauche und was mir wichtig ist, insbesondere in der Krise.

Beispiel: Eine Klientin ist zurückhaltend, fast ein wenig spröde erzogen worden. Da sie hübsch ist, hatte sie es nie schwer, Kontakt zu finden, auch nicht beim anderen Geschlecht. Eher musste sie ein wenig in die Reserve gehen und ihre Gefühle zurückhalten. So hatte es auch ihre Mutter ihr nahegelegt, um sie vor leichtsinnigen Abenteuern zu bewahren. Aber auf diese Weise hat sie die vertrauensvolle, natürliche und direkte Äußerung von Gefühlen und Wünschen gar nicht gelernt. Sie sagt beispielsweise nicht: »Ich habe heute so viel zu tun, könntest du mir beim Abwaschen helfen?«. Sondern sie lässt nur die Tür zur Küche offen und klappert ein wenig lauter. Ihr Mann, der im Wohnzimmer Zeitung liest, hört den heimlichen Wunsch nicht heraus, sondern betrachtet den Lärm als Störung und schließt die Tür. Er hat dies keineswegs als Mitteilung an *sie* gemeint. So hat sie es aber verstanden. Ihre erste unausgesprochene Bitte blieb unerfüllt; stattdessen hat ihr

Mann sie ostentativ ausgeschlossen und bei ihrer Küchenarbeit eingesperrt. Das betrachtet *sie* nun als doppelte Enttäuschung, ohne dass *er* davon etwas ahnt. Als sie schließlich ins Wohnzimmer kommt, ist er bereits ungeduldig, weil er so lange auf seine Frau warten musste. Statt nun freudig auf ihn zuzugehen, zieht sie einen Flunsch und geht an ihm vorbei zur Fernsehzeitschrift, um zu sehen, was es im Programm gibt. Dies betrachtet wiederum er als zur Schau getragenes Desinteresse und reagiert verstimmt. Nun fehlt nur noch eine Kleinigkeit, etwa dass beide unterschiedliche Wünsche für die Abendgestaltung haben – denn darüber haben sie sich ebenfalls nicht klar ausgesprochen –, und schon ist der Streit mit einer ganzen Reihe von Vorwürfen da.

Wir erkennen an diesem Beispiel, wie Konditionierungen, fehlende Übung und auch die geschlechterbedingte Unterschiedlichkeit von Mann und Frau die Kommunikation erschweren.

Von ihrer unterschiedlichen genetischen Programmierung her können Männer und Frauen eigentlich gar nicht miteinander reden, auch wenn sie es immer wieder versuchen. Aber sie können übereinander reden, und das geht sogar sehr gut. Männer haben meist ein Thema. Bei Frauen ist das anders. Ein Klient behauptete einmal: »Frauen haben kein Thema, können aber stundenlang darüber reden.« Dies ist natürlich extrem formuliert, aber so sieht es mancher unverständige Mann. Der männliche Verstand sagt: »Das versteh ich nicht. Das ergibt doch keinen Sinn.« Und die Frau antwortet darauf vielleicht: »Darum geht es doch gar nicht!« Worauf der Mann wiederum meint: »Aber wieso redet ihr denn dann?« Und die Frau daraufhin: »Das verstehst du nicht«. Das *ist* auch gar nicht zu verstehen, aber Frauen *wollen* gar nicht verstanden werden, Frauen wollen *geliebt* werden. Und wenn sie klug ist, sagt sie: »Halt den Mund und küss mich«. Das ist ein sehr guter Vorschlag. Frauen sind wunderbare, rätselhafte Wesen und für die meisten Männer nicht zu begreifen. Männer können Frauen nicht verstehen, weil Verstehen aus dem Verstand kommt, und Frauen sind nicht im Verstand und dadurch meinen wir, sie seien nicht *bei* Verstand, doch das sind sie sehr wohl und das merken wir dann spätestens bei der Scheidung. Frauen haben da eine ganz eigene Logik »Wenn ich dich schon nicht mehr liebe, dann sollst du mir wenigstens dafür bezahlen«. Und sagen Sie jetzt nicht: »Das versteh ich nicht«. Das kann ein Mann nicht verstehen, aber es ist so.

Wenn ein Mann sagt: »Das versteh ich nicht«, hat er es bereits genau erkannt. Hilfreich ist es oft, es dabei bewenden zu lassen. Versuchen Sie als Mann nicht so sehr, Ihre Frau zu verstehen, lieben Sie sie einfach, so wie sie ist, dann öffnet sich Ihnen möglicherweise das Geheimnis des Weiblichen. Männer und Frauen können zwar oft nicht miteinander sprechen, aber sie können einander lieben – und das geht sehr gut. Und das sollten wir tun.

Wenn wir bereit sind, über unsere genetische Programmierung hinauszugehen, gibt es jedoch Möglichkeiten, sich einander zu vermitteln. Eine können wir uns aus dem Buch »Der Pferdeflüsterer« abschauen: Wenn wir nicht aus dem Verstand heraus reden, sondern uns auf den anderen »einschwingen«, haben wir viel bessere Chancen, dass unsere Worte beim anderen ankommen. Allerdings brauchen wir ein wenig Übung und Erfahrung dafür. Muttersöhnchen und Vatertöchter sind in vielen Dingen benachteiligt, aber in diesem einen Punkt bevorzugt: Sie haben schon in sehr jungen Jahren gelernt, die Sprache des anderen Geschlechts zu sprechen. Die des eigenen Geschlechtes zu sprechen müssen sie allerdings oft noch lernen. So tun sich viele Muttersöhnchen schwer, zu ihrer Männlichkeit zu stehen, und viele Vatertöchter entdecken ein Leben lang ihre Weiblichkeit nicht, doch wer bereit ist »nachzulernen«, dem stehen dann später alle Türen offen.

Was Männer und Frauen auf jeden Fall lernen können, ist, die eigenen Beobachtungen, Bedürfnisse, Gefühle und Bitten wertfrei auszudrücken. Viele Paare haben bereits Hilfe durch die »gewaltfreie Kommunikation« nach Rosenberg [23] erfahren. Andere erleben Unterstützung durch die Struktur der »Zwiegespräche«, auf die im übernächsten Kapitel eingegangen wird (siehe Seite 236ff.). Und selbst wenn all dies nichts nützt, brauchen Sie sich keine Gedanken zu machen. In dem Fall können Sie sich zumindest telepathisch helfen (wie das geht, lernen Sie im Kapitel »Meditation: Ihr persönliches Ritual für Streit und Krisen«, siehe Seite 232ff.). Doch bevor wir für all dies reif sind, sollten wir uns damit beschäftigen, was wir tun sollen, wenn ein Streit einfach nicht mehr zu vermeiden ist, also wie wir eine aktuelle »Bombe« entschärfen.

> *Amantium ira amoris integratio –*
> *der Liebenden Streit die Liebe erneuert.*
> (Römisches Sprichwort)

Der faire Streit

In unserer Kultur wird Streit meist wertend gesehen, dabei ist der Begriff selbst eigentlich wertneutral. Streit ist eine nicht notwendigerweise feindselige Uneinigkeit zwischen mehreren Parteien. »In der Umgangssprache wird zwischen ›Streit‹ mit definierten Streitgegenständen (wie z. B. dem Rechtsstreit oder Wettstreit) und dem eher vagen ›Zank‹ unterschieden (daher die unterscheidende Redensart: ›Zank und Streit‹). Dabei wird der Zank eher negativ, der Streit ambivalent gesehen (vgl. ›zänkisch‹ gegenüber ›streitlustig‹).« [24]

Eine lang angelegte Studie zeigte, dass ein Streit, der mit einem groben Auftakt beginnt, todsicher auch mit einer negativen Stimmung enden wird, ganz gleich wie viele Versuche dabei unternommen werden, »nett« zu sein. Die Statistik verdeutlicht das: In 96 Prozent der Fälle kann man den Ausgang eines Gesprächs vorhersagen, wenn man die ersten drei Minuten einer 15-minütigen Diskussion gehört hat! Ein grober Auftakt verurteilt sie schlicht und einfach zum Scheitern. Wenn Sie also eine Diskussion auf diese Weise begonnen haben, dann legen Sie besser den Rückwärtsgang ein, holen Sie tief Luft und fangen Sie noch einmal von vorn an. Wenn dem Streit freien Lauf gelassen wird und die »vier apokalyptischen Reiter« (Kritik, Verachtung, Rechtfertigung und Mauern) auftauchen, ist höchste Vorsicht geboten.

Wenn ein Streit schon unvermeidlich ist, dann sollten Sie, wie beim sportlichen Wettkampf, zumindest *fair* streiten. Dafür gibt es ganz bestimmte »Streitregeln«:

1. Bevor Sie in eine Auseinandersetzung gehen, prüfen Sie, ob Sie wirklich in der Liebe sind.

2. Erkennen Sie auch im Streit den Ausdruck ihrer/seiner Liebe und lassen Sie den anderen spüren, dass Sie sie/ihn lieben.

3. Überlegen Sie nicht nur, was Sie am anderen stört, sondern auch, *warum* es Sie stört und auf welchen Mangel *in Ihnen* es Sie aufmerksam machen will.

4. Formulieren Sie die Störung und ihre Auswirkung auf Sie sowie das, was Sie sich als Abhilfe vorstellen, kurz, klar und für den anderen verständlich, am besten in der Struktur der »gewaltfreien Kommunikation«: Beobachtung, eigenes Gefühl, eigene Bedürfnisse, Bitte an den anderen. Partner ignorieren oft aus Gedankenlosigkeit, nicht aus Boshaftigkeit die emotionalen Bedürfnisse des anderen.

5. Vergewissern Sie sich durch Nachfragen beim anderen, ob Sie klar und verständlich angekommen sind.

6. Danken Sie dem anderen, dass er bereit ist, Ihnen zuzuhören.

7. Fragen Sie den anderen, was er von Ihrem Vorschlag hält. Bitten sind keine Befehle! Wenn der andere Ihrer Bitte nicht nachkommt, darf dies keine »Bestrafung« zur Folge haben!

8. Lassen Sie dem anderen Zeit, darüber nachzudenken, ob er Ihren Vorschlag annehmen kann.

9. Fragen Sie den anderen, was Ihre Bitte in ihm auslöst und ob er eventuell einen besseren Vorschlag hat. Bitten sind verhandelbar.

10. Wiederholen Sie den Gegenvorschlag, um dem anderen zu zeigen, dass Sie ihn verstanden haben.

11. Achten Sie darauf, dass keiner von Ihnen beiden sich vor dem anderen rechtfertigen muss.

12. Bedanken Sie sich für seinen Vorschlag oder dafür, dass er Ihren angenommen hat und Sie beide damit ein Problem

zwischen sich aus der Welt geschafft haben und möglicherweise sogar ein Stück vertrauter geworden sind.

Ein Streit gilt als gewonnen, wenn Sie *beide* miteinander weitergekommen sind. Das heißt, Sie streiten nicht »gegeneinander«, sondern »miteinander«. Sie drücken im Streit aus, dass Ihnen die Beziehung wichtig ist. Der Sieg zeigt sich nicht im Sieg über den anderen, sondern im Sieg einer besseren und vitaleren Beziehung, den beide davontragen. In der Bereitschaft, sich konstruktiv auseinanderzusetzen, signalisieren Sie, dass Sie die Beziehung und auch den anderen ernst nehmen und dass Sie nicht verletzen wollen.

Streite dich nie mit einem Dummkopf,
es könnte sein, dass die Zuschauer den Unterschied nicht bemerken.
(Mark Twain, 1835-1910)

Meditation: Ihr persönliches Ritual für Streit und Krisen

Die nachfolgende Meditation hilft Ihnen bei der Vorbereitung auf Streitgespräche.

Übung: Konzentrieren Sie sich auf Ihren Partner und sprechen Sie laut oder leise den folgenden Text mit so viel Gefühl wie möglich. Manchmal ist es notwendig, ihn mehrmals zu wiederholen. Erlauben Sie sich alle Gefühle, die während des Sprechens in Ihnen hochkommen. Diese Worte werden Ihnen sehr dabei helfen, sich innerlich zu befreien. Wichtig ist es, sie beim Sprechen auch innerlich zu vollziehen:

»Ich danke dir *für das, was du mir in der Zeit unserer Beziehung gegeben hast – auch wenn ich es oft nicht bemerkt habe oder undankbar war.* Ich danke dir *für das Schöne, das ich durch dich erleben durfte.* Ich verzeihe dir *die Situationen, in denen du lieblos mit mir umgegangen bist. Und* ich verzeihe dir, *dass du mir nicht alles gegeben hast, was ich gebraucht hätte. Du hast das getan, was dir aufgrund deiner Lebensgeschichte und deiner Bewusstheit zum damaligen Zeitpunkt möglich war.* Ich bitte dich, verzeihe auch mir *meine Lieblosigkeit und Undankbarkeit und dass auch ich dir nicht alles gegeben habe, was du gebraucht hättest.* Ich danke mir *für das, was ich dir im Laufe unserer Beziehung gegeben habe. Und* ich verzeihe mir *die Situationen, in denen ich lieblos und undankbar dir gegenüber war und dass auch ich dir nicht alles gegeben habe, was du gebraucht hättest.* «

Spüren Sie nach, ob Sie mit Ihrem Partner wirklich im Reinen sind oder ob es noch Dinge gibt, die ungesagt sind, Gefühle, die Sie zurückgehalten haben, Kränkungen und Schmerzen, die Sie Ihrem Partner noch nicht verziehen haben, Vorwürfe, die Sie noch nicht losgelassen haben usw.

Setzen Sie Ihrem Partner in Ihrer Fantasie (vielleicht müssen Sie, damit sein Bild aufsteigt, Ihre Augen schließen oder ein Bild von ihm anschauen) auf einen Stuhl oder ein Kissen Ihnen gegenüber. Sagen Sie ihm nun in aller Offenheit alles, was Sie noch heute belastet oder berührt und was Sie bisher nicht ausgedrückt haben. Lassen Sie dabei alle Gefühle zu, die durch das Aussprechen Ihrer Gedanken in Ihnen aufsteigen. Scheuen Sie sich nicht zu weinen oder wütend zu werden, falls Ihnen danach ist. Geben Sie Ihren Gefühlen und Gedanken genügend Raum, um sie dann wirklich loslassen zu können und sich einzustimmen auf das, was zwischen Ihnen wahr ist. Wenn es Ihnen entspricht, können Sie sich nun auch auf den anderen Stuhl setzen, sich in Ihren Partner hineinfühlen und »als er« sagen, was er braucht und was das Gesagte in ihm auslöst. Dann sind Sie optimal auf Ihre nächste Begegnung eingestimmt.

Lausche
oder deine Stimme wird taub bleiben.
(Indianisches Sprichwort)

Meditation: Im anderen einen freundlichen, liebevollen Lehrer sehen

In den Schwierigkeiten, die wir mit anderen Menschen haben, spiegeln sich oft Teile von uns selbst, die der Heilung bedürfen. Solche Schwierigkeiten können mit nahen Verwandten auftreten, einem engen Freund, einem Arbeitskollegen, aber auch mit Leuten, die uns nur kurz begegnen – etwa einer Verkäuferin in einem Geschäft.

Wenn Sie zurzeit Probleme mit einem nahestehenden Menschen haben oder Ihnen häufig schwierige Leute begegnen – etwa Leute, die sich herausfordernd benehmen oder Ihnen zu nahe treten –, dann nehmen Sie sich einen Moment Zeit, um darüber nachzudenken, was von Ihnen sich in diesen Menschen spiegelt.

Entspannen Sie sich zunächst. Wenn Sie möchten, können Sie auch ein wenig meditieren. Konzentrieren Sie sich dann auf einen Menschen, zu dem Sie ein problematisches Verhältnis haben, oder auf eine herausfordernde Situation in Ihrer Partnerschaft.

Tun Sie für die nächsten Minuten so, als existiere diese Person nur in Ihrer Fantasie oder als sei sie Ihnen im Traum erschienen. Im wirklichen Leben erzeugt diese Person vielleicht Schmerz, Wut und Ablehnung. Doch während dieser Übung sollten Sie sich darüber im Klaren sein, dass Sie alles unter Kontrolle haben, da die Person im Moment nur in Ihrer Fantasie anwesend ist.

Fragen Sie diesen Menschen nun, da Sie ihn vor Ihrem inneren Auge sehen, was genau er Ihnen spiegelt. Sie könnten zum Beispiel zu ihm sagen:»Ich weiß, du bist in meinem Leben, um mir zu helfen, bewusster zu werden. Mir ist noch nicht klar, was genau du mir beibringen möchtest. Erkläre es mir bitte noch einmal auf eine Weise, die ich besser verstehe.«

Verwandeln Sie diese Person dann in den besten, liebevollsten Lehrer, den Sie je hatten. Beginnen Sie einen inneren Dialog mit ihr, als hätten Sie es mit einem äußerst freundlichen, hilfsbereiten, aufrichtigen und sich klar ausdrückenden Menschen zu tun. Sie schaffen dadurch die Voraussetzung, das, was Ihnen der andere *günstigstenfalls* signalisieren möchte, anzunehmen.

Ein Gespräch ist eine unvorhersehbare
Live-Begegnung zwischen zwei Menschen.
(Kurt Tepperwein)

Zwiegespräche

Die Idee vom »Zwiegespräch« stammt Prof. Dr. med. Michael Lukas Moeller und wurde von ihm aus den Erkenntnissen seiner langjährigen therapeutischen Arbeit mit Paaren heraus entwickelt. Es handelt sich um ein ungestörtes Gespräch zu zweit, im Idealfall von 1 $^1/_2$ Stunden Dauer, das möglichst regelmäßig (z.b. jeden Sonntagnachmittag) stattfinden sollte.

Auch der Ort einer Besprechung ist wichtig. Das Bett ist dafür ungeeignet, obwohl es immer wieder versucht wird. Finden Sie also heraus, welche Zeit, welcher Ort geeignet ist, und entwickeln Sie einen gemeinsamen *Verständigungsstil.* Vor allem trennen Sie das Problem von der Person, damit Sie gar nicht erst eine Schuldzuweisung riskieren. Schuldzuweisungen können Ihnen zwar das Gefühl geben, im Recht zu sein, aber sie helfen Ihnen nicht, das Problem zu lösen. Denn dem anderen bleibt nichts anderes übrig, als sich zur Wehr zu setzen.

Bevor ich beginne, sollte ich mir also so weit es mir möglich ist meiner Projektionen bewusst sein. Ein Zwiegespräch muss problematisch werden, wenn ich den anderen verzerrt wahrnehme, wenn ich ihn mit Eigenschaften ausstatte, die meine eigenen sind, wenn ich in ihm Dinge fürchte oder hasse, die ich bei mir selbst verdränge, also ausgelagert habe. Solange ich nicht bereit bin, bei mir selbst zu schauen, nehme ich meinen Partner unrealistisch wahr. Der größte Teil der Gesprächsvorbereitung ist geschafft, wenn Sie erkennen, dass der Großteil der negativen Gefühle wie Ärger, Hass, Ekel oder Scham nicht wirklich auf den anderen gerichtet ist, sondern auf ihn nur als

Träger Ihrer eigenen verdrängten Eigenschaften, die Sie ihm zugeschoben haben. Als eine hilfreiche vorbereitende Methode, um Projektionen zurückzunehmen, hat sich immer wieder »The Work« von Byron Katie[25] erwiesen. Dadurch, dass ich mich nicht kritisiert fühle, finde ich mehr Mut, mich ehrlich mitzuteilen, und erkenne, dass der andere mich wegen meiner Meinung nicht ablehnt.

Moeller vergleicht die Wirkung des Zwiegesprächs mit dem Bild der Windrose, da es sich nicht um lineare Entwicklungen handelt. Vielmehr eröffnen sich dem Paar Entwicklungsräume, die miteinander verwoben sind und schließlich – entsprechend den vier Himmelsrichtungen – zu den vier großen Hauptwirkungen führen[26]: Selbstbindung und Selbstgestaltung, körperliche und seelische Gesundheit, Einfühlung und Bindungsfähigkeit, Erotisierung und Kreativität.

Das Zwiegespräch schult uns auch darin, uns selbst wahrzunehmen, dem anderen zuzuhören, uns wechselseitig anzuerkennen, uns einander zuzuwenden. Der nachfolgend erläuterte Rahmen ist für ein gelingendes Zwiegespräch wichtig und sollte unbedingt berücksichtigt werden:

1. Vereinbaren Sie gemeinsam einen regelmäßigen Haupt- und einen Nebentermin von jeweils $1\,^{1}/_{2}$ Stunden Dauer pro Woche.
2. Setzen Sie sich einander gegenüber.
3. Das Thema lautet: Ich erzähle dir, was mich momentan am stärksten bewegt – sei es innerhalb oder außerhalb der Beziehung –, aber natürlich nur insoweit es mir möglich ist. Jeder Offenbarungszwang würde unnötigen Druck auf die Zwiegespräche geben. Mit der Zeit entdeckt ohnehin jeder, dass Offenheit am weitesten führt.
4. Schweigen und schweigen lassen, wenn es sich ergibt. Dies bedeutet auch, dass der zuhörende Partner sich jeglichen Kommentars, insbesondere jeglicher Wertung enthält, während der andere redet. Das Herz weit offen zu halten für das,

was der Sprechende vorbringt. Es geht darum, mehr über den anderen zu erfahren und mit ihm dadurch seelisch intim zu werden.

5. Viertelstundenregelung: Die erste Viertelstunde hat der eine, die nächste der andere. Dann noch einmal ein doppelter Wechsel. Keiner sollte den anderen unterbrechen. Jeder zentriert sich auf sich und hilft damit auch dem anderen, zu sich zu kommen. Reden und Zuhören sollten möglichst gleich verteilt sein.

6. Pünktlich beginnen, pünktlich aufhören. Zwiegespräche nie verlängern oder verkürzen. Dadurch kann das Gesprochene nachwirken.

7. Bei sich bleiben – man hat in der Welt des anderen nichts zu suchen. Das bedeutet: keine Du-Botschaften, keine Unterstellungen, keine Projektionen. Geben Sie einfach ein »Selbstporträt«. Dadurch lernen wir den anderen in seiner Andersartigkeit kennen und annehmen. Wir machen uns für den anderen (und für uns selbst!) auf diese Weise zu einem »offenen Buch« statt zu einem »Buch mit sieben Siegeln«.

Die Regelmäßigkeit der Gespräche ist das Geheimnis ihres Erfolges. So geht der unbewusste rote Faden nicht verloren. Jeder stellt sich die Frage: »Was bewegt mich zurzeit am stärksten?« Es gibt kein anderes Thema als das eigene Erleben. Einer erzählt dem anderen, wie er gerade sich, den anderen, die Beziehung und sein Leben erlebt. Die Partner tauschen sozusagen *Selbstporträts* aus. Wenn es nichts zu erzählen gibt, wirkt verbindendes Schweigen.

Prof. Michael Lukas Moeller hat sich in seinen Vorträgen später über den inneren Gehalt der Zwiegespräche näher geäußert. Hier kam er auf fünf Prinzipien/Grundeinsichten:

• Ich bin nicht du und ich weiß dich nicht (d.h. ich tu im Zwiegespräch so, als wüsste ich nichts von dir, sodass du dich

unabhängig davon, wie du dich bisher gezeigt hattest, frei
erklären kannst).
- Ich bin für meine Gefühle selbst verantwortlich (also nicht
  „Du machst mich wütend", sondern „Ich fühle Wut, wenn
  ich erlebe, dass..."")
- Wir sind zwei Gesichter einer Beziehung und sehen es nicht
  (das heißt beispielsweise: jedes Beziehungsproblem haben
  wir beide immer gemeinsam, man kann es nicht einfach
  einem von beiden zuschieben).
- In Bildern statt in Begriffen sprechen (sich dem anderen
  verständlich machen, sich ihm vermitteln durch Analogien,
  Bilder, Sinneseindrücke: ein Bild sagt mehr als tausend Worte).
- Dass wir miteinander reden können, macht uns zu Menschen (d.h. Menschlichkeit, menschliche Schwächen, Bedürfnisse usw. dürfen sich ausdrücken).

Jemand, der Zwiegespräche nicht kennt, weiß nicht, wie
bereichernd sie sein können, für alle Lebensbereiche. Wie bei
einem Eisberg liegen 9/10 unseres partnerschaftlichen Potenzials »unter Wasser«, das heißt, sie sind unbewusst. Indem wir
einander unterstützen, das Unbewusste zu heben, indem wir
uns jeglicher Wertungen enthalten und einfach nur zuhören,
gewinnen wir Intimität, Nähe und Spannkraft. Zudem hilft uns
das Zwiegespräch aus der Erstarrung heraus, in der wir den
Partner nach einem bereits festgelegten Schema wahrnehmen
und uns weigern, ihn täglich neu zu entdecken.
  »Was sich im Paar entwickelt, kommt schließlich allen anderen Beziehungen zugute. Die Bindungen an Freunde werden
wesentlicher, die Arbeitsbeziehungen klarer, zu Verwandten und
Bekannten entwickelt sich ein offeneres Verhältnis. Das ist nach
allen Forschungen der Beziehungsmedizin nicht nur wohltuend
für das eigene Leben, sondern stärkt auch die seelische Krisenfes-
tigkeit und die körperliche Gesundheit!«[27]
  Zusätzlich zu den Zwiegesprächen braucht es auch »Minis«
(Mini-Zwiegespräche) bei aktuellem Anlaß. Hier spielt natür-

lich der Zeitpunkt eine große Rolle. Wo es möglich ist, sollte ein Problem »zum natürlichen Zeitpunkt des Entstehens« besprochen werden, in der Energie des Augenblicks, und nicht vertagt werden. Doch wenn *ihr* gerade nach einer Aussprache zumute ist, wenn *er* das Länderspiel sehen will, ist das Gespräch zum Scheitern verurteilt, bevor es begonnen hat. Darum ist die erste Frage: »Passt es uns jetzt hinein?« Und wenn nicht: »Wann sprechen wir miteinander?«

Wenn der eine spricht, muss der andere zuhören, ohne zu unterbrechen, und danach drei Minuten warten, bevor er antwortet. Man kann ein »Zauberwort« vereinbaren. Ich erkenne bei den »Minis«, dass scheinbare »Kritik« nur subjektive Wahrnehmung ist, da die Wahrnehmungen der einzelnen Partner sehr unterschiedlich sind.

Ziel bei den »Minis« ist es, in ein immer umfassenderes Integrieren hineinzuwachsen. Ziel ist nicht der Sieg und nicht der Kompromiss, sondern das Erkennen des Besseren.

> *Für Krise und Fortschritt*
> *verwenden die Chinesen dasselbe Wort.*
> *Die Krise braucht den Fortschritt, und:*
> *Kein Fortschritt ohne Krise.*
> (bekannte Weisheit)

Erste Hilfe für die Liebe

Als Alternative zu den Zwiegesprächen empfehlen sich die drei einfachen Methoden des Paartherapeuten Arnold Lazarus, um Ihre Beziehung zu verbessern:

- Halten Sie sich dreimal pro Woche eine halbe Stunde frei. Ein Partner redet genau fünf Minuten lang über seine Probleme (Zeit stoppen!). Der andere darf ihn nicht unterbrechen. Nach Ablauf der fünf Minuten versucht der Zuhörer mit eigenen Worten zu wiederholen, was der andere gesagt hat. Der Sprecher darf sagen, ob er seine Worte richtig wiedergegeben findet oder sich missverstanden fühlt. Dann wird die Uhr wieder auf fünf Minuten gestellt und der andere ist mit Reden dran.
- Jeder Partner darf drei konkrete Dinge nennen, die ihm wichtig sind, zum Beispiel »Ich bitte dich, den Kindern öfter bei den Hausaufgaben zu helfen« oder »Ich bitte dich, einmal wöchentlich mit mir Tennis zu spielen«. Seien Sie hierbei konkret. Bitten Sie nicht um so Allgemeines wie »Du solltest dich niveauvoller ausdrücken« – sie lassen sich kaum verwirklichen. Dann wird darüber diskutiert, ob der Partner die Bitten für akzeptabel hält. Wenn nicht, müssen sie modifiziert werden. Anschließend versucht jeder, die Bitten des anderen in die Tat umzusetzen.
- Einen Abend pro Woche reservieren, um gemeinsam essen zu gehen. Während des Essens stellen sich beide vor, es wäre ihr erstes Rendezvous, und versuchen, charmant und lie-

benswürdig zu sein. Bitte nicht streiten und Probleme
diskutieren! Besonders zu empfehlen für Paare, die beruflich sehr eingespannt sind und wenig Zeit füreinander
haben.

> *Sag morgens mir ein gutes Wort,*
> *bevor du gehst zu Hause fort*
> *es kann so viel am Tag geschehn,*
> *wer weiß, ob wir uns wiedersehn.*
> *Sag lieb ein Wort zur guten Nacht,*
> *wer weiß, ob man noch früh erwacht.*
> *Das Leben ist so schnell vorbei*
> *und drum ist es nicht einerlei,*
> *was du mir hast zuletzt gesagt*
> *und was du mich zuletzt gefragt.*
> *Drum lass ein gutes Wort*
> *das letzte sein, bedenk, das letzte*
> *könnt für immer sein.*
> (Unbekannt)

Erlösung kommt von innen, nicht von außen;
und wird erworben nur und nicht geschenkt.

Sie ist die Kraft des Inneren, die von draußen
rückstrahlend deines Schicksals Ströme lenkt.

Was fürchtest du? Es kann dir nur begegnen,
was dir gemäß und was dir dienlich ist.

Ich weiß den Tag, da du dein Leid wirst segnen,
das dich gelehrt, zu werden, was du bist.

(Ephides)

Karma und Partnerschaft

Da es in diesem Kosmos keinen Zufall gibt, kann auch eine so wichtige Begegnung wie die mit einem Partner nicht zufällig sein. Vielmehr haben wir diese Begegnung frei gewählt, um bestimmte Lernschritte fortzusetzen, die wir in früheren Inkarnationen begonnen haben. Denn wir alle streben, bewusst oder unbewusst, nach der verlorengegangenen Einheit, die uns in dieser dualen Welt besonders schmerzhaft bewusst wird. Der Sinn einer Partnerschaft ist daher immer, miteinander und aneinander zu lernen, um schließlich die gesuchte Einheit in uns zu »ent-decken«.

Das Leben eines jeden sensitiven und reifen Menschen ist von der Sehnsucht danach geprägt, diese Einheit zu verkörpern und in seinen Beziehungen auszudrücken. Wir leben in dieser Welt der Dualität, weil wir nur hier und nur durch die Dualität zur Einheit zurückfinden können. Denn die immer wieder schmerzlich erlebte Dualität hält die Sehnsucht nach der Einheit lebendig. Für viele ist der erste Schritt zu dieser Einheit die Verbindung mit einem anderen Menschen, mit

dem wir zu einer vollkommenen Einheit verschmelzen können.

Wenn uns das gelingen sollte, stellen wir fest, dass es
lediglich ein erster Schritt auf dem Weg zur Einheit ist. Denn
Partnerschaft ist nur eine Unterstützung auf dem Weg, die
Einheit in *jedem und allem* zu finden. Dort, wo sie die Einheit
mit dem Ganzen leugnet, und dazu gehören auch andere
Menschen, wird sie neurotisch, hat sie ihren Sinn verloren und
muss sich auflösen.

Der karmische Sinn einer Partnerschaft ist es daher nicht,
sich mithilfe des anderen ein schönes, harmonisches oder gar
bequemes Leben zu schaffen. Gerade wenn der andere der
ideale Partner für mich ist, dann werde ich oft gerade durch
diesen Menschen, mit dem ich am engsten verbunden bin, am
stärksten gefordert und damit gefördert.

Dabei entstehende Schwierigkeiten haben in erster Linie
mit mir und nicht mit dem anderen zu tun. Es ist eine
beglückende Erfahrung, einmal erlebt zu haben: Ich kann
meine Beziehungsprobleme *in mir* lösen. Ich lasse damit auch
die Illusion los: »Der andere brauchte nur so zu sein oder dies
zu lassen, dann wäre alles gut.« Dann wäre es möglicherweise
bequem, aber nicht gut. Gut ist es so, wie es ist!

Wir erleben in jedem einzelnen Fall, wie sehr an unserem
Partner unser Karma sichtbar wird. Doch gestatten Sie der
Vergangenheit nicht mehr, Ihre Zukunft blind weiterzuführen,
sondern lösen Sie die Dinge, die karmisch aneinandergekettet
sind, auf. Dann haben zwei Menschen mit einer karmischen
Verbindng nicht »eine Rechnung miteinander zu begleichen«,
sondern sind sich gegenseitig Chance für ein schnelleres
geistiges Wachstum. Sie sollten diese Chance bewusst nutzen.

Besteht miteinander kein weiteres Wachstumspotenzial
mehr, hat die Partnerschaft ihren Sinn, ihren Gehalt verloren.
Halten die beiden trotzdem daran fest oder der eine bleibt
beim anderen, »weil der mich braucht« oder »ohne mich nicht
leben kann«, dann ist das falsch verstandene Rücksicht und

eigentlich eine Rücksichtslosigkeit gegen den anderen, gegen mich und gegen das wahre Selbst beider. Denn indem ich an etwas Überlebtem festhalte, kann das, was das Leben jetzt zum Ausdruck bringen will, für beide nicht geschehen und sie blockieren so ihre weitere Entwicklung.

Natürlich kann es sein, dass die schwierigen Lektionen einer Beziehung sich erfüllt haben und man nun einander weiter fördert und im individuellen Wachstum unterstützt, doch immer nur auf der Basis von Freiwilligkeit.

Eine wahre Partnerschaft kann nur aus zwei selbstständigen, »heilen« Wesen bestehen, die ihre Individualität auch in der Vereinigung mit dem anderen bewahren. Nur so sind wir wirklich bereit, die Schwachstellen anzuschauen, die durch den anderen aufgedeckt werden, nur so können wir uns in einem Einheitsgeist und in geistiger Offenheit begegnen. Nur so zeigt sich, wie bereichernd und aufregend eine Partnerschaft sein kann, wie sie gedacht ist.

Die Liebe ist ein Kind der Freiheit.
(aus Frankreich)

Wenn die Liebe nicht zu retten ist

In jeder Beziehung gibt es Krisen, die meist bewältigt werden können. Ironischerweise finden in einer gefährdeten Partnerschaft mehr Rettungsversuche statt als in einer Ehe, die ohne Krisen verläuft. Je mehr Rettungsversuche scheitern, desto mehr Versuche unternehmen diese Paare. Was führt dazu, dass ein Rettungsversuch funktioniert? Bitter ist es zuzusehen, wie ein Paar einen Rettungsversuch nach dem anderen startet und keinen Erfolg hat. Woran liegt das? Ein Faktor ist, dass die Qualität der *Freundschaft* zwischen Mann und Frau und das Überwiegen positiver Gefühle den Ausschlag geben.

Manchmal aber ist Trennung doch die bessere Lösung. Woran erkennt man, dass die Partnerschaft nicht mehr zu retten ist? Ganz schlecht, so der Psychologe Wolfgang Rost, sieht es für die Beziehung aus, wenn folgende Punkte zutreffen:

• Wenn ein Partner bei den Berührungen des anderen seit geraumer Zeit Ekel empfindet. Dass die beiden eine Weile nicht miteinander schlafen, ist nicht unbedingt ein Zeichen für eine Krise. Wenn sich beide dabei wohl fühlen, ist es okay. Wenn es aber keinen Abschiedskuss, kein In-den-Arm-Nehmen, kein Kuscheln mehr gibt, man sich nur noch aus dem Weg geht, dann besteht Alarmstufe Rot.
• Ein feindseliger, gehässiger Umgang miteinander lässt auf nichts Gutes schließen. Wenn ein Partner den anderen auch in Gegenwart von Freunden herunterputzt, ihn mit Argumenten klein zu machen versucht, dann lässt sich die Beziehung wahrscheinlich kaum noch retten.

- Wenn ein Partner ernsthaft die Trennung will und nur aus Mitleid, Angst, Schuldgefühlen, wegen der Kinder oder aus finanziellen Gründen beim Partner bleibt.

Fragen wir uns einmal: Was ist liebevoller? Die Wahrheit zu sagen, dass man gehen muss (die Beziehung sich »erfüllt« hat) oder zu bleiben, weil man meint, man muss lieben? Die Wahrheit zu sagen und zu gehen ist letztendlich liebevoller. Warum? Liebe ist uneingeschränkte Wahrheit. Wenn Sie entdecken, dass die Beziehung sich erfüllt hat, entspricht es der Liebe, zu gehen und in Wahrheit zu sein. Doch solange Sie noch eine Chance sehen, Ihre Beziehung zu retten, sollten Sie es natürlich versuchen. Erkennen wir in dem Zusammenhang:

- Ist eine Beziehung beendet, bedeutet dies, dass es für *beide* neue Wege gibt. Es bedeutet kein Versagen. »Versagen« ist nur eine Wertung des Egos und seiner Bewertungen und Vorstellungen, die davon ausgehen, man müsse um jeden Preis zusammenhalten. Wenn es überhaupt ein Versagen gibt, dann dies, festzuhalten, obwohl man gehen sollte, also sich diese Wahrheit zu »versagen«. Es ist keine Tugend, um jeden Preis bis zum Ende an einer Person festzuhalten.
- Es ist das Karma (das Gesetz des Schicksals), das Beziehungen schafft und trennt. Das Karma kreiert immer wieder Trennungen, wenn es sich erfüllt hat. Die Beziehung löst sich von selbst auf, wenn der Zeitpunkt dafür richtig ist – sofern wir bereit sind, innerlich loszulassen und die Zeichen wahrzunehmen; und solange sie stimmig für unser Karma ist, wird sie anhalten, auch darauf können wir uns verlassen.
- Wir sollten dafür dankbar sein, wenn eine Beziehung kommt, und dankbar sein, wenn sie geht. Der Liebe tut beides keinen Abbruch.
- Wenn Sie sich trennen, ehren Sie Ihren zukünftigen Expartner. Dadurch fließt der Segen Ihrer Exbeziehung in Ihr weiteres Leben ein.

Auch wenn wir wissen, dass unsere Beziehung möglicherweise endlich ist, sollten wir – solange wir zusammen sind – mit ganzem Herzen und aus ganzer Seele lieben. Viele Menschen glauben irrtümlich, dass eine spätere Trennung leichter fällt, wenn man sich nicht voll hingibt. Unter reifen Menschen ist das Gegenteil der Fall: Erfolgreiches Vereintsein wird die Trennung erleichtern, einfach weil Sie vom anderen alles bekommen haben, was zu bekommen war, und auch selbst ihm nichts vorenthalten haben.

Falls Sie sich trennen, empfiehlt es sich, das »Ritual für Streit und Krisen« aus diesem Buch (siehe Seite 232f.) für den Partner anzuwenden und die dort dargestellten Formeln durch folgenden Satz zu ergänzen: »Es ist vorbei, so war es. Ich hatte auch etwas damit zu tun und... *es muss nicht wieder so werden! Ich lasse dich jetzt endgültig los. Geh in Frieden aus meinem Leben. Und auch ich gehe in Frieden aus deinem Leben.*«

Dieses Ritual können Sie übrigens auch vollziehen, wenn Sie mehrere Exbeziehungen bereinigen wollen. Dafür schreiben Sie jeden Namen auf ein Blatt Papier und beginnen mit der für Sie vordringlichsten Exbeziehung. Sollten Ihnen während des Prozesses noch weitere Personen einfallen, lassen Sie sich nicht davon abhalten, auch für sie diesen Text zu sprechen. Nehmen Sie jetzt noch einmal nacheinander jedes Blatt einzeln in die Hand und prüfen Sie, ob die Sache damit abgeschlossen ist.

Ist sie dies nicht, finden Sie heraus, ob Sie sich mit Ihrem früheren Partner vielleicht noch einmal treffen, ihn anrufen oder ihm schreiben sollten, um das noch auszudrücken, was wichtig ist, um die Geschichte mit ihm wirklich abschließen zu können. Häufig entwickeln beide Partner in einem Gespräch nach einer Beziehung, insbesondere wenn sie schon lange her ist, mehr Verständnis füreinander als innerhalb der gemeinsamen Zeit und viele Missverständnisse können nachträglich ausgeräumt werden. Vielleicht müssen Sie manche Prozesse auch einige Male wiederholen, bis Sie genügend Klarheit gewonnen haben oder bis Sie die jeweilige Geschichte endgültig loslassen können.

VII.
WAS IST LIEBE
UND WAS NICHT?

> *Liebe ist eine große Ehrfurcht.*
> (Augustinus, 354-430)

Was ist Liebe?

Es ist ein schöner Gedanke, zu wissen, dass unser Leben durch die Liebe begonnen hat. Und doch bleibt die Frage: Wie endet es? Es liegt in unserer Hand: vielleicht in der Liebe!

Einen Menschen zu lieben zeigt sich im Geben, im Denken und Fühlen für den anderen, für ihn das Beste wollen und wünschen, ohne darauf zu achten, ob wir etwas zurückbekommen. Liebe will geben und erfüllt sich im Geben (bedingungsloses Lieben).

Dazu gehört auch, dass wir wieder lernen, unsere Gefühle auszudrücken, sie nicht nur zu denken, sondern wirklich zu fühlen. Meist fühlen wir nur Angst und Wut wirklich, der Ärger, der in uns hochsteigt, der ist echt und lebendig. Die Freude aber ist meist nur noch ein Gedanke, nicht mehr unmittelbar und lebendig. Doch Liebe erleben wir auch als die Freude, die wir im Gedanken an oder in der Gegenwart des geliebten Menschen empfinden, die Freude, in seiner Nähe sein zu können, sich an ihm zu erfreuen oder mit ihm in einem gemeinsamen Tun Erfüllung zu finden. Wie wird die Liebe noch erlebt? Nachfolgend erhalten Sie die Antworten von Seminarteilnehmern:

Liebe ist ...

- achtungsvoll und achtsam zu sein.
- angekommen sein.
- Befreiung.
- das Annehmen des anderen.
- das Bestehenlassen des anderen.

- das Einzige, das zunimmt, indem man es verschwendet.
- das Einzige, das wirklich glücklich macht.
- das Geheimnis vollkommener Gesundheit und Erfüllung, vollkommenen Glücks.
- das größte Mysterium des Lebens und doch ist Leben nichts anderes als Liebe.
- das Leuchten in der Nacht.
- das Paradies.
- das Über-sich-Hinausschauen.
- das, was glücklich macht.
- das, was uns Menschen zu Menschen macht.
- den anderen an sich selbst zu erinnern.
- den anderen aufrichten und ausrichten zu helfen.
- der einzige Weg, der das Sein erweitert.
- der schönste Grund, den Verstand zu verlieren!
- der Wunsch, selbst ein idealer Partner zu sein.
- die Bereitschaft, alle Erwartungen und Projektionen aufzulösen.
- die Bereitschaft, sich auf den anderen ganz einzulassen.
- die Bereitschaft, sich jederzeit infrage stellen zu lassen.
- die einzige Kraft, die alle seelischen Wunden heilt.
- die Erinnerung an unsere göttliche Natur.
- die Erinnerung daran, dass wir von unserem wahren Wesen her ohnehin eins sind.
- die Freude, miteinander alt zu werden.
- die Handschrift, mit der etwas geschrieben wird.
- die Kunst des Verstehens.
- die Kunst des Zuhörens.
- die Partnerschaft der Zukunft – mit jedem.
- die Sehnsucht nach unserem wahren Wesen.
- die Sehnsucht, die »Illusion der Trennung/des Ich« aufzulösen.
- die täglich wiederkehrende Freude am Vorhandensein des anderen.
- echt, ehrlich und authentisch zu sein.

- ein faszinierendes Spiel; wer zuerst am Ziel ist, hat sich selbst gewonnen und kann dem anderen helfen, sich selbst zu finden.
- ein gemeinsamer Schritt in ein ganz neues Leben.
- ein Geschenk, das verdirbt, wenn man es behält, und das alles verwandelt, was von ihm berührt wird.
- ein idealer Partner zu sein, zu geben und sich darin zu erfüllen.
- ein lebenslanges Trainingsprogramm.
- ein Licht, das leuchtet; wo immer es hinfällt, wird es heller, wärmer und ehrlicher.
- ein Seinszustand.
- ein Strahlen nach allen Seiten.
- ein Traum, der die Seele weit macht.
- ein Weg, auf den man sich zu zweit macht, um bei sich selbst anzukommen.
- ein Weg, der das Sein erweitert.
- ein Weg, um über sich hinauszuwachsen.
- ein Zeichen für die Reife einer Seele.
- ein Zustand, der kein Du braucht.
- eine Haltung.
- endlich nach Hause zu kommen.
- Erfüllung.
- erkennen der Wirklichkeit hinter dem Schein.
- etwas, das einmal beginnt und nie mehr endet.
- dem anderen Gutes tun zu wollen.
- ganz zu sein.
- geben.
- gemeinsam nach den Sternen zu greifen.
- Grenzüberschreitung.
- mich dir so zu zeigen, wie ich wirklich bin.
- im »wir-Bewusstsein« zu leben.
- immer ein Mehr.
- in jeder Beziehung einmalig.

- Intimität, emotionale, intellektuelle, spielerische, spirituelle Verbundenheit
- Kommunikation.
- miteinander im Buch der Schöpfung zu lesen.
- mit Freude zum Wohl des anderen und zu seiner persönlichen Entfaltung beizutragen.
- nehmen.
- sehen, geben, nehmen und immer ein Mehr.
- sehen.
- Selbst-Liebe.
- sich ganz für den anderen zu entscheiden.
- sich zu öffnen und den anderen hereinzulassen, sich auf ihn einzulassen.
- sich von der Liebe führen zu lassen.
- unser aller Weg, früher oder später.
- unser wahres Wesen.
- verstehen und verzeihen.
- Vertrauen, Geborgenheit und Freiheit.
- Vollendung.
- wirklich zu leben.
- zu geben und sich darin zu erfüllen.

Übung 1: Finden Sie heraus, welche Formulierung Ihnen am meisten zusagt, und schreiben Sie sie auf ein Kärtchen, das Sie in Sichtweite auf Ihren Schreibtisch legen.

Übung 2: Fragen Sie Ihren Partner, welche Formulierung ihm am meisten zusagt. Sie erkennen daraus, was ihm wichtig ist.

Es gibt nur eine Liebe, aber tausend Nachahmungen.
(François de la Rochefoucauld, 1613-1680)

Was ist Liebe nicht?

Die Liebesfähigkeit eines Menschen zeigt die Reife seiner
Seele. Doch was die meisten Menschen Liebe nennen, hat mit
Liebe noch wenig zu tun und ist eher eine Blüte, die wir
gedankenlos vom »Baum des Lebens« pflücken, bevor sie zur
Frucht werden konnte. Wenn wir genau hinsehen, müssen wir
erkennen: Wir sind fast alle noch »Analphabeten der Liebe«.
  Nachfolgend finden Sie Formulierungen von Seminarteil-
nehmern darüber, was Liebe *nicht* ist.

Liebe ist nicht....

… Abhängigkeit.
… artig zu sein.
… das starke Verlangen, mit ihm schlafen zu wollen.
… den anderen für sich allein haben zu wollen.
… den anderen zu brauchen oder zu gebrauchen.
… den anderen zu lieben, weil…
… die Angst, ihn zu verlieren.
… die eigene Vorstellung von Partnerschaft zu verwirklichen.
… die Erfüllung aller meiner Bedürfnisse.
… die Versorgung für den Rest meines Lebens.
… die Vorstellung, den anderen besitzen und ändern zu
wollen.
… Eifersucht.
… ein Machtspiel.
… eine Gemeinschaft zur Lösung von Problemen, die man
allein nicht hätte.
… hilfsbereit zu sein.

... höflich zu sein.

... lieb sein.

... nur ein schönes Gefühl, ein wohlwollender Gedanke, ein bestimmtes Verhalten.

... ohne den anderen nicht leben zu können.

... Rechenschaftspflicht.

... Selbstbestätigung oder Halt.

... sich selbst aufzugeben.

... verheiratet sein zu wollen.

... Verliebtsein.

... Versprechen und Sicherheiten zu verlangen.

... was jemand mit mir macht oder mir gibt.

... wenn der andere alles tut, was ich will.

... wenn der andere ein angenehmer Gesellschafter ist.

... wenn der andere gut zu mir ist.

... wenn der andere meine Bedingungen/Erwartungen/Vorstellungen erfüllt.

... wenn der andere mich erregt.

... wenn der andere mich glücklich macht.

... wenn der andere mir alles bieten kann.

... wenn der andere mir jeden Wunsch von den Augen abliest.

... wenn der andere mir körperlich gefällt.

... wenn der andere mir Sicherheit und Geborgenheit gibt.

... wenn der andere so ist, wie ich ihn haben will.

... wenn er mich beschützt.

... wenn ich alles tue, was der andere will.

... wenn ich ihm bedingungslos vertrauen kann.

... wenn ich mich beim anderen ganz als Mann/Frau fühle.

... wenn man absolut treu ist.

... wenn man für den anderen alles aufgibt.

... wenn man für den anderen sorgt.

... wenn man immer beieinander bleibt, egal was kommt.

... wenn wir uns im Bett gut verstehen.

... zurückhaltend sein.

... zusammensein, weil man nicht allein sein kann oder will.

Übung: Finden Sie heraus, welche dieser Formulierungen für Sie, welche für Ihren Partner besonders wichtig ist, und sprechen Sie dann darüber, warum. Machen Sie sich auch die falschen Glaubenssätze über die Liebe bewusst.

Nachfolgend Beispiele von Klienten:

• Liebe bedeutet, dass ich dafür eine positive Resonanz vom anderen brauche.
• Liebe bedeutet, ich muss so und so sein.
• Liebe bedeutet, ich muss in der Beziehung bleiben.
• Liebe bedeutet, ich muss mit einem ganz bestimmten Menschen zusammen sein.
• Liebe bedeutet, ich muss mich öffnen.
• Liebe bedeutet, DAS (Streß, Probleme, Misshandlungen usw.) auszuhalten.
• Wenn mein Partner sich öffnet/Lust empfindet, habe ich gute Arbeit gemacht.
• …

Gar manches Herz verschwebt im Allgemeinen,
doch widmet sich das Edelste dem Einen.
(Johann Wolfgang von Goethe, 1749-1832)

Welchen Boden braucht die Liebe?

Mit der Liebe ist es wie mit Blumen: Die meisten zerbrechen nicht, sie verwelken. So wie die Pflanze einen bestimmten Boden, bestimmte Klimaverhältnisse und einen Gärtner braucht, der sich um sie kümmert und an ihrem Wachstum interessiert ist, so braucht auch die Liebe einen Boden, ein bestimmtes Klima und jemanden, der über sie wacht, sonst geht sie ein wie eine Pflanze.

Welchen Boden braucht die Liebe?	
Freiheit	Ich bin ein freier Mensch. Du bist ein freier Mensch.
Die Bereitschaft zu lieben	Ich bin bereit zu lieben. Wenn ich das nicht vergesse, bin ich bereit, zu meiner Liebe zurückzufinden.
Engagement	Ich bin bereit, für meine Liebe zu tun, was in meiner Macht steht.
Ernsthaftigkeit	Ich bin ehrlich, spiele nicht mit meiner Liebe und auch nicht mit der meines Partners.

Verzicht auf Machtspiele	Ich verzichte darauf, meinem Partner meine Liebe zu entziehen, um ihn zu erziehen, zu beherrschen oder ihm meine Ablehnung zu zeigen.
Ebenbürtigkeit	Ich bin nicht besser und nicht schlechter als du, sondern suche stets die Ebenbürtigkeit.

Welches Klima verträgt die Liebe nicht?	
Unentschlossenheit	Ich weiß nicht, ob ich dich will.
Verschlossenheit	Ich zeige dir nicht alles von mir, es könnte mir Nachteile bringen, aus demselben Grund bin ich auch nicht ehrlich.
Masken	Du darfst nicht sehen, wie ich wirklich bin.
Gleichgültigkeit	Ich reagiere nicht auf dich.
Schuldzuweisung	Ich habe keine Probleme, sondern du.
Zwang	Ich erlaube dir keine »negativen« Gefühle.
Bedingungen	Du darfst mir nur sagen, was ich hören will.

Forderungen	Ich strafe dich mit Liebesentzug, wenn du mir nicht »folgst«, wenn du so bist, wie ich dich nicht haben will. Ich will nur deinen Körper. Ich will hauptsächlich etwas haben. Ich stelle Bedingungen an meine Liebe. Du bist schuld, wenn wir Schwierigkeiten haben. Es geht nur um mich.

An welchen Orten kann man die »Pflanze Liebe« nur selten finden (oder gar nicht)?

- Wo keine Kritik erlaubt ist.
- Wo keine negativen Gefühle gezeigt werden dürfen.
- Wo keiner seine Probleme zeigt.
- Wo man Nähe vermeidet.
- Wo Schuld verteilt wird.
- Wo Konkurrenz herrscht.
- Wo alles in Gut und Schlecht eingeteilt wird.
- Wo man sich und den anderen einengt oder in seinem Ausdruck beschneidet.
- Wo Macht herrscht.
- Wo Bedingungen gestellt werden (siehe Seite 261f.).
- …

Übung: Welche Erfahrungen haben Sie mit der Liebe gemacht? Wann und unter welchen Bedingungen hat sie Ihre Beziehung(en) erblühen lassen und was hat sie gefährdet?

Liebe ist ein seltsamer Gast:
Sie kommt nur, wenn sie nicht muss.
Man kann ihren Besuch nicht fordern.
Verpflichtungen vergraulen sie.
(Unbekannt)

Bedingte Liebe

Warum lieben wir den anderen? Männer legen mehr Wert
darauf, eine gut aussehende Frau zu bekommen als umgekehrt. Soziale Überlegenheit bei Frauen imponiert Männern
dagegen wenig bis gar nicht, ist oft eher ein Hindernis. Schöne
Menschen werden oft für wärmer und angenehmer gehalten,
als sie in Wirklichkeit sind, für freundlicher und einfühlsamer,
und man hat das Gefühl, mit ihnen glücklich werden zu
können. Die Enttäuschung ist da schon vorprogrammiert.

Übung: Ergänzen Sie einmal den folgenden Satz. Wenn ich
liebe, dann weil...

Nachfolgend die Antworten von Seminarteilnehmern:

- ... mein Partner mir Sicherheit und Geborgenheit gibt.
- ... der andere mich liebt.
- ... der andere so fürsorglich ist.
- ... der andere mir körperlich gefällt.
- ... der Partner so gut zu mir ist.
- ... ich nicht nein sagen kann.
- ... wir uns im Bett gut verstehen.

Erkennen Sie: Solange wir noch einen Grund haben, warum
wir den anderen lieben, lieben wir ihn nicht bedingungslos.
Dies ist nicht schlimm, aber wir sollten so ehrlich sein, es uns

einzugestehen. Reife Menschen sehnen sich danach, geliebt zu werden für das, was sie *sind,* und nicht für das, was sie für uns *tun.* Jede Vorliebe für ... ist ein Zeichen für etwas Fehlendes in Ihnen, das »heimgeholt«, eingelöst werden möchte! Statt sich auf diese Vorliebe zu versteifen, könnten Sie auch das Fehlende heimholen.

Übung: Welche Vorliebe habe ich? Was muss ich »heimholen«, um mit dieser Vorliebe freier umgehen zu können?

Für uns ewig durch uns selbst Vorüberziehend
gibt es keine Landschaft
außer dem, was wir sind.
(Fernando Pessoa, 1888-1935)

Weit verbreitete Irrtümer über die Liebe

Irrtum Nr. 1. Verliebtsein ist Liebe.

Irrtum Nr. 2. Um zu lieben, muss man sich zuerst verlieben.

Irrtum Nr. 3. Man kann nur einen Menschen lieben.

Irrtum Nr. 4. Die Liebe hat eine ganz bestimmte Form – und nur die ist Liebe.

Irrtum Nr. 5. Wenn man eine Beziehung hat, liebt man automatisch.

Irrtum Nr. 6. Liebe fällt vom Himmel und bleibt nur eine ganz bestimmte Zeit.

Irrtum Nr. 7. Wenn die Liebe einmal weg ist, ist sie für immer weg.

Irrtum Nr. 8. Man kann nicht lernen zu lieben, entweder kann man lieben oder nicht.

Irrtum Nr. 9. Die Liebe ist da oder nicht da, das kann man selbst nicht beeinflussen.

Irrtum Nr. 10. Liebe ist, zu tun, was der andere will.

Irrtum Nr. 11. Liebe ist lieb sein.

Irrtum Nr. 12. Liebe ist brav sein.

Irrtum Nr. 13. Liebe ist, wenn man in dem anderen nur »positive« Gefühle auslöst.

Irrtum Nr. 14. Guter Sex ist Liebe.

Irrtum Nr. 15. Ich kann nur lieben, wenn ich einen Partner habe.

Irrtum Nr. 16. Nur wenn ich geliebt werde, kann ich lieben.

Irrtum Nr. 17. Erst beim richtigen Partner kann ich lieben.

Irrtum Nr. 18. Man kann nicht jeden lieben.

Diese Glaubenssätze, die von uns kritiklos übernommen wurden und an denen sich die meisten Menschen orientieren, verbreiten falsche Sichtweisen von der Liebe.

Ich suchte dich und habe mich gefunden.
(Franz Grillparzer, 1791-1872)

Liebe ich den anderen oder brauche ich ihn?

Wie wir bereits in den Kapiteln über Selbstliebe erfahren haben, ist die Voraussetzung für wahre Liebe, dass wir uns selbst lieben, uns vorbehaltlos annehmen, so wie wir sind, ja sagen zu unserem Sosein. Das führt dazu, dass wir auch allein glücklich und zufrieden sind. Dann trifft uns auch die Kritik des anderen nicht mehr schmerzhaft und wir sind aus der Abhängigkeit von ihm befreit. Denn solange ich den anderen brauche, damit er mich »bestätigt«, bin ich nicht wirklich frei.

Liebe kann man nicht festhalten. Versuchen wir es, stirbt sie und in vielen Beziehungen ist sie längst gestorben. Was bleibt, ist Gewohnheit.

Manche kommen von ihrem Partner nicht los, obwohl sie längst wissen, dass es vorbei ist. Dahinter steht oft die Angst: Ich schaffe es nicht allein. Oder auch: »Es wird allein nie mehr so schön, wie es damals mit ihm war!« Diese Angst hält sie in der Beziehung, die längst keine mehr ist, fest, obwohl sie gehen möchten. Was wirklich fehlt, ist Selbstvertrauen, der Glaube, das Leben auch allein meistern zu können.

Ähnliches geschieht auch bei dem, was viele Menschen mit »Liebe« verwechseln: Wir lieben nicht, wir lieben nur »etwas«. Und dieses Etwas lieben wir lediglich aus einem bestimmten Grund. Wir »bilden« uns ein, ein Mensch sei schön, nett oder gescheit. Und deshalb lieben wir ihn. Gäbe es diesen eingebildeten Grund nicht, würden wir nicht lieben. Wir haben das Gefühl an eine ganz bestimmte Bedingung geknüpft. Wenn wir einen Menschen nur unter dieser und jener Bedingung lieben, müssen wir uns fragen: Was lieben wir dann eigentlich? Den

Menschen oder die Bedingung, von der wir uns einbilden, dass sie erfüllt ist? Lieben wir in diesem Fall überhaupt?

Im Kapitel »Beziehungsfähigkeit versus Abhängigkeit« (siehe Seite 41ff.) haben wir uns bereits bewusst gemacht, wie wichtig es ist, beziehungsfähig und nicht abhängig zu leben. Die nachfolgende Gegenüberstellung hilft Ihnen, Klarheit zu gewinnen, ob Sie lieben oder ob Sie sich in einer Abhängigkeitsbeziehung befinden. Am besten gehen Sie die einzelnen Punkte zusammen mit Ihrem Partner durch und sprechen anschließend darüber.

Gegenüberstellung: Lebe ich in Abhängigkeit oder in wahrer Liebe? Prüfen Sie einmal ganz ehrlich, welche Seite auf Ihre persönliche Liebesbeziehung mehr zutrifft.

Abhängigkeit	Liebe
verhindert individuelles Wachstum.	hilft beiden, sich im Miteinander schneller und besser zu entwickeln.
gibt, um etwas zu bekommen.	gibt und nimmt aus Liebe.
spielt Spielchen mit den anderen.	äußert die eigenen Wünsche und Bedürfnisse so ehrlich und weitgehend wie möglich.
kennt keine wahre Vertrautheit.	lebt im Vertrauen und in der Vertrautheit mit dem Partner.
hat Angst vor der Trennung.	lebt in der Gegenwart und ist offen für die Zukunft.

kennt die eigenen Grenzen nicht.	lebt in der Einheit mit dem Geliebten, aber auch in der Einheit mit sich selbst.
verschlingt alles.	achtet die Individualität des Partners.
verhindert die Entwicklung.	fördert die Entwicklung des Partners ebenso wie die eigene, auch wenn dies nicht immer angenehm sein sollte.
fürchtet jede Veränderung und will festhalten, was ist.	ist offen für Veränderung.
versucht den anderen zu verändern.	ist für den Partner präsent, ohne ihn ändern zu wollen.
ist gegen eine tiefe Verbindung.	ist fähig und bereit, sich zu binden.
sucht Lösungen von außen.	akzeptiert die Möglichkeiten und Grenzen des Partners.
fordert bedingungslose Liebe.	ist frei von Forderungen und nimmt dankbar an, was ist.
braucht ständig Bestätigung durch den Partner und macht das eigene Selbstwertgefühl vom anderen abhängig.	hat ein in sich ruhendes Selbstbewusstsein.
hat ständig, auch bei einer nur kurzen Trennung, Angst, verlassen zu werden, hält den Partner deshalb an der »kurzen Leine«.	vertraut dem Partner und genießt bewusst das »All-eins-Sein«.

braucht den anderen, um sich ganz zu fühlen.	ruht in sich und hilft dem Partner, zu sich selbst zu finden.
wünscht Nähe, hat aber Angst, verletzt zu werden.	ist offen für Nähe, macht sich vertrauensvoll verletzlich.
will ständig die Kontrolle über den Partner.	respektiert den anderen so, wie er ist, und stärkt ihn in seiner Unabhängigkeit.

Übrigens: Ein Merkmal der abhängigen Liebesbeziehung ist es, dass Menschen, die sich selbst leben, als Bedrohung empfunden werden.

Eine Schlange,
die sich nicht häutet, stirbt.
(Friedrich Nietzsche, 1844-1900)

Können wir eine abhängige Beziehung in eine erlöste Beziehung umwandeln?

Es gibt viele Möglichkeiten für Wandlungen. Die erste Voraussetzung aber müssen Sie selbst schaffen, indem Sie im Falle
einer abhängigen Beziehung herausfinden, worin Ihre eventuelle Co-Abhängigkeit liegt, und sie löschen. Tauchen Sie mit
Ihrer Aufmerksamkeit immer tiefer in das ein, »was ist«, und
durchschauen Sie so das Spiel. Hier gilt es insbesondere die
eigene Co-Abhängigkeit wahrzunehmen, Ihren Anteil an diesem »Spiel«. Das bezieht sich besonders auf die endlosen
Wiederholungsmuster Ihres Denkens, Fühlens und für die
Rollen, die Ihr Ego spielt.

Fragen Sie sich: Worin liegt eigentlich meine Co-Abhängigkeit? Und: Wie würde meine eigene Beziehung aussehen,
wenn sie zwischen zwei nicht abhängigen Menschen geführt
würde?

Damit die wahre Liebe sich entfalten kann, muss ihre
ungebundene Gegenwärtigkeit stark genug sein. Dies bedeutet, frei von »Altlasten« ganz im Hier und Jetzt sein zu können.
Die Identifikation mit der Co-Abhängigkeit aufzulösen bedeutet, zum wertfrei Wahrnehmenden zu werden. Haben wir uns
selbst befreit, sind wir auch fähig, unserem Partner mehr
Freiheit zu geben. Und erst dann wird wahre Liebe möglich.

Wenn Sie aufhören, Ihre Beziehung mit »ich-Programmen«
auszustatten, dann verliert Ihr Denken und Fühlen seine
Zwanghaftigkeit. Sobald dann auch das Urteilen vorbei ist, weil
Sie das, was ist, annehmen, kann sich die Befreiung zeigen. Sie

haben Raum für Liebe, Freude, Frieden, Freiheit geschaffen. Zuerst hören Sie auf, sich selbst zu verurteilen, dann hören Sie auf, Ihren Partner zu verurteilen. Der größte Katalysator für die Veränderung in einer Beziehung ist das totale Annehmen Ihres Partners ohne das Bedürfnis, zu verurteilen oder zu verändern. Das öffnet sofort einen Raum jenseits des Egos. Dann sind alle Kopfspielchen und abhängigen Klammereien vorbei. Es gibt keine Opfer und keine Täter mehr, keine Ankläger und keine Angeklagten. Alle Co-Abhängigkeit findet hier ihr Ende, alle Verwicklungen in die unbewussten Muster des anderen. Sie werden sich dann entweder in Liebe trennen oder miteinander noch tiefer in das Jetzt, in das Sein eintauchen und sich das Ideal zweier nicht co-abhängiger Menschen ständig vor Augen führen.

Zuerst liebt man nur, wenn man geliebt wird.
Dann liebt man spontan, will jedoch wiedergeliebt werden.
Später liebt man, auch wenn man nicht geliebt wird,
doch liegt einem daran, dass die Liebe angenommen werde.
Und schließlich liebt man rein und einfach,
ohne ein anderes Bedürfnis und ohne eine andere Freude
als nur zu lieben.
(Kurt Tepperwein)

Liebe erleben, was heißt das eigentlich?

Wie erleben wir die Liebe? Als ein schönes Gefühl, einen
wohlwollenden Gedanken, einen bestimmten Bewusstseinszustand, ein bestimmtes Verhalten? Spüren Sie auf jeder Ebene
einmal hin und analysieren Sie Ihr Erleben. Es gibt nicht nur
eine richtige Antwort auf diese Frage.

Übung: Fragen Sie sich noch einmal:

• Wobei erlebe ich Liebe und wie?
• Wie macht sich Liebe bei mir bemerkbar?
• Wo, wann und wodurch habe ich schon einmal Liebe erlebt?
• Was bedeutet es für mich, einen Partner zu haben?
• Warum liebe ich meinen Partner?
• Wen liebe ich am meisten?
• Was liebe ich am anderen? Warum?
• Wie äußert sich meine Liebe?
• Was würde sich ändern, wenn er/sie mich nicht mehr lieben
würde?

Jedes Geschöpf ist mit einem anderen verbunden,
und jedes Wesen wird durch ein anderes gehalten.
(Hildegard von Bingen, 1098-1179)

Liebe ist mehr als einfach nur ein schönes Gefühl

Für viele Menschen ist Liebe lediglich ein schönes Gefühl und sie sind nicht davon zu überzeugen, dass es mehr ist. Sie sind darüber verwundert, dass in ihrer Partnerschaft zeitweise dieses Gefühl von Liebe verschwindet, und erkennen nicht, dass die Partnerschaft auch ohne dieses Gefühl erstrebenswert und sogar erfüllend sein kann. Wenn wir dieses Liebesgefühl spüren, erleben wir die Liebe als einen der schönsten, vielleicht den schönsten und aufregendsten, aber auch spannungsreichsten und unruhigsten Abschnitt in unserem Leben. Sobald dieses wunderschöne Gefühl allerdings vorbei ist, beginnen wir zu klagen.

Manche lassen es bei der Vorstellung bewenden, dass bei der Liebe geheimnisvolle, magische Kräfte am Werk seien, die wirken oder eben nicht, und trachten – falls dieses wunderbare Gefühl auf einmal nicht mehr da ist – danach, den Partner auszutauschen, so etwa wie einen gebrauchten Autoreifen.

Die besten Voraussetzungen für eine dauerhafte Liebesbeziehung erfüllen Sie, wenn Ihnen das Wachstum und Glück Ihres Partners in der Beziehung wichtig ist. So eine Einstellung fördert gleichzeitig das eigene Wachstum und die eigene Bewusstseinserweiterung, hilft Ihnen, sich selbst zu überschreiten. Wenn Ihnen diese Haltung des gemeinsamen Lernens und Erlebens auch noch Freude bereitet, haben Sie gute Chancen, miteinander nicht nur glücklich zu werden, sondern in einer erfüllenden Partnerschaft auch die »Leichtigkeit des

Seins« zu entdecken. Ihre Vorbereitung und Reife macht dann die Begegnung mit Ihrem Partner auf den innersten Ebenen des Seins möglich, weil Sie selbst dafür bereit sind.

Es gibt immer mehr Menschen, bei denen eine Ahnung von der wahren Liebe durchgebrochen ist und die Erkenntnis, dass es nicht in erster Linie um den Teil an Liebe geht, den man bekommt, sondern dass Liebe auch »Liebesmühe« ist, ja sogar, dass es in uns einen seelischen »Liebesmuskel« gibt, den wir trainieren können und der uns hilft, zu »wahrhaft Liebenden« zu werden.

Wahre Liebe
ist weder moralisch noch unmoralisch,
sie ist jenseits von beidem.
(Kurt Tepperwein)

Verschiedene Arten der Liebe und Liebesstile

Es gibt viele verschiedene Arten von Liebe und auch Begriffe, die fälschlicherweise Liebe genannt werden:

- Eigenliebe (körperlich Narzissmus, geistig Egoismus genannt)
- Geldliebe
- Gottesliebe
- körperliche Liebe
- Mutterliebe
- Kindesliebe
- Nächstenliebe
- Naturliebe
- platonische Liebe
- Tierliebe
- Vaterlandsliebe

Dann gibt es verschiedene Begleiterscheinungen, die wir als Gründe von Liebe angeben, obwohl sie eigentlich Begründungen von Abhängigkeiten sind, wie zum Beispiel Anerkennung, Ansehen, Besitzdenken, Geborgenheit, Gesellschaft, Gewohnheit, Neugier, Vorbild usw.

Doch auch wenn es sich tatsächlich um Liebe handelt – in ihrer Ausprägung zeigt sie sich unterschiedlich. Man liebt seine Frau anders als seine Schwester. In unserer Sprache kennen wir nur ein Wort für die Liebe, im Griechischen gibt es drei verschiedene Begriffe dafür: Eros – Philia – Agape; die sexuell-körperliche Liebe, die brüderliche Liebe und schließlich die selbstlose Liebe. Alle drei Begriffe beschreiben verschiedene Formen menschlicher Zuneigung.

Professor Hans Werner Bierhoff vom Fachbereich Psychologie der Universität Marburg ist durch Auswertung wissenschaftlicher Studien und durch selbst geführte wissenschaftliche Interviews zu der Überzeugung gekommen, dass es sechs unterschiedliche Liebesstile zwischen Menschen gebe. Er unterscheidet daher:

1. **Eros** – direkte Anziehung durch eine andere Person, die sexuelles Interesse weckt.
2. **Ludus** – Spiel unter Umständen mit mehreren Partnern, ohne die Gefühle sehr ernst zu nehmen; es geht um Gegenwartserlebnisse.
3. **Storge** – Liebe als Folge einer engen Freundschaft, die nicht auf starken Gefühlen, sondern auf gleichen Interessen und Erfahrungen beruht.
4. **Mania** – leidenschaftliche, oftmals besitzergreifende, vereinnahmende Liebe, die abhängig macht und exklusive Zuwendung verlangt, meist mit Eifersucht verbunden.
5. **Pragma** – hier steht im Vordergrund, zueinander zu passen, einander die Bedürfnisse befriedigen zu können und sich aus Vernunftgründen zusammenzutun.
6. **Agape** – eine Beziehung der Selbstlosigkeit und der Pflichterfüllung in der Achtung des anderen.

Bierhoff fand interessanterweise heraus, dass der Liebesstil *Eros* gerade bei jüngeren Partnern wachstumsfördernd auf die Partnerschaft einwirkt und auch die Chancen auf gegenseitiges Glücksempfinden fördert, aber auf die Dauer nicht für eine erfüllende Beziehung ausreicht. Ludus und Mania finden sich in der Regel dort, wo die Partner in ihrer Partnerschaft nicht besonders glücklich sind. Später, im Alter, treten Agape, Pragma und Storge mehr in den Vordergrund.

Ergänzen sollten wir noch Philia, die »brüderliche Liebe«, die wir bei Bierhoffs Aufstellung wohl am ehesten Storge zuordnen können. Untersuchen und vergleichen wir die nachfolgenden Liebesformen näher:

- **Eros:** Es ist das Verlangen, mit einem anderen Menschen körperlich eins zu sein. Zwei Gegensätze öffnen sich, lassen einander hinein und werden eins. Im Idealfall erlebt man dieses Einssein in einem gemeinsamen Orgasmus. Der aber hat den Nachteil, dass er nicht zu halten ist, dass die physische Befriedigung zeitlich begrenzt ist und zwingt, die Einheit auch auf anderen Ebenen zu suchen.
- **Philia:** Größere Chancen auf eine dauerhafte Befriedigung hat die brüderliche Liebe. Sie fordert nicht, sondern erfüllt sich darin, für den anderen da zu sein. Es ist nicht einmal notwendig, dass sie erwidert wird, ich freue mich, etwas für den anderen tun zu können, und achte nicht einmal darauf, ob er es mir dankt. Es ist eine wunderschöne Form der Liebe, aber noch nicht die letzte Erfüllung.
- **Agape:** Höchste Erfüllung der Liebe findet man nur in dieser Form, denn das höchste Ziel dieser Liebe ist es, dauerhaft eins zu werden mit *dem* Geliebten. Als *den* Geliebten können wir Gott/Göttin/die universelle Energie sehen. Die Form des Ausdrucks von Agape ist dabei die gleiche, da sie stets die Göttlichkeit anpeilt. Agape sieht im Partner das Göttliche, liebt ihn bedingungslos, ist jedoch gleichermaßen bereit, in der äußeren Form Unstimmiges zu sehen und anzusprechen.

Agape lässt sich gut mit Eros oder Philia kombinieren. Sie kann aber auch allein dastehen. Sie schafft eine ständige Erfüllung, die schließlich zur Einheit führt. Zur Agape gehört zudem, dass ich meine Feinde liebe und nichts mehr ablehne. Denn eins werden kann ich nur, wenn ich nichts mehr ausschließe,

wenn ich keine Bedingungen mehr für meine Liebe stelle.
Agape ist ein Zustand des Seins, grenzenlos und alles einschlie-
ßend, Einssein mit dem Allerhöchsten, aber auch mit dem
Geringsten. Agape ist identisch mit Vollkommenheit. Der
persische Mystiker Rumi hat dies im 13. Jahrhundert in einer
kleinen Geschichte deutlich gemacht:

> *Ein Mensch erreicht nach langer Suche die Tür des Allerhöchs-*
> *ten. Als er klopft, fragt eine Stimme: »Wer ist da«?, und er*
> *antwortet: »Ich«. Da sagt die Stimme: »Hier ist kein Platz für*
> *Ich«. Nach einem Jahr klopfte der Mensch erneut und wieder*
> *fragt die Stimme: »Wer ist da?«, und er antwortet: »Hier bist*
> *Du«. Da sagte die Stille: »Hier ist kein Platz für ein Du«. Nach*
> *einer unendlich langen Zeit klopfte der Mensch erneut und*
> *wieder fragte die Stimme: »Wer ist da?«, und er antwortete: »Der*
> *Eine, der alles ist!« Da wurde die Tür geöffnet!*

Einen Menschen lieben heißt,
ihn so zu sehen,
wie ihn Gott gemeint hat.
(Fjodor M. Dostojewski, 1821-1881)

Lieben ist eine Kunst, die man lernen kann

Von allen Künsten ist die Kunst der Liebe die am wenigsten studierte und am wenigsten praktizierte. Die meisten Menschen glauben, dass Liebe eine Sache des Zufalls ist, etwas, das geschieht, wenn man eben Glück hat. Habe ich Pech, geschieht es eben nicht oder meine Liebe wird nicht erwidert. Auf jeden Fall aber kann ich nichts dafür. Ist Lieben aber eine Kunst, dann erfordert sie Wissen um die Zusammenhänge und die Bereitschaft, das Notwendige zu tun.

Eine Voraussetzung für die Liebe ist die Fähigkeit, *achtsam wahrzunehmen*, was um mich herum geschieht, und dieses Geschehen *offenen Herzens anzunehmen*. Diese Aufgeschlossenheit macht die Seele weit und lässt den Augenblick zu einem beglückenden Erlebnis werden. Liebe ist nicht möglich, wenn ich mich vom Leben zurückziehe.

Natürlich hat Liebeskunst auch nichts mit dem Alter zu tun. Die Fähigkeit zur Liebe wird in den ersten Lebensjahren entwickelt und in der Jugend fällt es uns noch viel leichter, Bekanntschaften zu schließen, Freundschaften einzugehen. Aber die Liebe reift oft erst im Alter zu ihrer wahren Blüte. Da die Seele niemals altert, ist auch die Fähigkeit zur Liebe nicht an die Jugend oder den körperlichen Zustand gebunden.

Das Geheimnis der erfüllten Liebe in einer Beziehung besteht unter anderem darin, Liebe zu geben. Um Liebe zu empfangen, muss man zuerst Liebe geben. Wer ernten will, muss zuvor säen. Wenn jemand sich wünscht, Liebe in seinem Leben zu erleben, muss er zuerst Liebe sein und diese Liebe anderen zukommen lassen, genauso wie man kein Geld von einem Bankkonto abheben kann, ehe man etwas eingezahlt hat. Die Liebe kann nicht versprochen oder eingehalten werden. Sie kann nur gegeben und empfangen werden.

Ohne Liebe kehrt kein Frühling wieder,
ohne Liebe preist kein Wesen Gott.
(Friedrich Schiller, 1759-1805)

Liebe aus höchster Sicht

Viele Menschen suchen nach der höchsten Liebe, aber wir wissen nicht einmal, was das ist, wie sie aussieht und woran man sie erkennt. Vor allem aber wissen wir nicht, wie man sie erhält, wenn sie uns begegnet.

Wahre Liebe ist ein Seinszustand. Die Liebe lebt nicht außen, sie lebt tief in Ihrem Inneren und kann Ihnen natürlich auch im Außen gespiegelt werden. Sie können sie nie verlieren und sie kann Sie nie verlassen. Sie ist nicht abhängig von einem anderen Menschen, Körper, von einer äußeren Form. In der Stille Ihrer Gegenwärtigkeit können Sie Ihre eigene formlose und zeitlose Wahrheit fühlen und sie als das unmanifeste Leben erkennen, das die körperliche Form beseelt. Dieselbe Liebe können Sie dann tief in jedem menschlichen Wesen, in jedem Geschöpf fühlen. Sie durchschauen den Schleier von Form und Trennung. Das ist die Einsicht und Verwirklichung von Einheit. Das ist Liebe.

Die Liebe hat die wunderbare Eigenschaft, dass sie erfüllt, *was sich ihr öffnet.* Deshalb können Sie wahre Liebe auch erleben, wenn Sie allein sind.

Für keinen Menschen bedeutet Liebe etwas völlig Fremdes. Es gibt nur die *eine* Liebe. Es gibt nicht die große oder die kleine, die wirkliche oder unwirkliche, die echte oder die unechte Liebe. Es gibt nur die eine unendliche Liebe. Liebe lässt sich ihrer Essenz nach nicht differenzieren, da sie eine allumfassende Einheit darstellt. Man kann sie jedoch in verschiedenen Ausprägungen erfahren. Und so haben Sie sie schon unzählige Male erlebt. Sie haben sie nur nicht als Liebe

erkannt. Dieses totale, erfüllende Glücksgefühl, ohne besonderen Grund – das war Liebe, reine, bedingungslose Liebe.

Die Liebe ist überall vorhanden und wartet nur darauf, dass
sie jemanden findet, der offen und bereit ist für sie. Die Liebe
stellt keine Bedingungen, ist immer bereit, immer da. Das
Einzige, was man tun muss, um mit ihr in Kontakt zu kommen,
ist, sich ihr zu öffnen und offen zu bleiben. Die Liebe ist die
einzige Kraft, die uns letztendlich Erfüllung bringt und uns im
Miteinander über uns hinauswachsen lässt.

Nur die Liebe überwindet alle Grenzen und Hindernisse.
Entscheidend ist unsere Offenheit für die Liebe und unsere
Bereitschaft zu einer ständigen Hinwendung. Dann geschieht
Liebe in uns und durch uns. Lieben ist wirklich zu sein und
wirklich zu sein heißt zu lieben. Sie ist unser wahres Wesen und
in ihr vereinigen sich und verschmelzen alle Gegensätze, aber
man kann nicht beschließen zu lieben.

Die Liebe ist das Grundgesetz und das Wirken der Einen Kraft,
die wir auch Gott nennen. Wenn man gelernt hat zu lieben, und
das mit der Weisheit verbindet (bewusst lieben), dann ist man
vollkommen. Solange wir auf der Erde sind, ist es unsere Aufgabe
– der Sinn unseres Lebens –, das Lieben zu lernen. Nicht nur die
Liebe zu einem Partner, sondern die allumfassende Liebe, die
nichts und niemanden mehr ausschließt, um so zum »Botschaf-
ter der Einen Liebe« zu werden. Lieben heißt auch, seine
Möglichkeiten zu nutzen, für andere Chance zu sein.

Verliebt sein und Liebe sind wie Blüte und Frucht. Liebe
bedeutet auch verständnisvolles, bewusstes Annehmen von
Unzulänglichkeiten. Verliebtsein kann uns zu Dingen verführen, die man später bereut. Wahre Liebe dagegen erhöht uns
und den anderen zu uns selbst. Wenn ich wirklich als „ich
selbst" liebe, dann geschieht Liebe durch mich, und wenn ich
wirklich »ich selbst« bin, dann liebe ich mich auch, weil ich die
Eine Kraft, das Leben, die Liebe und die Wirklichkeit liebe.

Bin ich aber nicht »ich selbst«, heißt das, dass ich Blockaden
habe, dass ich Rollen spiele, nach Bildern und Verhaltensmus-

tern lebe, die das wirkliche Leben verhindern und blockieren. Dann kann ich mich noch so sehr abmühen, Liebe lernen zu wollen, mich vor den Spiegel stellen und sagen: »Ich liebe dich«, ich lebe es nicht. Wenn ich aber wirklich liebe, brauche ich es mir nicht mehr zu sagen, mir vorzunehmen oder zu lernen, sondern es geschieht ganz einfach, weil es meine innere Wirklichkeit ist, die sich als mein Leben ausdrückt.

Solange ich an meiner Liebe noch etwas ändern kann oder sich die Liebe ändert, solange ist es noch keine Liebe. Dann sind es bestenfalls Vorstufen dazu. Denn Liebe ist eine Wirklichkeit und nicht zu ändern. Der andere berührt ein bisschen die Liebe in mir und ich halte das für Liebe. In Wirklichkeit erinnert der andere mich nur an mich selbst, an das Leben in mir und damit komme ich vielleicht mir selbst etwas näher. Deshalb habe ich den anderen so gern, weil er mich an mich selbst erinnert und mich dadurch lieben macht. Er lässt mich »mich selbst« mehr spüren, meine eigene Wirklichkeit…

Ich komme zur Liebe, indem ich mehr »ich selbst« bin, indem ich wieder »zu mir komme«, wie ein Bewusstloser, der wieder zu sich kommt. Ich komme zu mir selbst, indem ich aufhöre, ständig anders sein zu wollen, indem ich aufhöre, ein Ideal verwirklichen zu wollen oder einem Vorbild nachzueifern, indem ich erkenne, dass ich genau so gemeint bin, wie ich bin, und dass ich nur so meinen Platz ausfülllen, meine Aufgabe optimal lösen kann.

Wichtige Punkte:

- Was bedingungslose Liebe ist, weiß kaum einer, obwohl er doch aus ihr besteht.
- Liebe IST immer da und muss nicht produziert werden.
- Es ist möglich, die Liebe zu finden, auch durch das Karma, indem ich meinem Schicksal folge, es erfülle.
- Die Liebe weist den Weg, nicht die Bindung!
- Lieben bedeutet, bedingungslos mit der Wahrheit zu sein.
- In der Liebe verbrennt alles, was nicht Liebe ist.

Zwischenbilanz: Erkenntnisse auf dem Weg zur Wahren Liebe

Übung: Machen Sie sich die einzelnen Fragen/Punkte bewusst:

* Eine Partnerschaft ist kein Kühlschrank, in dem nur Gutes steckt, das man sich jederzeit nehmen kann.
* Passen Sie sich an, aber geben Sie sich nicht auf...Ordnen Sie Ihre Bedürfnisse nicht denen des Partners unter, sondern ein in die Gemeinschaft.
* Will ich den anderen nur haben oder will ich wirklich mit ihm verbindlich zusammen sein?
* Liebe ich den anderen oder brauche ich ihn? Und wozu?
* Bin ich bereit zu lieben oder will ich nur geliebt werden?
* Bin ich bereit, mich ganz für den anderen zu entscheiden und mich wirklich ganz auf ihn einzulassen?
* Bin ich selbst ein idealer Partner?

VIII.
WIE DIE LIEBE GELINGT

Liebende treffen sich nicht endlich irgendwo,
sie sind schon immer ineinander.
(Rumi, 1207-1273)

Wie Sie Ihren Seelenpartner anziehen bzw. erwecken

In jedem von uns steckt die Sehnsucht nach dem Seelenpartner. Wohl jeder Mensch ist auf der Suche nach ihm und nur wenige glauben, ihn gefunden zu haben. Es ist nicht nur die Verbindung zweier Menschen, sondern zweier Seelen, mit allen sich daraus ergebenden Konsequenzen für das Zusammenleben und für die Liebe. Dabei kann ich ganz sicher sein, dass es ihn gibt und dass auch er auf der Suche nach mir ist. Nur wenige wissen, dass diese sehnsüchtige Suche einer tiefen, jedoch nicht bewussten inneren Gewissheit entspringt.

Wir tragen seit urdenklichen Zeiten sein Bild in unserer Seele und unsere Sehnsucht erinnert uns immer wieder daran. Dabei erleben wir immer wieder, dass unsere Sehnsucht in einer anderen Partnerschaft, mag sie noch so harmonisch sein, nicht gestillt werden kann. Es sei denn, der andere ist ein Weggefährte, ein Freund, der uns hilft, zu uns selbst zu finden und den wir an sein wahres Selbst erinnern. Er hilft uns so, bereit zu werden für die eine, letzte Begegnung mit dem anderen, verloren gegangenen Teil von uns selbst. Und so begegnen wir immer wieder Menschen, die uns zum Lernen einladen, die uns und denen wir Lehrer und Partner sind. So werden wir von Beziehung zu Beziehung, von Inkarnation zu Inkarnation reifer, beziehungs- und liebesfähiger und immer bereiter für die Begegnung mit uns selbst.

* Wie aber können wir den anderen Teil von uns finden, wenn wir uns selbst noch nicht gefunden haben?
* Und wie könnten wir mit ihm glücklich sein, solange wir nicht mit uns glücklich sind?
* Wie können wir von ihm geliebt werden, wenn wir uns selbst nicht lieben?

Je bereiter Sie sind, desto erfüllender kann die Begegnung mit Ihrem Seelenpartner werden, um so freier werden Sie sich beide fühlen. Also versuchen Sie nicht möglichst schnell diese Begegnung herbeizuführen, sondern möglichst bereit zu sein, wenn sie zum richtigen Zeitpunkt geschieht, und der richtige Zeitpunkt ist erst dann, wenn Sie beide bereit sind.

Sie sind Ihrem Seelenpartner schon unzählige Male begegnet und zwar in den verschiedensten Rollen. Sie waren Freund, vielleicht Bruder, Schwester, sogar Partner, ohne es zu wissen, er war Ihr Chef oder Ihr Kollege, vielleicht sogar Ihr Kriegsgegner. Und mit jeder Begegnung haben Sie mehr »abgeschliffen«, was Sie trennte, wurde die Vertrautheit immer stärker immer deutlicher, die Trennung immer schwerer. Und jeder trägt das Bild des anderen lebendig in seiner Seele. Über dieses Bild können wir jederzeit mit unserem Seelenpartner Kontakt aufnehmen, auch wenn er sich derzeit nicht auf der Erde befinden sollte. Ein »Ferngespräch« dauert nicht länger als ein »Ortsgespräch«. Sagen Sie ihm, wie bereit Sie sind, und fragen Sie ihn, wann er bereit ist, wann der richtige Zeitpunkt gekommen ist für Ihre letzte Begegnung. Denn wenn Sie wirklich ganz bereit sind, werden Sie sich nie mehr trennen, verschmelzen Sie wieder zu einem Wesen, sobald Sie die Hülle des Körpers abgelegt haben.

Ihr Seelenpartner ist Ihnen ein optimaler Spiegel, in dem Sie sich so klar erkennen wie nie zuvor. Sorgen Sie daher rechtzeitig dafür, nicht zu erschrecken, wenn Sie die Wahrheit über sich erkennen, und dass die dann erforderlichen Schritte nicht zu groß sind. Besser Sie tun sie vorher, dann können Sie

Zeitpunkt und Länge bestimmen. Über einen Abgrund kann man nämlich nicht mit einigen kleinen Schritten gehen, man muss schon einen Sprung tun, um hinüberzukommen, und wenn der Sprung nicht weit genug war, wenn Sie die Entfernung oder Ihre Sprungkraft überschätzt haben, dann stürzen Sie ab und es ist keiner da, der Sie auffängt.

Die Kunst, den Seelenpartner zu finden, besteht also in der richtigen Vorbereitung. Erst durch sie kommen Sie ihm näher, weil Sie sich immer näher kommen, bis es nur noch ein kleiner Schritt ist. Sie müssen dazu nicht unbedingt vollkommen sein, aber vollkommen Sie selbst, echt, ehrlich und authentisch. Denn im Spiegel Ihres Seelenpartners wird Ihnen jede Unechtheit, jede Unehrlichkeit schmerzhaft bewusst und ist nicht länger haltbar. Es kann natürlich auch sein, dass Sie zwar bereit sind, dass aber Ihr Seelenpartner noch einige Schritte tun muss, bevor *er* bereit ist. Lassen Sie ihm Zeit und bleiben Sie bereit.

Zur Vorbereitung gehört auch, dass Sie sich einmal ganz ehrlich bewusst machen, was Sie alles von Ihrem Seelenpartner erwarten. Wie soll er Ihre Erwartungen erfüllen, wenn Sie selbst nicht einmal wissen, was Sie wollen. Machen Sie sich eine Liste, was Sie erhoffen, erwarten oder welche Forderungen Sie an ihn haben. Beschreiben Sie genau, wie er aussehen, wie er sich verhalten soll, welche Ansichten, welche Bildung er haben soll. Beschreiben Sie einfach alles, was Sie sich von ihm erträumen. Seine Eigenschaften, den Zeitpunkt Ihrer Begegnung, einfach alles. Und seien Sie gründlich, vergessen Sie nichts, nicht die geringste Kleinigkeit.

Und nun kommt der wichtigste Punkt: Lassen Sie alles, wirklich alles los. Trennen Sie sich von diesen liebgewordenen Vorstellungen und gestatten Sie Ihrem Seelenpartner auch, er selbst zu sein. Sorgen Sie dafür, dass vor Ihrer Begegnung wirklich alle Vorstellungen, die in Wahrheit ja nur Begrenzungen sind, aufgelöst wurden. Machen Sie sich ganz frei davon, denn jede Vorstellung trennt Sie in Wirklichkeit voneinander.

Trotzdem oder besser gerade deswegen können Sie ganz sicher sein, dass er vollkommen zu Ihnen passt, auch wenn das nicht unbedingt bequem sein muss. Er ist wirklich Ihr vollkommener Partner und Sie sind gerade in Ihrer Vorbereitung wieder einen großen Schritt weitergekommen, ihm ebenfalls ein vollkommener Partner zu sein, weil Sie nun nicht mehr versuchen, ihn in das Klischee Ihrer Vorstellungen zu pressen, ihn dadurch vielleicht gar nicht erkennen können.

Dann wäre noch ein wichtiger Schritt zu tun. Machen Sie sich frei von alten Bindungen, die die neue Beziehung gleich von Anfang an belasten könnten. Sorgen Sie dafür, dass Sie ihm völlig unbelastet gegenübertreten können, gehen Sie alle bisherigen Beziehungen noch einmal gründlich durch und lösen Sie dabei alles, aber auch alles auf, was Sie vielleicht bisher übersehen haben. Machen Sie sich wirklich frei. Viele treffen nur deswegen nicht den Richtigen, weil sie in der Zwischenzeit zu intensiv mit dem Falschen zusammen sind. Sollte aber Ihre derzeitige Partnerschaft noch nicht erfüllt sein, gehört auch das zu Ihrer Vorbereitung. Laufen Sie nicht weg, denn Sie sind erst wirklich bereit, wenn sich diese Partnerschaft ganz erfüllt hat.

Und natürlich kann es auch immer wieder vorkommen, dass Sie bereits seit Jahren mit Ihrem Seelenpartner zusammenleben, ohne es bemerkt zu haben. Oft wissen Sie es erst, wenn Sie sich auf Ihre gegenwärtige Beziehung voll und ganz einlassen.

Wenn Sie bereit sind, sprechen Sie innerlich mit Ihrem Seelenpartner, selbst wenn Sie noch gar nicht wissen, wer es ist. Wie man das macht? Keine Angst, Ihre Seele weiß das und macht das schon richtig, Sie brauchen es sich nur bewusst zu machen!

Stellen Sie sich vor, wie er Ihre Botschaft empfängt, wie er sich voller Freude dessen bewusst wird, dass es Sie gibt und dass Sie auf ihn warten. Vor allem dass Sie wirklich für ihn bereit sind. Fragen Sie ihn, ob auch er bereit ist, und »spüren« Sie dann, wie das Leben Sie beide aufeinander zuführt und Sie

zum richtigen Zeitpunkt einander begegnen lässt. Sagen Sie
ihm, dass Sie auf ihn warten, dass Sie sich auf ihn freuen, dass
Sie ihn lieben!

Alles, was gelingen soll, braucht unsere volle, ungeteilte
Energie. Es ist daher sehr wichtig für Sie herauszufinden, ob
Sie verschiedene unbewusste Glaubenssätze in sich haben, die
dem Finden Ihres Seelenpartners entgegenstehen. Für diesen
Prozess nehmen Sie am besten Papier und einen Stift und
schreiben alles auf, was Ihnen zu diesem Thema einfällt.
Finden Sie ganz genau heraus, was in Ihnen Ihrem Wunsch im
Wege steht, Ihren Seelenpartner zu treffen, denn diese Hin-
dernisse könnten ausschlaggebend sein. Es gibt viele mögliche
Richtungen, in die Sie schauen können, um Ihre persönlichen
Hindernisse zu entdecken. Die nachfolgenden Beispiele wollen dazu nur einige Anregungen geben, können Ihnen jedoch
nicht das Nachdenken abnehmen.

- Mögliche Ängste: »Ich finde ihn bestimmt nie«, »Vielleicht
  mag er mich gar nicht«, »Vielleicht komme ich aus dieser
  Beziehung nie mehr raus«.
- Mögliche Haltungen: »Es dauert mir zu lange, mich auf
  meinen Seelenpartner vorzubereiten«, »Wenn er nicht
  schön genug ist, will ich ihn sowieso nicht«, »Ich habe keine
  Lust, mit einem Partner etwas zu lernen«.
- Mögliche Lebenseinstellungen: »Das Leben hat mir noch
  nie gegeben, was ich wollte«, »Es gibt keine Seelenpartnerschaft im Leben«.
- Mögliche Einstellungen zu sich selbst: »Warum sollte gerade
  ich ihn finden?«, »Mich wird nie jemand vollendet lieben«.
- ...

Da jeder Mensch anders ist, hat auch jeder seine ganz persönlichen »Hürden« aufgebaut. Halten Sie sich deswegen auch
nicht an obigen Beispielen auf, sondern suchen Sie nach Ihren
Glaubenssätzen, die dem Finden Ihres Seelenpartners im

Wege stehen, und lösen Sie sie auf. Der einfachste Weg dafür ist, den hinderlichen Glaubenssatz durch einen realistischen positiven Glaubenssatz zu ersetzen, der genau so wahr ist. Beispielsweise statt „Ich finde nie den richtigen Partner", „Immer wieder finden Menschen den richtigen Partner, warum nicht auch ich?".

Und wie gesagt: Seelenpartnerschaft ist ein Bewusstseinszustand – es kann sein, dass Sie seit Jahren mit Ihrem Seelenpartner zusammenleben, ohne es zu wissen. (Am besten fragen Sie einmal in der Meditation oder im Gebet danach bzw. lauschen nach innen, wenn die Zeit dafür gekommen ist, es herauszufinden.)

Haben Sie Ihren Seelenpartner dann wirklich entdeckt bzw. erkannt, bleiben Sie frei von Erwartungen, damit Sie auf dem gemeinsamen Weg, der nun vor Ihnen liegt, keine Hindernisse schaffen. Lassen Sie sich ganz auf ihn ein. Wenn der Schlüssel wirklich ins Schloss passt, geht eine Tür auf, eine Tür zu einem neuen Leben. Ihre bisherigen Lebenserfahrungen können Ihnen auf diesem Weg nicht mehr helfen, also lassen Sie auch sie los, erfahren Sie gemeinsam alles neu.

Helfen Sie sich gegenseitig, die Wunden der Vergangenheit zu heilen, und lösen Sie gemeinsam die alten Verhaltensmuster und Prägungen auf, die noch geblieben sein können. Leben Sie wirklich *miteinander*, nicht mehr nur beieinander, nebeneinander her oder gar gegeneinander. Lassen Sie ein festes Fundament von Vertrauen und Liebe wachsen. Entdecken Sie sich miteinander immer mehr und erkennen Sie Ihr wahres Wesen. In dieser Erkenntnis kommen Sie sich immer näher und werden immer »stimmiger«. Das bleibt natürlich auch den anderen nicht verborgen und so werden Sie unmerklich zum Vorbild, aber auch zur Hoffnung für alle, denen Sie begegnen.

Auf Ihrem Weg werden Sie eine ganz neue Form des Zusammenlebens entwickeln, werden Sie ganz neue Wege entdecken und gemeinsam gehen. Das Abenteuer des Lebens kann erst jetzt richtig beginnen. Sehr oft werden Sie auf

diesem Weg eine gemeinsame Aufgabe erkennen und miteinander Erfüllung finden, indem Sie sie meistern.

Meinem Seelenpartner begegne ich auf der Seelenebene,
jenseits von Rollen und Erwartungen und er wird mir so zum
»Tor zum inneren Paradies«, zum Weg zur eigenen Ganzheit.
Ihn liebe ich so wie er ist, und nicht, wie er meiner Meinung
nach sein sollte. Mit ihm lebe ich in einer Atmosphäre von
Freiheit und Vertrauen, die erst wahre Liebe ermöglicht.

Als Seelenpartner erleben wir eine Liebe, die Freiheit gibt
und Weite schafft für die beiderseitige Entwicklung. Sie ist ein
Weg, die eigene Wahrheit zu finden und ihr zu folgen. Freiheit
ist auch ohne die Liebe eines Partners möglich, Liebe aber ist
ohne Freiheit nicht möglich. Das heißt nicht nur, dem anderen
jede Freiheit zu lassen, sondern auch selbst frei zu bleiben, den
anderen nicht zu brauchen. Erst dann bin ich bei ihm, weil ich
will, und nicht mehr, weil ich muss.

Auch wenn ich meinen Seelenpartner gefunden zu haben
glaube, sollte ich bereit sein, jederzeit loszulassen, denn auch
dies gibt es: Seelenpartnerschaft auf Zeit!

Wer den anderen liebt, lässt ihn gelten,
so wie er ist, wie er gewesen ist
und wie er sein wird.
(Michael Quoist, 1921-1997)

Gute langlebige Partnerschaften funktionieren »ganz anders«

Drei Jahre beobachtete die US-Psychologin Judith Wallerstein fünfzig glücklich verheiratete Ehepaare. Hier ihre Erkenntnisse, die in einigen Punkten überraschen mögen:

1. die Vergangenheit abhaken
2. Zusammengehörigkeitsgefühl aufbauen
3. trotz Kind ein Liebespaar bleiben
4. Krisen gemeinsam bewältigen
5. fair streiten
6. ein gutes Sexleben aufbauen
7. den Humor erhalten, gegen Langeweile ankämpfen
8. keine Perfektion vom Partner erwarten
9. stolz auf den Partner sein

Wir wollen nachfolgend untersuchen, inwieweit uns diese neun Punkte helfen können, unsere Partnerschaft zu vertiefen.

1. Die Vergangenheit abhaken:

Dies bedeutet, mich dem anderen ganz und bedingungslos zuzuwenden und aus dieser Zuwendung heraus so viel Befriedigung und Glück zu erleben, dass ich nicht mehr danach frage, was ich bekomme. Bekomme ich etwas, ist das ein zusätzliches Geschenk. Wenn ich einen Baum anschaue, dann gibt er mir auch nichts dafür, dass ich ihn betrachte und bewundere, und doch erlebe ich seine Schönheit als seelisches Wohlbefinden, als Ruhe und Kraft, als Lebensfreude. Und auch ich will nichts von ihm, freue mich einfach daran, dass es ihn gibt, will ihn auch nicht anders haben, sondern liebe ihn so, wie er ist.

Wer eine Situation ändern will, braucht die Bereitschaft, *sich* zu verändern, und die Fähigkeit, sich von vertrauten Vorstellungen zu lösen, sich ganz für den anderen zu entscheiden und sich wirklich voll auf ihn einzulassen, aber auch die bereits angesprochene Bereitschaft, *alle* Erwartungen und Projektionen aufzulösen, vor allem die Vorstellung, den anderen besitzen und ändern zu wollen, damit ich nicht selbst das größte Hindernis für meine Erfüllung werde. Befreien Sie sich von Ihren Idealen, damit Sie eine Chance haben, der Wirklichkeit zu begegnen. Nehmen Sie Ihren Partner so an, wie er ist, und lieben Sie ihn so.

Konzentrieren Sie sich auf Ihre Partnerschaft. Lockern Sie übertriebene Bande zu Verwandten und schützen Sie Ihren Raum.

2. Zusammengehörigkeitsgefühl aufbauen:
Verliebtsein verwandelt sich nicht automatisch in Liebe. Der andere macht mich vielleicht verliebt, aber lieben muss ich schon selbst. Verliebtsein ist nur eine Hilfe auf dem Weg zur Liebe, kein Dauerzustand. Bauen Sie ein Zusammengehörigkeitsgefühl auf. Lernen Sie auch nachzugeben, ohne sich aufzugeben. Lassen Sie so allmählich aus dem »Ich und Du« ein »Wir« werden. Finden Sie gemeinsam Interessen, aber tun Sie Dinge eben allein, wenn der Partner daran keinen Gefallen findet. Sie sind keine siamesischen Zwillinge.

Lösen Sie spätestens jetzt auf, wenn Sie es nicht schon vorher getan haben: die Angst, nicht genug geliebt zu werden, und das Verlangen, den anderen zu besitzen. Denn wer Angst hat und besitzen will, der wird letztlich alles verlieren. Machen Sie sich immer wieder das Geschenk

Ihrer Partnerschaft bewusst und seien Sie stolz auf Ihren Partner. Eine Frau kann alles vergessen, nur nicht, vergessen zu werden. Ein Mann kann auch alles vergessen, nur nicht, nicht geachtet zu werden. Zeigen Sie sich Ihre Zuneigung gegenseitig immer wieder, aber in einer Sprache, die der andere auch versteht. Braucht eine Frau Zärtlichkeit, wird es sie nicht überzeugen, wenn Sie ihr täglich sagen: »Ich liebe dich!« Braucht sie aber das Wort, genügt es nicht, sie täglich mehrmals in den Arm zu nehmen. Jeder sollte seine individuellen Bedürfnisse überprüfen und Anliegen des Partners zumindest nachvollziehen. Glück ist ein Kind, das man täglich zeugen muss, und Liebe ist das Einzige, das wächst, wenn man es verschwendet. Konzentrieren Sie sich auf Ihre Partnerschaft. Lassen Sie *alles* los, was Sie nicht wirklich glücklich macht. Bewahren Sie sich bei aller Liebe Ihre Freiheit, denn sobald sie eingeschränkt ist, schwindet die Liebe. Wenn Sie Interessen nicht teilen, gehen Sie auch mal getrennt und drängen sich nicht auf.

3. **Trotz Kind ein Liebespaar bleiben:**
   Mit einem Baby wird aus der Zweier- eine Dreierbeziehung und der Mann, wie wir bereits erfahren haben, oft zum Außenseiter: Die Mutter kümmert sich hauptsächlich um das Kind. Es darf jedoch nicht zum Alleinherrscher in der Familie werden. Deshalb: öfter das Baby ins Bett legen, die Tür zumachen und sich Zeit für den Ehepartner nehmen. Zwar ist die Form der Partnerschaft, wie sie vor dem Kind war, für immer vorbei, aber wer sagt denn, dass das, was folgt, nicht noch schöner sein kann? Finden Sie immer wieder ungestörte Zeiten füreinander. Bringen Sie Leben in Ihr Zusammenleben. Es kommt nie darauf an, was ist, sondern immer nur, *was man daraus macht.*

4. **Krisen gemeinsam bewältigen:**
   Auch die innigste Liebe hat ihre Krisen. Sie sind ein wesentlicher Bestandteil der Entwicklung eines jeden Menschen. Eine Krise dauert, wie bereits erwähnt, so lange, wie

ich mit einer unveränderten Einstellung in einer veränderten Situation verharre, und das ist dann auch schon die Lösung: Ich muss meine Einstellung verändern und die Krise ist gelöst.

Das Altern, die Wechseljahre, eine mögliche Arbeitslosigkeit belasten die Partnerschaft, weil sie die Gefühle und das Verhalten des Partners verändern. Vorwürfe sind hier nicht hilfreich, nun braucht Ihr Partner Ihr Verständnis und ganz besonders bei schwerer Krankheit Ihre Hilfe. Zeigen Sie ihm, dass Sie auch in schwierigen Zeiten für ihn da sind – dass Sie ihn lieben. Stehen Sie wirklich zu ihm und tun Sie alles, was in Ihrer Macht steht, für die Liebe. Erwarten Sie nicht zu viel von Ihrer Partnerschaft, zwei unglückliche Menschen werden dadurch nicht glücklich, dass sie zusammen sind. Am glücklichsten wird die Verbindung zweier Glücklicher. Sie haben es aber in der Hand, jeden Morgen »das Hemd eines Glücklichen« anzuziehen (siehe die Geschichte auf Seite 56.).

5. **Fair streiten:**

Auch in der liebevollsten Partnerschaft kann es zu Meinungsverschiedenheiten kommen und jeder sollte seine Meinung sagen dürfen, ohne Nachteile befürchten zu müssen. Manche Partnerschaften erinnern da an den Dreißigjährigen Krieg. Auch wenn es einmal laut wird und die Fetzen fliegen, sollten bestimmte Grenzen nie überschritten werden, denn ein falsches Wort kann ein Leben lang schmerzen. Entwickeln Sie daher die Bereitschaft, aber auch die Fähigkeit zu fairem Streiten, bei dem nie die Achtung vor dem anderen verletzt wird. Streiten Sie im Idealfall so, wie eine Frau an ihrem 25. Hochzeitstag einmal sagte: »Ganz gleich, worum wir streiten und was mein Mann auch zu mir sagt, ich verstehe immer, was er wirklich sagen will: ›Ich liebe dich‹«.

Das ist wahre Kommunikation, bei der beide mit dem Herzen zuhören, denn nur so kann jeder verstehen, was der andere wirklich sagen will. Sprache allein ist als Kommunikationsmittel nicht brauchbar.

6. **Ein gutes Sexleben aufbauen:**
Nehmen Sie sich dafür wirklich genügend Zeit. Wird Sex immer wieder wegen anderer Dinge (Arbeit, Kinder usw.) verschoben, wird er zur Nebensache und damit zu einer Gefahr für die Partnerschaft. Lassen Sie Sex aber auch nie zur Gewohnheit werden, denn das ist der schleichende Tod der Liebe. Schaffen Sie immer wieder einmal Umstände wie beim ersten Mal. Verbringen Sie ein schönes Wochenende in einem guten Hotel oder machen Sie einen Kurzurlaub in Paris, Mailand oder Rom. Oder fahren Sie zusammen mit dem Fahrrad durch die Bretagne oder mieten Sie für ein Wochenende in Holland ein Hausboot. Lassen Sie sich etwas einfallen. Natürlich gibt es auch die Möglichkeit, die Sexualität zu sublimieren, zum Beispiel in Meditation, Gebet, künstlerischen Aktivitäten usw., doch dann sollten beide damit einverstanden sein. Sollte Sex keine Rolle mehr spielen, weil es an Trieb mangelt, weil die Sexualität sublimiert wurde oder aufgrund fortgeschrittenen Alters, sollten Umarmung, Kuscheln und Zärtlichkeit weiter gepflegt werden.

7. **Den Humor erhalten, eine eigene Sprache entwickeln:**
Bewahren Sie sich Ihren Humor – und falls Sie noch keinen entwickelt haben, dann wird es jetzt höchste Zeit. Seien Sie sich bewusst, dass das ganze Leben ein Spiel ist. Sein Sinn ist nicht, es zu gewinnen, sondern es zu genießen. Wenn Sie verlieren, können Sie unter Umständen viel mehr gewinnen als wenn Sie gewinnen: Erkenntnisse, Weisheit, Souveränität. Mit Humor geht eben wirklich alles besser. Entwickeln Sie eine eigene Sprache, die nur Sie beide verstehen (erotische Untertöne, Augensprache,…). Freude erhält die Liebe jung.

8. **Keine Perfektion vom Partner erwarten:**
   Im Geschäftsleben setzen viele Menschen eine Maske auf –
   zu Hause wollen sie Sorgen abladen, denn vor dem Partner
   muss sich keiner verstellen. Hier helfen ein offenes Ohr und
   die Kunst, Körpersprache richtig zu deuten, Hilferufe zu
   erkennen und auch ernst zu nehmen. Erwarten Sie vom
   Partner keine Perfektion. Er ist auch nur ein Mensch – wie
   Sie. Auch er braucht mitunter jemanden, der ein offenes
   Ohr für seine Sorgen hat, bei dem er sich einmal beklagen
   kann, der seine Hilferufe erkennt und ernst nimmt.

9. **Stolz auf den Partner sein:**
   Wer den Partner als etwas Besonderes betrachtet, gewinnt
   auch an Selbstbestätigung. Denn nur wer hundertprozentig
   zum anderen steht, führt eine wirklich glückliche Ehe.
   Lieben Sie Ihren Partner am meisten, wenn er es am
   wenigsten verdient, denn dann braucht er es am nötigsten.
   Die Kunst zu lieben ist ein Trainingsprogramm für das ganze
   Leben.

Alle rudern die Kanus gemeinsam,
schöpfen und rudern, rudern und schöpfen,
und das Ufer wird erreicht.
(Kahuna-Weisheit)

Gemeinsame Rituale und fünf zusätzliche gemeinsame Stunden pro Woche

Es ist eine traurige Tatsache, dass weniger als ein Drittel der Familien im Westen regelmäßig gemeinsam essen und dass bei mehr als der Hälfte von ihnen während des Abendessens der Fernseher läuft. Das tötet jedes Gespräch während der Mahlzeit. Es ist entscheidend für eine Partnerschaft, dass man informelle Rituale schafft, die einem Raum geben, emotional miteinander verbunden zu sein.

Die Mitternachtsmesse zu Weihnachten, das Osterfrühstück bei der Oma, Familientreffen – die meisten von uns sind in Familien groß geworden, in denen einige Rituale als wichtig empfunden wurden. Indem Sie sie zu einem Teil Ihres Familienlebens machen (oder sich gemeinsam neue schaffen), werden sie auch Ihre Rituale und befördern Ihre Identität als Familie.

Übung: Schaffen Sie in der folgenden Übung Ihr eigenes Familienritual, indem Sie darüber sprechen, was Sie wünschen. Besprechen Sie, was dieses Ritual (oder das Fehlen von Ritualen) für Sie bedeutete, als Sie jung waren, wie Sie die guten und wie die schlechten Zeiten empfanden. Skizzieren Sie dann Ihr eigenes Ritual, damit Sie wissen, wer was wann tun soll. Lassen Sie diese Rituale zu etwas Regelmäßigem werden, auf das Sie sich freuen. Einige Fragen zur Anregung:

1. Wie nehmen wir unsere Mahlzeiten ein und wie sollten wir
   das tun? Welche Bedeutung hat die Essenszeit? Welche
   Bedeutung hatte die Mahlzeit in der Familie unserer Kindheit?
2. Wie sollten wir uns am Anfang eines jeden Tages trennen?
   Wie wurde das in der Familie unserer Kindheit gehandhabt?
   Wie sollte es sein, wenn wir uns wiedersehen?
3. Wie sollte die Schlafenszeit aussehen? Wie war das in der
   Familie unserer Kindheit? Wie soll für uns diese Zeit
   aussehen?
4. Welche Bedeutung haben Wochenenden? Wie waren sie in
   der Familie unserer Kindheit? Was bedeuten sie jetzt?
5. Welche Rituale haben wir, was Ferien angeht? Wie war das in
   der Familie unserer Kindheit? Was bedeuten sie jetzt?
6. Denken Sie an einen wichtigen Feiertag: Was ist seine wahre
   Bedeutung für uns? Wie soll er in diesem Jahr begangen
   werden? Wie wurde er in der Familie unserer Kindheit
   begangen?
7. Wie erholen und entspannen wir uns? Welche Bedeutung
   haben diese Rituale?
8. Welche Rituale haben wir, wenn jemand krank ist? Wie war
   das in der Familie unserer Kindheit? Wie soll es in unserer
   Familie sein?

Eine Studie an zahlreichen Paaren zeigte, dass erfolgreiche
Beziehungen nur ungefähr fünf zusätzliche Stunden in der
Woche ihrer Partnerschaft widmeten – im Vergleich zu geschei-
terten Beziehungen, die auf diese fünf Stunden verzichteten.
Obwohl jedes Paar seinen eigenen Stil hatte, wie es diese fünf
zusätzlichen Stunden verbrachte, konnte man einige deutliche
Muster erkennen:

- **Morgendliche Trennungen:** Sorgen Sie dafür, dass Sie, bevor
  Sie einander morgens auf Wiedersehen sagen, von wenigstens einer Sache erfahren haben, die an diesem Tag im

Leben Ihres Partners stattfindet – vom Mittagessen mit dem Chef über den Arzttermin bis hin zu einem mit einem alten Freund verabredeten Telefongespräch. Zeit: 2 Minuten täglich, 5 Arbeitstage lang. Insgesamt: 10 Minuten

- **Tägliches Wiedersehen:** Sorgen Sie dafür, dass Sie sich am Ende jedes Arbeitstages zu einem entspannenden Gespräch zusammensetzen. Zeit: 20 Minuten täglich, 5 Arbeitstage lang. Insgesamt: 1 Stunde 40 Minuten

- **Bewunderung und Anerkennung:** Finden Sie jeden Tag einen Weg, Ihrem Partner gegenüber Ihre ehrliche Anerkennung und Bewunderung auszudrücken. Zeit: 5 Minuten täglich, 7 Tage lang. Insgesamt: 35 Minuten

- **Zuneigung:** Küssen, halten, umarmen und berühren Sie einander in der Zeit, in der Sie zusammen sind. Küssen Sie einander, bevor Sie schlafen gehen. Nehmen Sie diesen Kuss zum Anlass, alle kleineren Gereiztheiten, die sich über den Tag hinweg aufgebaut haben, loszulassen. Mit anderen Worten, legen Sie die Vergebung und die Zärtlichkeit für Ihren Partner in diesen Kuss. Zeit: 5 Minuten täglich, 7 Tage lang. Insgesamt: 35 Minuten

- **Wöchentliche Verabredungen:** Dies kann eine entspannende und stressfreie Art sein, verbunden zu bleiben. Stellen Sie einander Fragen, die Sie Ihre »Partner-Landkarten« auf den neuesten Stand bringen lassen, und wenden Sie sich einander zu. Denken Sie sich Fragen aus, die Sie Ihrem Partner stellen können: »Denkst du immer noch darüber nach, das Schlafzimmer anders zu gestalten?«, »Wohin sollen wir in den nächsten Ferien fahren?«, »Wie geht es dir zur Zeit mit deinem Chef?«. Oder nutzen Sie die wöchentlichen Verabredungen für ein Zwiegespräch (siehe Seite 236ff.). Zeit: 2 Stunden in der Woche. Insgesamt: 2 Stunden. Summe total: 5 Stunden!

Wie Sie sehen, ist die Zeit, die Sie benötigen, um diese Veränderungen in Ihre Beziehung einzuführen, relativ gering.

Dennoch werden Ihnen diese fünf Stunden enorm helfen, Ihre Partnerschaft zu stabilisieren, zu energetisieren und zu verbessern. Vergessen Sie nicht, dass es Ihrer Gesundheit und Ausdauer mehr nutzen wird, wenn Sie jeden Tag ein wenig an Ihrer Partnerschaft arbeiten, als wenn Sie im alten Trott weitermachen.

Zusammenfassung – Übung:

- **Morgens:** von wenigstens einer Sache erfahren, die im Leben Ihres Partners stattfindet
- **Abends:** entspannendes Gespräch (bereits 20 Min. wirken Wunder)
- **Tägliche Bewunderung:** täglich einen neuen Weg finden, sie auszudrücken
- **Zuneigung:** küssen, halten, umarmen und berühren, immer wieder und bevor Sie schlafen gehen
- **Wöchentliches Gespräch:** ca. 2 Stunden in der Woche

> *Wenn zwei Menschen*
> *sich in ihrem Innersten verstehen,*
> *sind ihre Worte süß und stark wie*
> *der Duft von Orchideen.*
> (aus China)

Bringen Sie Leben in Ihr Zusammenleben – so bleibt Ihre Beziehung spannend

Es gibt viele Möglichkeiten, eine Beziehung neu zu beleben, hier einige davon:

- Unternehmen Sie doch wieder einmal das, was Sie taten, als Sie sich kennenlernten. Reservieren Sie ein Wochenende, um nach Paris zu fahren, nach Amsterdam, Rom oder Teneriffa.
- Lernen Sie, einander wieder zu verehren und ganz spontan Freude miteinander und aneinander zu haben. Machen Sie sich bewusst, wie schön es ist, dass Sie einander haben.
- Vergeuden Sie keine Zeit und setzen Sie sich noch heute zusammen und überlegen Sie, wie Sie mehr Freude in Ihre Beziehung bringen können. Verwirklichen Sie Ihren Traum gemeinsam. Machen Sie sich einmal bewusst, was Sie an Ihrem Partner am meisten schätzen. Was war das Besondere, als Sie sich zum ersten Mal trafen? Sagen Sie Ihrem Partner gleich jetzt, dass Sie ihn lieben.
- Stellen Sie sich vor, Sie lernen sich gerade erst kennen. Gehen Sie getrennt aus, aber natürlich in dasselbe Lokal. Schauen Sie sich um, flirten Sie ein bisschen mit anderen und dann treffen sich Ihre Blicke. Kommen Sie miteinander ins Gespräch, natürlich siezen Sie sich, wenn das anfangs so war, und begegnen Sie sich behutsam im Gespräch, als wäre

es das erste Mal. Gehen Sie miteinander nach Hause, so, als würden Sie Ihre Partnerin zu sich nach Hause bitten. Seien Sie auch dort ganz behutsam und achtsam und »zelebrieren Sie miteinander das erste Mal«.

- Spielen Sie ab und zu König und Königin. Wecken Sie den Partner mit seinem Lieblingsfrühstück und erfüllen Sie ihm jeden möglichen Wunsch, den Sie vielleicht bisher immer aufgeschoben haben. Erheben Sie den Partner für diesen Tag zum König/zur Königin des Tages. Und vielleicht macht es auch Ihnen Freude zu sehen, wie viel Freude Sie schenken können.

- Beschenken Sie Ihren Partner immer wieder einmal ohne besonderen Anlass. Bringen Sie etwas mit, womit der andere überhaupt nicht rechnet. Lassen Sie Ihre Fantasie spielen und finden Sie heraus, dass es außer Blumen und Pralinen auch noch andere Überraschungen gibt. Laden Sie ihn zu einem Stadtbummel ein, mit dem Kauf von etwas Schönem. Schenken Sie ihm einen Kurs für Seidenmalerei.

- Machen Sie miteinander eine Collage von Ihrer gemeinsamen Zukunft. Sie werden überrascht sein, was für Träume Ihr Partner so hat. Natürlich stört es nicht, wenn Sie gleich beginnen, Ihren gemeinsamen Traum auch zu verwirklichen.

- Finden Sie neue gemeinsame Aktivitäten. Treiben Sie gemeinsam Sport, wenn der Partner sich dafür interessiert, gehen Sie wieder einmal miteinander ins Kino, aber nur in einen besonderen Film, oder ins Theater. Lernen Sie miteinander Spanisch oder Tai Chi, oder fahren Sie gemeinsam auf einen Flohmarkt. Worauf es ankommt ist, wieder einmal miteinander mit einer Liebhaberei beschäftigt zu sein und wirklich Zeit füreinander zu haben – Stunden, die Sie beide begeistern.

- Tauschen Sie einmal die Rollen. Schlafen Sie auf der anderen Seite des Bettes, lassen Sie Ihre Partnerin einmal die Initiative ergreifen und Sie lassen sich »verführen«.

Lassen Sie Ihre Partnerin einmal Ideen entwickeln, wie sie erfolgreicher sein könnte und etwas bisher Unerreichbares doch erreichen könnte. Träumen Sie miteinander ein neues Leben in allen Einzelheiten und wie Sie es verwirklichen wollen.

- Stellen Sie einmal eine ungewöhnliche Frage in den Raum und träumen Sie miteinander. Zum Beispiel: Was würden wir mit einem Lottogewinn machen. Wir erben ein Haus. Einer wird Direktor. Sie bekommen noch ein Kind. Sie werden berühmt usw. Träumen Sie gemeinsam viele interessante Träume.

- Schreiben Sie einander öfter einmal Liebesbotschaften. Ich kenne glückliche Paare, die das mehrmals täglich tun. Stecken Sie dem Partner einen Zettel in seine Kleidung, ins Auto, ins Badezimmer, ins Bett und wenn Sie wollen, mit einem Bild von Ihnen. Einfache Botschaften, wie: »Ich denke an dich«, »Ich liebe dich«, oder »Ich drücke dir die Daumen für dein heutiges Vorhaben. Ich bin bei dir.«

- Schaffen Sie sich auch andere kleine Rituale, mit denen Sie das Leben zelebrieren.

- Schenken Sie ihm eine beim Brötchenholen gepflückte Blume zum Frühstück.

- Lachen Sie miteinander und machen Sie jeden Tag mit Ihnen zu einem Geschenk.

Weitere Tipps für eine erfüllte Partnerschaft

Die nachfolgende Aufstellung mit weiteren Tipps stammt von Seminarteilnehmern und aus eigenen Recherchen:

- Achtsamkeit im Miteinander als Schlüssel zum Glück. Achtsam wahrnehmen, was um mich herum geschieht, und dieses Geschehen offenen Herzens annehmen. Dem anderen geben, was er gerade braucht: meine Aufmerksamkeit, meine Hilfe, mein Ohr, meine Liebe
- Alle und alles lieben, das Leben, die Liebe, mich selbst, das SEIN und damit ein Liebender werden
- Alles Warum auflösen, einfach nur lieben. Ganz gleich, was die Schwierigkeit ist, die Antwort ist Liebe. Liebe braucht keinen Grund
- Anpassungsfähig sein
- Auch im Streit fair bleiben
- Aufmerksamkeit schenken. Sein Glück nicht auf dem Unglück des anderen aufbauen
- Aus einem ganz normalen Alltag etwas ganz Besonderes machen
- Autonom werden. Den anderen lieben und nicht brauchen
- Bedingungslosigkeit: keine Bedingungen oder Forderungen für die Liebe stellen, keine bestimmten Voraussetzungen verlangen (»Ich liebe dich nur, wenn…«)
- Sich von Idealen und Vorstellungen befreien, damit man eine Chance hat, der Wirklichkeit zu begegnen
- Bereit sein für eine Beziehung oder Ehe. Bereitschaft für eine Partnerschaft ist ein wichtiger Entwicklungsfaktor
- Den Partner bewundern
- Leben in das Zusammenleben bringen
- Dankbar sein für jeden Tag, den man gemeinsam erlebt

- Das Glück des Partners als wichtigsten Teil des eigenen Glücks erkennen, denn wenn er nicht glücklich ist, wird man selbst auch nur schwer wirklich glücklich
- Dem anderen das Gefühl geben, etwas ganz Besonderes zu sein
- Demütig sein
- Den anderen annehmen, wie er ist
- Den anderen als Gott erkennen und bedingungslos lieben
- Den anderen nicht besitzen wollen
- Den anderen weder erziehen noch ändern wollen, sondern ihn so lieben, wie er ist. Erkennen, dass man keinen Anspruch auf den anderen hat, auch nicht auf ein bestimmtes Verhalten
- Der Beziehung einen Sinn geben. Miteinander zu sich selbst finden. Wenn die Beziehung nicht beiden in der Entwicklung hilft, hat sie keinen Sinn und muss sich auflösen
- Der Schritt vom Verliebtsein zur Liebe. Der andere macht mich verliebt, aber lieben muss ich schon selbst. Verliebtsein ist nur ein Urlaub von den Pflichten der Evolution, Liebe aber ist ihre Erfüllung
- Die »Kunst des All-eins-Seins«. Wenn wir zusammen sind, weil wir nicht allein sein können, ist die Grundlage nicht ein Ja zum Miteinander, sonder nur ein Nein zum Alleinsein. Allein-sein-Können ist eine Aufgabe, vor der keiner weglaufen kann. Erst dann bin ich wirklich autonom und Wahre Liebe wird möglich.
- Die Angst vor Ablehnung besiegen. Finden Sie Ihren Weg, mit Ablehnung umzugehen, die auf dem Weg zu einer Beziehung, aber auch in einer Beziehung nicht zu vermeiden ist
- Sich ehrlich mitteilen und alles miteinander teilen
- Eine Beziehung lebt von Zärtlichkeit. Füllen Sie täglich Ihr »Zärtlichkeitskonto« auf und schaffen Sie sich so ein möglichst hohes »Guthaben«

- Es gibt nicht den einen Richtigen. Also legen Sie Ihre Hände nicht in den Schoß, sondern nehmen Sie Ihr Glück in die eigenen Hände, indem Sie Ihre Beziehung anpacken, auf sie zugehen. Es wird erst möglich, wenn Sie bereit sind
- Gemeinsame Interessen pflegen und Gemeinsamkeiten in sich und im anderen entdecken
- Gott im anderen erkennen
- In der Gegenwart leben
- In Kommunikation mit dem anderen sein. Die unterschiedlichen Bedürfnisse klären und sich einigen
- Keine Erwartungen haben, sondern geben wollen und sich im Geben erfüllen
- Keine Rolle spielen. Echt, ehrlich, authentisch sein
- Keine Schuldzuweisungen vornehmen (Du-Spiel), denn der andere hat nichts mit meinen Problemen zu tun, er ist immer nur ein Spiegel für einen Mangel in mir, hilft mir, ihn zu erkennen und zu beseitigen
- Keine Versprechungen verlangen (»Wirst du mich auch immer lieben?«)
- Den idealen Umgang mit Krisen lernen. Den anderen besonders bei Schwierigkeiten an der Hand nehmen, die Schwierigkeit als Auf-Gabe erkennen und *miteinander* bewältigen
- Lernen Sie die »Kunst des Alleinseins«
- Lernen Sie die Kunst, eine Beziehung liebevoll zu beenden. Halten Sie nicht an etwas fest, das vorbei ist, gerade eine solche Situation braucht besonders viel Liebe. Auch diese Aufgabe miteinander meistern
- Liebe allein reicht auf Dauer nicht. Was Sie brauchen, ist: Achtung, Bewunderung, Sinn, Verständnis für den anderen und eine gemeinsame Aufgabe
- Loslassen, was vorbei ist, um wirklich für eine neue Beziehung bereit zu sein, sonst ist die gescheitert, bevor sie richtig begonnen hat

- Machen Sie sich das Geschenk Ihrer Partnerschaft bewusst und seien Sie stolz auf Ihren Partner
- Meine Liebe nicht vom Verhalten des anderen abhängig machen, denn die Liebe selbst ist der Lohn der Liebe
- Sich anpassen, ohne sich aufzugeben
- Sich nicht durchsetzen, Recht haben, gewinnen wollen. Wenn in einer Auseinandersetzung einer gewinnt, haben beide verloren
- Sich selbst lieben. Sich selbst der beste Freund sein. Man kann den anderen nur in dem Masse lieben, wie man sich selbst lieben kann!
- Sich kein Bild vom anderen machen
- Nicht »re-agieren«, sondern »agieren«
- Nicht belehren wollen und nichts unterstellen
- Nicht dem anderen die eigene Meinung aufzwingen
- Nicht mit einer Vorstellung vom anderen zusammenleben, sondern ihn wahrnehmen, wie er wirklich ist, und ihn bedingungslos annehmen
- Nicht richten, sondern aufrichten und ausrichten!
- Nichts unter den Teppich kehren
- Nicht alles zur Gewohnheit werden lassen. Schlechte Gewohnheiten ablegen
- Partnerschaft als Weg vom Ich zum Wir erkennen!
- Seien Sie sich selbst ein guter Partner/Freund. Sich selbst erkennen und lieben. Seine Aufmerksamkeit auf Lösungen richten und nicht auf Schwierigkeiten und Probleme
- Sein Bewusstsein auf die Gemeinsamkeiten richten und nicht nur Dissonanzen wahrnehmen
- Seine Zuneigung dem Partner auch zeigen
- Sich nicht als Maßstab nehmen. Zuhören und verstehen
- Sich öfter an empfangene Liebe erinnern
- Sich selbst lieben
- Sich verantwortlich fühlen
- Ständige Kommunikation. Eine Beziehung hat keine Chance mehr, wenn sie »sprachlos« ist

- Toleranz üben und immer toleranter werden
- Die Angst vor Ablehnung überwinden
- Verständnis haben, auch ohne zu verstehen
- Verzeihen und vergessen. Nicht nachtragend sein
- Ziel ist ein Leben in der Liebe und damit im Tao
- Zu erkennen: Lieben lernen ist ein lebenslanger Prozess, der nie beendet ist. Liebe ist ein gemeinsamer Schritt in ein neues Leben

Bert Hellinger, der bekannte Familientherapeut, gibt in seinen Seminaren folgende Empfehlung: »Die Schöpfung hat folgende Ordnung für die Paare vorgesehen: Der Mann dient der Frau (dem Weiblichen) und die Frau folgt dem Mann (dem Männlichen). Wenn der Mann nicht der Frau dient, kann sie ihm auch nicht folgen, und wenn die Frau dem Mann nicht folgt, kann er ihr auch nicht dienen. Wenn aber der Mann dient und die Frau folgt, dann ist die Ordnung gegeben.«

*Wenn die Augen lieben,
sehen sie im Gewöhnlichen
das Außergewöhnliche.*
(Kurt Tepperwein)

Die eigene Beziehung als kostbar sehen

Menschen, die in erfüllenden Beziehungen leben, bezeugen, dass ihr Partner nicht wie durch einen Zauber vollkommen ist. Sie entscheiden sich einfach dafür, ihn als kostbar zu sehen. Das Gute und Göttliche in Ihrem Partner, in Ihnen und in Ihrer Beziehung zu sehen ist kein Segen, der Ihnen auf mystische Weise vom Himmel in den Schoß fällt – es ist eine Entscheidung, die Sie treffen!

Worauf Sie sich konzentrieren, davon werden Sie mehr bekommen. Sie können Ihre Aufmerksamkeit auf die Fehler oder auf das Wertvolle in Ihrem Partner richten und er wird zunehmend zu dem, was Sie mit Ihren Gedanken beleben (siehe Vexierbild auf Seite 60). Indem Sie lernen, im Partner seinen Wert zu sehen, werden Sie tatsächlich auch eine »wertvolle« Beziehung erleben.

Wenn wir die uns innewohnende Vollkommenheit vergessen, werden wir von Menschen mit Charakterzügen angezogen, die uns unserer Meinung nach fehlen. Wir haben das Gefühl, wir sind eine Hälfte und der andere ist eine Hälfte, und nur zusammen werden wir ein Ganzes sein. Darum sind auch die Kapitel über Selbstliebe in dem Buch so wichtig gewesen.

Beziehungen sind multiplizierbar, nicht addierbar. Wenn Sie ein Halb mal ein Halb nehmen, bekommen Sie nur ein Viertel – noch weniger als am Anfang!

Keine Beziehung kann etwas anderes aus Ihnen machen als bereits in Ihnen steckt. Jede Stärke und Schönheit, aber auch

jede Schwäche und Hässlichkeit, die Sie außerhalb Ihrer selbst
wahrnehmen, existieren bereits in Ihnen. Wenn Sie sie nicht
bereits hätten, würden Sie ihrer nicht gewahr. Eine gute
Beziehung kann Ihr wahres Selbst ans Licht bringen und
Ihnen dabei helfen, sich selbst zu verwirklichen. Doch sie kann
Sie nicht ausfüllen, weil Sie nicht leer sind.

Wenn zwei Menschen eins sind
in ihrem innersten Herzen,
erschüttern sie sogar
die Stärke von Metall.
(aus China)

Zum eigenen Partner stehen

Alle Liebenden müssen sich früher oder später eine ganz entscheidende Frage beantworten: Wie komme ich damit klar, das mein Partner alles andere als perfekt ist? Wie man diese Herausforderung bewältigt? Die verblüffende Antwort: indem man trotzdem zum eigenen Partner steht. Studien zeigen: Glückliche Paare erzählen immer wieder positive Geschichten über ihre Partner. Eine Haltung, die Vertrauen, Respekt und Harmonie schafft und einen selbst darin bestätigt, dass die Entscheidung, diesen Menschen zu heiraten, richtig war.

Auch die gelungene Versöhnung nach einem Streit verläuft nach einer ganz bestimmten Regel, der sogenannten »Gottmann-Konstante«. Sie besagt einfach: Für jeden Streit und jede Kränkung brauchen wir fünf positive gemeinsame Erlebnisse, um die Beziehung wieder ins Lot zu bringen. Es genügen schon Kleinigkeiten wie Brötchen zum Frühstück holen, den Kaffee nachgießen. »Glückliche Paare sorgen so dafür, dass ihr Beziehungskonto niemals auf null rutscht«, sagt Psychologe John Gottmann. »Und so banal es auch klingt: Das ist das effektivste Mittel, um seine Ehe langfristig intakt zu halten.«

Der amerikanische Autor Sam Keen, der sich mit seinem Bestseller »Feuer im Bauch« um die Identitätssuche der Männer bemühte, stellte 6.000 Männern und Frauen die Frage, wie sie sich denn den idealen Partner/die ideale Partnerin vorstellen würden. Manche nannten tatsächlich die üblichen Prominenten, aber die meisten Frauen erzählten von dem Mann an ihrer Seite, so wie eine Angestellte aus North Carolina: »Mir ist keiner eingefallen, der meinem Mann das Wasser reichen könnte. Er steht zu mir, egal was ich tue.«

Eine Untersuchung zeigte, dass in 94 Prozent der Fälle Paare, die die Geschichte ihrer Partnerschaft positiv sehen, auch eine glückliche Zukunft haben werden. Wenn die glücklichen Erinnerungen verdrängt sind, dann ist das ein Zeichen dafür, dass die Partnerschaft Hilfe braucht.

Indem Sie Ihren gegenwärtigen Partner so behandeln, als wäre er Ihr »idealer Partner«, ziehen Sie damit automatisch den »idealen Partner« in Ihr Leben. Der andere muss sich wandeln – oder er wird sich von Ihnen lösen, weil er Ihre bedingungslose Liebe nicht ertragen kann. Lieben Sie also »auf Teufel komm raus«.

Erinnerung in Dankbarkeit

Die nachfolgende geführte Meditation ist dann besonders
kraftvoll, wenn Sie jedes Wort, jeden Gedanken innerlich
vollziehen, das heißt, zum Beispiel bei der ersten Zeile tatsächlich an das Gute denken, dass Ihnen Ihr Partner getan hat.
Indem Sie Zeile für Zeile wörtlich nehmen, erneuern Sie
ständig das Bewusstsein Ihrer Dankbarkeit.

Ich denke an das Gute, das mir mein Partner getan hat,
an unsere erste Begegnung,
wie wir uns immer besser kennenlernten –
an die glücklichen Stunden und frohen Erlebnisse –
an ein frohes Erlebnis, das mir am besten im Gedächtnis ist,
erinnere ich mich in allen Einzelheiten –
wie er mir zuhört/sie mich verstanden hat –
getröstet, aufgerichtet – ermutigt – bestärkt – Leid mitgetragen hat –
Geduld mit mir hat.

Ich denke liebevoll an meinen Partner,
wie er mir besonders aufmerksam zugewandt ist,
wie er mir Gutes und Liebes sagt –
mich berührt, mich streichelt, zärtlich zu mir ist;
was sagen seine Hände –
seine Augen –
sein liebes Gesicht?
Du – was bist du für ein Wesen, das ganz für mich da sein will?
Dein Inneres öffnet sich mir und nimmt mich an.
Mein Inneres öffnet sich dir und nimmt dich an.
(Unbekannt)

ZUM GELEIT FÜR DAS »WIRKLICHE« LEBEN

Früher oder später stoßen wir auf die vielleicht erschütternde Wahrheit, dass es letztlich nur *eine* Liebesbeziehung geben kann, die Verbindung zwischen dem äußeren Menschen und dem inneren Sein, der Einen Kraft, aus der wir alle geschaffen sind. Wie Joyce und Barry Vissell immer wieder betonen: »Der Sinn einer Liebesbeziehung besteht darin, den Blick auf die Liebe und nicht auf die Beziehung zu richten. Es geht um Hingabe, nicht Hingabe an den anderen, sondern Hingabe an die Liebe.« Was wir suchen, können wir letztendlich nur in uns selbst finden. Bis dahin können wir nur scheinbar das Ende der Getrenntheit im Zusammensein mit einem anderen Menschen erfahren.

Will ich der wahren Liebe begegnen, werde ich meine Liebe zu der Einen Kraft, meinem (inneren) Meister entdecken und diese Eine Kraft in allen Menschen lieben. Diese wahre Liebe ist grenzenlos – ich kann nicht den einen lieben und den anderen von meiner Liebe ausschließen. Daher ist die Liebe zu einem ganz bestimmten Menschen nur die Vorstufe zu der letztendlichen Liebe. Und so wird der Weg der Wahren Liebe zu einem Weg der wachsenden Vertrautheit und Identifikation mit der vollkommenen Liebe der Einen Kraft in und durch uns.

Finde ich diesen Weg nicht, erfahre ich in der Partnerbeziehung immer deutlicher die Getrenntheit von den anderen, wird das Streben nach Einheit mit einem geliebten Menschen sehr bald zu einer anderen Form der Isolation und damit ein liebevoller Hinweis darauf, was ich in Wirklichkeit suche, die

Einheit mit dem Selbst. So wird die Liebe früher oder später zu einem Weg der Einweihung und Erfahrung der kosmischen Einheit. Wir erkennen, dass die Einheit mit dem Ganzen nicht unbedingt Beziehungen braucht. Aber gerade dadurch kann jede Beziehung eine großartige Bereicherung darstellen, in der wir die Einheit mit dem Ganzen bewusst erleben. Wie in einem Hologramm spiegelt sich das Ganze dann in jedem Teil, begegnen wir Gott/Göttin/der Einen Kraft in jedem Menschen, in allem, was ist.

Liebe kann man nur schenken. Und je mehr man verschenkt, desto größer wird die Liebe. Und natürlich kann man die Liebe auch nicht besitzen, sondern Liebe ist unser wahres Wesen. Bin ich in der Liebe, zeigt sich das in allem, was ich tue und wie ich bin. Sobald Sie Ihre Aufmerksamkeit nach innen richten und sich wieder daran erinnern, wer Sie wirklich sind, erinnern Sie sich auch wieder an die Liebe als Ihr Wahres Wesen – und jeder Augenblick wird ein Ausdruck dieser Liebe.

Die Wahre Liebe ist nicht meine Beziehung zu einem Gegenüber, sondern sie existiert ohne Gegenüber. Liebe ist einfach, durchdringt und erfüllt mich. Erst aus dieser tiefen inneren Durchdringung und dem Erkennen des Göttlichen in allem entsteht eine »All-Liebe« die tief liebt, nichts mehr ausschließt und nicht mehr bevorzugt.

Schon Platon schrieb: »Ist es denn nicht klar erkennbar, dass dieses Weltall nichts anderes ist als eine Offenbarung der Liebe? Wie kommt es den, dass die Atome sich zu Molekülen vereinen, und dass die Planeten einer auf den anderen zustürzen? Was zieht den Menschen zum Menschen hin, den Mann zur Frau, die Frau zum Mann, die Tiere zu den Tieren, und wer zieht gleichsam die ganze Welt zu einem einzigen Mittelpunkt hin? Es ist das, was man Liebe nennt. Ihre Äußerungen reichen vom niedrigsten Atom bis zum edelsten Wesen. Die Liebe ist allmächtig und nimmt alles in sich auf. Was sich in Form und Anziehung mit den Sinnen an Erfassbarem und Nichterfassbarem offenbart, im Einzelnen und im Weltall, ist die Liebe

Gottes. Sie ist die einzige treibende Kraft, die es im Weltall gibt. Unter dem Antrieb eben dieser Liebe sind die Menschen bereit, ihr Leben für ihr Land zu opfern. Und so merkwürdig es auch klingen mag: Es geschieht ebenfalls unter dem Antrieb der Liebe, dass der Dieb stiehlt und der Mörder mordet. Auch in diesem Falle bleibt der Geist der gleiche, nur die Äußerung ist verschieden. Es herrscht im ganzen Universum immer die gleiche treibende Kraft... Die Liebe, diese treibende Kraft des Weltalls, ohne die es in einem Augenblick in Stücke zerfiele, leuchtet für alle Dinge, und diese Liebe ist Gott.«

Wahre Liebe ist das Einschwingen in das vollkommene Einssein mit dem Einen in allem. Ein Mensch, der so liebt, liebt nicht irgendjemanden oder irgendetwas, er ist ein Liebender geworden. Eines Tages beginnt Ihre ideale Partnerschaft dadurch, dass Sie ein idealer Partner sind und im anderen den *einen* »idealen Partner« hervorlocken, der die Quelle selbst ist. Wenn Sie selbst ein idealer Partner werden und sich in dieser Richtung verbessern, wird der andere merken, was er an Ihnen verlieren würde, wenn es auseinanderginge. Er wird mitziehen. Oder er zieht nicht mit, dann ist die Sache ohnehin klar.

Nehmen wir unser Herz in die Hand und öffnen wir uns der Liebe, dann spüren wir, wie gut uns das tut, wie sehr uns das entspricht. Natürlich können Sie in jedem Augenblick damit beginnen, zum Beispiel jetzt!

Du lebst nur, solange du noch träumen kannst.
(Aborigines-Weisheit)

Nachwort

Sie haben mit diesem Buch die Möglichkeit genutzt, sich der Liebe zu öffnen und wertvolle Werkzeuge und Tipps für den Weg des Liebens erhalten. Möglicherweise mögen Sie darüber hinausgehend ein Seminar besuchen oder einen Heimstudienkurs belegen. Detaillierte Unterlagen erhalten Sie von:

Internationale Akademie der Wissenschaften (IAW)
St. Markusgasse 11 FL-9490 Vaduz
Tel. 0 04 23 2 33 12 12 Fax 0 04 23 2 33 12 14
Deutschland Tel. und Fax: 09 11 69 92 47 (Beratungssekretariat)
E-Mail: go@iadw.com Internet: www.iadw.com

Für Ihr weiteres Leben wünsche ich Ihnen wunderbare und erfüllende Erfahrungen des Liebens. Möge Ihr Leben von der Liebe des Universums erfüllt sein.

Ihr

Kurt Tepperwein

QUELLENVERZEICHNIS

[1] siehe in dem Zusammenhang das Buch Tepperwein, Kurt: *Du machst mich krank*, mvgVerlag 2004

[2] Peseschkian, Nossrat: *Positive Psychologie*, Fischer TB Verlag 1985

[3] Fisher, Helen: *Warum wir lieben*, Droemer-Knaur Verlag 2007

[4] ebda

[5] ebda

[6] ebda

[7] Menschen, die sich mit dem Schritt vom Verliebtsein zur wahren Liebe schwer tun, erhalten Unterstützung durch die geführten Meditations-CDs von Dr. Peter Orban: *Ich bin eine Geliebte/ich bin ein Geliebter*, erhältlich unter *www.symbolon.de*

[8] Fisher, Helen: *Warum wir lieben*, Droemer-Knaur Verlag 2007

[9] ebda

[10] Greisinger, Manfred: *EROS of work & life*, Edition Stoareich, 2. Auflage 2007, *www.stoareich.at*

[11] Quarch, Christoph: Vortrag DEKT, 8. Juni 2007, Hauptpodium

[12] Schmatz, Franz: Glaube malt Lebensfarben, Tyrolia Verlag 1991

[13] Greisinger, Manfred: *EROS of work & life*, Edition Stoareich, 2. Auflage 2007, *www.stoareich.at*

[14] Quelle: 31. Deutscher Kirchentag vom 6.-10. Juni 2007 in Köln Pressezentrum, Nachrichtenredaktion Meldung Nr. 177 von Samstag, 9. Juni 2007, Stichworte: Erotischer Gottesdienst / Erotik / Gottesdienst, Veranstaltung:»Im Weinberg der Liebe – Ein erotischer Gottesdienst«, Themenbereich 1: Mensch, Zentrum Liebe, Ort: Kartäuserkirche, Kartäusergasse 7, Programm S. 103

[15] Quelle: Dr. Christiane Lentz, Ärztin in München

[16] Quelle: Hinz, Walter, Dipl.-Sozialpädagoge und Familientherapeut am Münchner Informationszentrum für Männer

[17] Weitere Informationen im Buch von Riedl, Michaela: *Yoni Massage. Entdecke die Quellen weiblicher Liebeslust – sinnlich-energetisch-spirituell,* Nietsch Verlag 2006;
in der DVD/CD von Busch, Simon/Liesenfeld, Dirk: *Yoni & Lingam-Massage – Die intime Berührung* (DVD + Audio-CD), sowie unter *www.tantrazentrum.de/yoni-lingam.html, www.erotik-tantra-berlin.de, www.tantra-seminar.de/tantra-massage.htm, www.bewusster-lieben.de*

[18] Lazarus, Arnold: *Fallstricke der Liebe,* Klett-Cotta-Verlag 1994

[19] Quelle: Axel Wolf, Kölner Wissenschaftler und Psychologe

[20] weitere Informationen über das Human Design System unter *www.humandesignsystem.de*

[21] Um dieses immer tiefere Spüren erlebbar zu machen, empfiehlt sich die CD von Bays, Brandon: *The Journey,* (insbesondere das Stück »Emotional Journey«), Hörbuch Verlag Hamburg 2006

[22] Jellouschek, Hans: *Warum hast du mir das angetan? Untreue als Chance,* Piper Verlag 2003

[23] Buchempfehlung: Rosenberg, Marshall: *Gewaltfreie Kommunikation,* Junfermann Verlag 2007;
Rust, Serena: *Wenn die Giraffe mit dem Wolf tanzt,* KoHa-Verlag 2006

[24] Quelle: Wikipedia, Stichwort: Streit

[25] Byron, Katie: *Lieben was ist. Wie vier Fragen Ihr Leben verändern können,* Goldmann Verlag 2002

[26] Moeller, Michael Lukas: *Gelegenheit macht Liebe. Glücksbedingungen der Partnerschaft,* Rowohlt Verlag 2001

[27] ebda;
weitere Informationen zu Zwiegesprächen erhalten Sie in Moeller, Michael Lukas: *Die Liebe ist das Kind der Freiheit,* Rowohlt Verlag 1998;
Moeller, Michael Lukas: *Die Wahrheit beginnt zu zweit. Das Paar im Gespräch,* Rowohlt Verlag 1992;
Moeller, Michael Lukas: *Worte der Liebe. Erotische Zwiegespräche. Ein Elixier für Paare,* Rowohlt Verlag 1998